L'art de NE PAS travailler

Petit traité d'oisiveté active à l'usage des surmenés, des retraités et des sans emplois

Catalogage avant publication de la Bibliothèque nationale du Canada
Zelinski, Ernie J. (Ernie John), 1949-

L'art de ne pas travailler : petit traité d'oisiveté active à l'usage
des surmenés, des retraités et des sans-emplois

2e éd.

Traduction de : The joy of not working.

ISBN 2-7604-0978-3

1. Loisir. 2. Éthique du travail. 3. Actualisation de soi. I. Titre.

GV174.Z4414 2004   790'.01   C2004-941031-8

Traduit de l'anglais par Laura Andriamasinoro

Mise en page : Antenna Paris 6ème

Les Éditions internationales Alain Stanké remercie le ministère du Patrimoine
canadien, le Conseil des arts du Canada, la Société de développement des
entreprises culturelles du Québec (SODEC) et le Programme de crédit d'impôt
du Gouvernement du Québec du soutien accordé à son programme de
publication.

Les Éditions internationales Alain Stanké   Stanké international, Paris
7, chemin Bates   Tél. : 01.40.26.33.60
Outremont (Québec) H2V 4V7   Téléc. : 01.40.26.33.60
Tél. : 396-5151
Téléc. : 396-0440
editions@stanke.com

Dépôt légal :
3e trimestre 2004

ISBN : 2-7604-0978-3

Diffusion au Canada : Québec-Livres
Diffusion hors Canada : Vivendi (VUP'S)

L'art de NE PAS travailler

Petit traité d'oisiveté active à l'usage des surmenés, des retraités et des sans emplois

Ernie J. Zelinski

Stanké

A toi, lecteur, je dédie ce livre.
Puissent les principes qu'il contient t'aider à mieux profiter
de la vie et à rendre meilleur le monde qui nous entoure.

AVERTISSEMENT

Ce livre étant publié au Canada conjointement avec une maison d'édition française, il est convenu que l'unité monétaire qui y apparaît demeure le franc français. Puisqu'il n'est question d'argent que sur une base indicative, l'utilisation du franc ne devrait en rien gêner sa lecture.

Table des Matières

Préface

Ce livre est destiné à faire de vous un *gagnant*. Après 50 000 exemplaires vendus sous sa forme initiale, la présente édition, revue et augmentée, tient compte de l'actualité de cette fin des années 90, où déjà se profile le troisième millénaire. Vous y trouverez quelques lettres extraites du volumineux courrier que j'ai reçu suite à la première édition.

Contrairement à la plupart des ouvrages écrits sur le mode "comment réussir... ", celui-ci ne vous dira pas comment réussir professionnellement, comment faire de l'argent, ni comment devenir plus compétitif. Ici, il s'agit au contraire de réussir sans travailler, d'une manière non "compétitive", et cependant très fructueuse.

> *Tout a été prévu, sauf comment vivre.*
>
> Jean-Paul Sartre

Mais qu'est-ce que réussir ? Réussir, c'est d'abord connaître la joie de vivre. C'est se lever chaque matin en se réjouissant à l'avance de la journée qui commence. Réussir, c'est aimer ce que l'on fait, et avoir une idée précise de ce que l'on désire faire de sa vie.

Que vous soyez retraité, chômeur, ou que vous ayez un emploi, vous trouverez dans *L'art de ne pas travailler*, un guide pratique et fiable pour vous créer un espace de plaisir loin du monde professionnel. Car nous avons tous besoin de temps à autre que l'on nous rappelle certaines choses évidentes... et d'autres qui le sont moins. Et nous avons tous besoin d'un coup de pouce pour mieux tirer parti de nos loisirs.

Ce livre est le fruit de mon parcours, parcours qui n'a pas grand-chose à voir avec le curriculum vitae standard que l'on rédige au sortir de l'école ou de l'université. Il s'agit davantage d'un itinéraire personnel, tissé d'expériences, qui a peu de choses à voir avec une formation scolaire.

A l'âge de vingt-neuf ans, ayant perdu mon travail, j'ai commencé une nouvelle carrière : j'ai décidé de devenir un "fainéant créatif" pour un an ou deux. Cette nouvelle "carrière" aurait dû rester provisoire, mais je n'ai toujours pas repris d'emploi stable à ce jour.

Avant de me faire licencier, je m'étais laissé enfermer

dans un système peu compatible avec mon manque de goût pour les contraintes. Pendant près de six ans, j'ai exercé un boulot d'ingénieur dans une entreprise publique. J'étais censé travailler de neuf à dix-sept heures, mais c'était en fait plus souvent de huit à dix-huit heures, à quoi s'ajoutait le travail du week-end, sans aucune compensation financière la plupart du temps.

Après m'être privé de vacances pendant plus de trois ans, je décidai un été de prendre dix semaines de congé. Hormis le fait qu'elle n'avait pas l'approbation de mes supérieurs, je trouvai cette idée grandiose. Et ces dix semaines, autant vous dire que je les ai savourées ! Mais mon idée, toute brillante qu'elle fût, me valut d'être licencié. On me reprocha d'avoir "violé le règlement de l'entreprise".

Il est clair que mes supérieurs n'avaient guère apprécié mon comportement. Malgré mes bonnes performances et le report réitéré de mes congés, ils mirent fin à mon contrat dès mon retour de vacances. Je ne suis pas certain que mon licenciement ait eu pour seule raison le fait que j'aie enfreint les règles de l'entreprise. Peut-être mes supérieurs m'enviaient-ils le cadeau que je m'étais offert en m'accordant de longues vacances. Les patrons, surtout dans les services publics, n'aiment pas beaucoup que leurs employés prennent du bon temps.

> *A quoi bon être un génie,*
> *si ça ne peut pas servir*
> *d'excuse pour ne pas avoir*
> *d'emploi ?*
> Gerald Barzan

Les premières semaines, je digérai mon amertume. J'avais été un travailleur motivé et productif, apportant une contribution appréciable à l'entreprise. Sans l'ombre d'un doute, on avait commis une grave injustice en me mettant à la porte, moi, un employé modèle !

Le jour où j'ai compris que mon licenciement était en réalité une bénédiction déguisée a marqué un grand tournant. En même temps que je dus admettre (certes avec réticence) que je n'étais pas vraiment indispensable, je perdis tout intérêt pour un quelconque emploi régulier. Je décidai dès lors de prendre le plus de loisirs possible, et particulièrement l'été. Reprendre un boulot normal devenait hors de question. Ma carrière d'ingénieur était terminée.

Je pris alors deux années sabbatiques, sans occuper un seul emploi, ni suivre aucune formation. Mon unique but dans la vie était de vivre heureux sans travailler. Mon boulot d'ingénieur finit par me manquer autant que les vieux 33 tours vinyle de ma période "yé-yé", perdus il y a quinze ans. C'est dire si je le regrettais!

Que faisais-je pendant ce temps ? Malgré parfois le manque d'argent, je menais une vie très prospère à mes yeux. Je m'engageais dans des activités constructives et satisfaisantes, trop nombreuses pour être énumérées ici. Mais, par dessus tout, je célébrais ma vie. Je devenais adulte, je voyais changer mes valeurs. Durant ces deux années, j'ai réellement mérité

Mr. Zelinski, au nom de l'Université de Harvard, soucieuse comme toujours de récompenser les contributions civiques méritoires, j'ai l'honneur de vous décerner le titre honoraire de docteur ès Loisirs

mon doctorat ès loisirs (qu'aucune université n'a pourtant songé à me délivrer).

Après ces deux années entièrement dédiées aux loisirs, je décidai de ne plus travailler que les mois en "r". Pour moi, mai, juin, juillet et août sont la période idéale pour prendre des vacances. A vrai dire, je profite tellement de ma liberté, que j'ai réussi à éviter tout travail régulier depuis plus de dix ans. Je suis en quelque sorte en "préretraite" depuis que j'ai passé la trentaine.

Au fil des années, beaucoup de gens m'ont demandé comment je faisais pour avoir autant de loisirs sans m'ennuyer. En discutant avec eux, je me suis aperçu d'abord que la plupart éprouvaient des difficultés à bien employer leurs loisirs ; ensuite que presque rien n'avait été écrit sur le sujet. De là, naquit l'idée de ce livre. Comme je pense qu'il est à la portée

> *L'oisiveté est la responsabilité la plus redoutable qu'on puisse offrir à un homme.*
> William Russel

de tous d'employer son temps libre de manière constructive et intéressante, il m'est apparu qu'un livre sur l'art de profiter des loisirs rendrait service à beaucoup de gens.

Tout au long de cet ouvrage, je vous ferai part d'un certain nombre d'idées et d'expériences personnelles en ce

L'art de ne pas travailler

domaine. Je ferai également appel à d'autres points de vue, afin d'avoir un abord plus large. Ce livre s'inspire d'ailleurs pour l'essentiel de récits et de témoignages que j'ai longuement écoutés et étudiés.

Dans ce livre, qui n'a aucune prétention académique, je me suis efforcé d'éviter l'excès de détail et le jargon, qui auraient sans doute rebuté plus d'un lecteur. J'ai voulu le faire aussi court et concis que possible. Le texte s'accompagne de nombreux schémas, citations, dessins et exercices, afin que chacun y trouve son compte et le style "pédagogique" qui lui convient. J'avais déjà adopté ce format pour mon premier livre *The joy of not knowing it all* (la joie de ne pas tout savoir) ; l'accueil chaleureux qu'il a reçu montre que l'on peut très bien dire des choses sérieuses sur un ton léger.

Comment vivre une vie de loisirs ? Autrement dit, comment vivre confortablement sans travailler ? C'est tout le sujet de ce livre. Mais ce que cet art suppose risque de vous surprendre.

Réussir ses loisirs n'est pas une question de "chance", comme on l'entend souvent. Cela demande d'appliquer certains principes ; principes qui forment la trame de ce livre. Vous en inspirer peut vous permettre de découvrir et de donner un nouveau sens à votre vie. C'est peut-être le début d'une expérience merveilleuse et féconde, qu'aucun travail ne pourra jamais vous donner. Il vous sera alors possible d'affirmer, comme moi aujourd'hui, que l'on est plus heureux loin d'un bureau.

> *La réussite est une question de chance... vous diront ceux qui ont échoué.*
>
> Un sage anonyme

Si vous souhaitez accroître la variété, la saveur et la qualité de votre vie, cet ouvrage représente un atout appréciable. *L'art de ne pas travailler* vous propose un défi. Quant à moi, je vous invite à vous divertir à sa lecture et à profiter totalement de vos loisirs.

Ernie J. Zelinski

CHAPITRE 1

Etes-vous prêt pour une vie de loisirs?

Il est bon parfois de se reposer

Alors qu'il séjournait depuis deux jours dans une grande ville, un voyageur fortuné et quelque peu excentrique rencontra six clochards qu'il avait vus la veille solliciter les passants. Or ce matin-là, tous semblaient avoir abandonné leur activité pour se prélasser au soleil. Les six clochards levèrent les yeux à son approche.

En quête de distraction, le voyageur leur dit qu'il offrirait une somme de cinq mille francs à celui d'entre eux qui saurait se montrer le plus paresseux. Espérant décrocher le gros lot, cinq des clochards se levèrent d'un bond pour accepter ce défi. Chacun s'empressa ensuite de démontrer qu'il incarnait le comble de la fainéantise, s'asseyant, se vautrant, s'efforçant de prendre l'attitude la plus nonchalante possible pour mendier.

> *Du travailleur, je suis l'ami, et je préfère le rester que de lui disputer sa place.*
> Clarence Darrow

Après s'être amusé pendant une heure à ce jeu, le voyageur annonça qu'il allait désigner le gagnant. Il déclara que le sixième homme, qui n'avait pas pris part à la compétition, était sans conteste le plus paresseux. Celui-ci se prélassait toujours, allongé au soleil, le nez dans un journal.

Cette histoire a malgré tout une morale : il est bon parfois de se reposer, particulièrement quand il nous est demandé de ne rien faire.

Ce livre concerne les nombreux plaisirs que l'on peut goûter lorsqu'on ne travaille pas. Si vous êtes à la retraite, il vous indiquera comment profiter de votre disponibilité. Si vous êtes actuellement sans emploi, il vous aidera à vivre le mieux possible ce supplément de temps libre, et si vous travaillez, à tirer parti de vos loisirs limités.

Quelle que soit votre situation, vous trouverez dans cet ouvrage de nombreuses suggestions pour savourer pleinement votre liberté. Voici venu le moment de découvrir *L'art de ne pas travailler*.

Loisirs : le contraire du travail, mais pas tout à fait

"Comment définissez-vous les loisirs?" Voilà une question intéressante, mais à laquelle il n'est pas facile de répondre.

Lexique

Loir (lwar), n. Petit mammifère rongeur qui a pour habitude d'hiberner. Locutions familières : "Etre paresseux comme un loir", "dormir comme un loir".

Loisir (lwazir), n.
1. Le contraire du travail mais pas tout à fait.
2. Un paradoxe.
3. L'art de prendre son temps. (V. Liberté, disponibilité, repos)

Lombago V. Lumbago (ôbago) n. (fam. "tour de reins") Douleur brutale affectant la région lombaire à la suite d'un effort violent.

J'animais une formation sur le thème des loisirs destinée à une association canadienne de préretraités, quand un des participants me l'a posée.

N'ayant pas de définition précise à proposer, j'ai décidé d'appliquer un de mes principes de créativité : renvoyer la balle à quelqu'un. J'ai donc demandé aux autres participants de nous donner *leur* définition des loisirs.

Après de longues discussions, nous sommes finalement tombés d'accord pour définir les loisirs comme "le temps dont on peut disposer à sa guise, une fois qu'on a satisfait aux nécessités de la vie". Une définition que nous avons jugée suffisamment satisfaisante pour l'adopter.

Bien entendu, cette définition soulève une autre question : "Qu'entendons-nous par les nécessités de la vie ?" Se nourrir en fait partie, mais dîner entre amis au restaurant est un plaisir ; c'est même un de mes loisirs favoris. Tandis que pour d'autres, manger est une corvée assommante.

Par la suite, j'ai consulté plusieurs dictionnaires. Ceux-ci définissent généralement les loisirs comme "le temps libre dont on dispose en dehors du travail, et que l'on peut consacrer à se reposer, à se distraire ou à faire ce que l'on aime".

Où le fait de manger entre-t-il dans ces définitions ? Est-ce un travail ? Est-ce un loisir ? Ou encore autre chose ?

Après mûre réflexion,... j'étais toujours perplexe. Comment pouvais-je, dans mes stages, définir les loisirs sans donner lieu à d'interminables débats ? Mon but est simplement d'exposer mes idées au sujet des loisirs, non pas de philosopher pendant des heures à seule fin de savoir si la nourriture est un loisir ou le loisir une nourriture !

> *Je hais les définitions.*
> Benjamin Disraeli

Finalement, j'en suis venu à la conclusion que le but de mes stages (et de ce livre) n'était pas de proposer une définition universelle et parfaite des loisirs. Mais disons qu'en gros, les loisirs sont le temps qu'un individu passe en dehors de son travail à faire ce qui lui plaît.

A chacun de définir le travail et les loisirs selon ses propres aspirations, et de décider ensuite ce qu'il veut faire de son temps libre. Après, il reste bien sûr à le faire.

Faire ce qui nous plaît est en effet plus facile à dire qu'à faire. Il y a là un paradoxe intéressant : aussi étrange que cela puisse paraître, le loisir est le contraire du travail, mais il exige une belle somme d'efforts.

Loisirs, retraite, loterie... et illusions

Par nécessité ou par choix, nous nous trouvons tous un jour ou l'autre confrontés à la question de savoir comment bien gérer nos loisirs ; car il est certain que la façon dont nous les employons a un impact direct sur la qualité de notre vie.

Parce qu'à une certaine époque, les loisirs étaient une denrée rare, ils ont été pendant des siècles assimilés à un luxe. Ce n'est que récemment qu'ils sont devenus abondants au point qu'on peut envisager plusieurs décennies de loisirs devant soi, grâce à la retraite.

Des loisirs illimités seraient soi-disant le rêve de beaucoup d'Occidentaux. Il est vrai que tous y aspirent plus ou moins, mais la plupart n'y sont pas préparés. L'oisiveté devient pour beaucoup d'entre eux un fardeau, même s'ils jouissent d'une bonne santé et d'une situation financière confortable.

Généralement, on se dit qu'on profitera des loisirs "plus tard". Mais bien souvent, du fait d'une mise à la retraite anticipée ou d'un licenciement, "plus tard" arrive... trop tôt ! Et l'on se retrouve embarrassé d'un temps libre auquel on n'est pas habitué. Le rêve prend corps, mais la réalité s'avère nettement moins grisante. Que nous ayons connu un métier stimulant ou déprimant, ce brusque accès aux loisirs représente pour beaucoup d'entre nous un événement déstabilisant.

> *Il est paradoxal et néanmoins vrai que plus un homme réalise son objectif de vivre une vie confortable et aisée, plus les fondations qui donnent sens à son existence se trouvent menacées.*
> Franz Alexander

On s'imagine souvent qu'une vie de loisirs est une vie sans souci. Or se retrouver soudain livré à soi-même soulève toute une série de difficultés. Un rapport du ministère du Commerce américain révèle que seuls 58 % des gens se déclarent "très satisfaits" de leurs loisirs. Autrement dit, 42 % des individus pourraient en tirer un meilleur parti. Même ceux qui se disent simplement "satisfaits" ne le sont pas autant qu'ils le souhaiteraient, et pourraient sans doute bénéficier d'une aide en ce domaine.

Si l'on compte le temps passé à se préparer et à se rendre au travail et si l'on y ajoute toutes les conversations et les préoccupations auxquelles il donne lieu (dont la crainte du licenciement n'est pas la moindre), on s'aperçoit qu'un adulte consacre plus de temps à son travail qu'à n'importe quelle autre activité...

Penser au travail nous entraîne naturellement à songer au plaisir que l'on aura de ne plus travailler, et à nourrir des rêves sur les formes qu'il prendra.

Alors que je travaillais comme ingénieur, j'étais stupéfait d'entendre mes jeunes collègues et des techniciens de vingt ans à peine parler longuement de leur retraite et de la pension qu'ils toucheraient. J'avoue franchement qu'à cet âge, je trouvais qu'il y avait des sujets de conversation beaucoup plus intéressants.

La société voudrait nous faire croire que la retraite est une époque heureuse, qui met fin aux tensions inhérentes à la plupart des métiers. Elle serait la promesse d'une vie pleine et gratifiante, vouée au plaisir et à l'agrément.

Conditionné par cette vision des choses, comme la plupart de mes congénères, je pensais moi aussi, jusqu'à il y a quelques années, qu'avoir plus de loisirs était une aspiration commune que la retraite permettait de réaliser. Depuis, j'ai appris qu'il est dangereux de prendre pour argent comptant les idées les plus répandues. Les masses se trompent souvent. Certains leaders d'opinion sont même passés maîtres dans l'art de nous vendre des mensonges. Soit qu'ils enjolivent la réalité, soit qu'ils ne nous montrent qu'une partie du tableau.

Oh mourir, et s'apercevoir qu'on n'a pas vécu !
Henry David Thoreau

La mise à la retraite peut être vécue comme une tragédie, mais être incapable de prendre sa retraite est tout aussi tragique. Beaucoup de personnes, à l'approche de ce tournant, éprouvent peur et inquiétude devant la perte imminente de leur activité et de ce qui donnait un but à leur vie. Le départ effectif à la retraite peut alors avoir des conséquences négatives, voire catastrophiques. Il n'est pas rare de voir des gens mourir ou sombrer dans la sénilité dans les deux ans qui suivent. Et aux Etats-Unis, par exemple, le taux de suicide est quatre fois plus élevé chez les retraités que dans toutes les autres couches de la population.

> *Il n'y a que deux tragédies au monde. Un : ne pas avoir ce qu'on veut. Deux : avoir ce qu'on veut.*
> Oscar Wilde

Dans un autre registre, gagner une grosse somme d'argent à la loterie passe également pour un événement qui améliore radicalement la vie. Devenir millionnaire est censé nous apporter l'existence dont on a toujours rêvé. La réalité dément pourtant cette affirmation. A New York, le gagnant d'une super-cagnotte exprime le regret d'avoir quitté son travail en ces termes : "Cela me manque vraiment de ne plus conduire mon camion. Mais le pire, c'est de n'avoir personne qui me dise ce que je dois faire". Ce témoignage est cité dans le livre *Suddenly Rich* (soudain riches). Ses auteurs, Jerry et Rena Dictor LeBlanc, ont étudié le cas de personnes devenues riches du jour au lendemain.

Parmi les gens que les LeBlanc ont rencontrés, beaucoup ne sont pas heureux, bien qu'ils aient accès à des loisirs illimités. Après avoir connu un emploi routinier, ils ont du mal à gérer ce luxe de temps, privé de but et de structure. De nombreux gagnants ont préféré conserver leur emploi, malgré les railleries incessantes de leurs amis et collègues qui ne comprennent pas qu'ils continuent à travailler sans nécessité matérielle.

Une enquête a montré que plus de 50 % de ceux qui acceptaient un contrat de départ en préretraite n'étaient que trop contents de retourner au travail après trois mois d'inactivité. Pour beaucoup, la retraite ne correspond pas à l'image idyllique qu'ils s'en faisaient. Après l'avoir essayée, une vie entièrement dédiée aux loisirs ne leur paraît plus si désirable. Le travail, malgré toutes ses vicissitudes, n'est pas si mal après tout.

Je crois que je vais me remettre à chercher du travail. Après six mois de retraite, j'ai vraiment hâte de retrouver mon emploi de misère.

Les loisirs : une médaille à deux faces

La plupart des gens ne savent pas se détendre. Pour ceux qui n'y sont pas préparés, une quantité de loisirs illimitée peut être source d'une grande anxiété.

Si vous ne développez pas un goût pour les loisirs et les activités récréatives avant d'être vous-même à la retraite, celle-ci risque de vous apparaître comme la plus belle arnaque que vous ayez connue.

Voici quelques-uns des problèmes les plus fréquemment cités à propos des loisirs :

- ✓ je m'ennuie tout seul ; je m'ennuie avec les autres ;
- ✓ je ne tire pas de vraie satisfaction de mes loisirs ;
- ✓ je m'habille pour sortir, mais je ne sais pas où aller ;
- ✓ je m'habille pour sortir, je sais où aller, mais je n'ai personne pour m'accompagner ;
- ✓ je passe plus de temps avec mon conjoint, ce qui crée des tensions ;
- ✓ je manque d'activités ;
- ✓ j'ai trop d'activités et je manque de disponibilité ;
- ✓ je n'arrive pas à trouver d'occupations ;
- ✓ j'ai des moyens de pauvre et des envies de riche ;
- ✓ j'ai des moyens de riche et des envies de pauvre ;
- ✓ je me sens coupable de m'amuser ;
- ✓ je n'ai de goût que pour les plaisirs illicites, immoraux ou malsains.

L'autre face des loisirs est plus positive. Etre disponible représente une grande opportunité. Et nombreux sont ceux qui passent sans problème de la vie active à la retraite. Pour certains, celle-ci se révèle même plus satisfaisante qu'ils ne s'y attendaient. Ils sont plus actifs que jamais ; chaque jour est pour eux une nouvelle aventure. Ceux-là vous diront que rien n'est plus agréable qu'une vie de loisirs.

> *Si un homme pouvait satisfaire la moitié de ses désirs, il aurait deux fois plus de problèmes.*
>
> Benjamin Franklin

Profiter pleinement de vos loisirs améliorera considérablement votre existence. Bien les employer vous procurera une vie dont beaucoup ne peuvent même pas rêver sur cette terre. Voici quelques-uns des bénéfices que peut apporter un surcroît de loisirs :

- ✓ une meilleure qualité de vie ;
- ✓ une occasion de développement personnel ;
- ✓ une meilleure santé ;
- ✓ une meilleure image de soi ;
- ✓ un mode de vie plus détendu et plus décontracté ;
- ✓ une occasion de relever un défi ;
- ✓ une opportunité de tenter des expériences stimulantes;
- ✓ une vie plus équilibrée lorsqu'on a un travail ;
- ✓ un sentiment de valeur que l'on ait un emploi ou pas;
- ✓ une plus grande disponibilité pour la vie familiale.

La différence entre la réussite et l'échec dans tous les domaines tient souvent à peu de choses.

Dans tous les domaines, la différence entre le succès et l'échec ne tient souvent qu'à un fil. Après avoir examiné les problèmes que les loisirs peuvent poser et les bénéfices qu'on peut en tirer, voyons maintenant quelles conditions sont nécessaires pour les réussir.

Pour cela, je vous propose un petit exercice. Vous en rencontrerez d'autres tels que celui-ci dans ce livre, et sa lecture sera d'autant plus profitable que vous prendrez le temps de les faire. N'hésitez pas à ajouter d'autres choix, lorsque ceux qui sont proposés vous semblent trop restreints ou inadaptés à votre cas.

Exercice 1-1. Les facteurs essentiels

Choisissez dans la liste ci-dessous les facteurs qui vous paraissent essentiels pour bien employer et apprécier ses loisirs :

- ✓ jouir d'une bonne santé ;
- ✓ vivre dans une ville animée ;

✓ avoir beaucoup d'amis d'horizons aussi variés que possible ;
✓ avoir du charisme ;
✓ posséder un camping-car ;
✓ aimer voyager ;
✓ être sportif ;
✓ avoir un physique séduisant ;
✓ être en excellente condition physique ;
✓ être indépendant financièrement ;
✓ avoir une petite maison au bord de la mer ;
✓ vivre dans une région ensoleillée ;
✓ avoir vécu une enfance heureuse ;
✓ avoir une relation harmonieuse avec son conjoint ;
✓ avoir de nombreux hobbies.

Avant d'aborder les facteurs essentiels à la réussite des loisirs, examinons le cas de deux individus pour lesquels ils constituent un problème ; puis le cas d'une personne satisfaite de l'usage qu'elle en fait. Cela nous donnera quelques indications intéressantes sur ce qui est, ou non, essentiel pour bien vivre ses loisirs.

Les loisirs peuvent être un leurre

Je parlais récemment avec un ami, que nous appellerons David. Il a soixante-sept ans et jouit d'une bonne situation financière. Il joue régulièrement au tennis (souvent mieux que moi) dans le club que je fréquente. David pense beaucoup de bien de l'entreprise qui l'a employé pendant de nombreuses années, mais il déplore qu'elle impose la retraite à soixante-cinq ans.

Après avoir cessé de travailler, David ne savait que faire de son temps libre et se sentait perdu. Deux ans plus tard, il se félicite que son entreprise lui permette de retravailler à temps partiel. Lorsqu'il quitte son travail, il a l'impression de perdre son temps (sauf quand il me bat au tennis). David m'a même confié que pendant longtemps il a détesté les week-ends, et qu'il a toujours eu beaucoup de mal à occuper ses heures de loisirs.

Richard, un autre de mes partenaires de tennis, éprouve lui

aussi des difficultés pour gérer son temps libre. A la différence de David, Richard aspirait à une retraite précoce. Comme beaucoup de citadins, il s'imaginait aller vivre au bord de la mer, sous le soleil de Californie. Richard réalisa son rêve alors qu'il n'avait que quarante-quatre ans : ayant servi dans la police depuis l'âge de dix-neuf ans, il pouvait se retirer avec une pension décente après vingt-cinq années de travail.

Après s'être installé sur la côte, il s'aperçut rapidement que sa vie n'avait pas grand chose à voir avec celle qu'il avait rêvée. Gérer ce stock illimité de loisirs lui parut extrêmement difficile. Il réagit en créant une petite entreprise. Lorsqu'il eut laissé sa chemise dans l'affaire (ce qui n'est pas bien grave en Californie), il tenta diverses autres choses, y compris de retravailler quelques temps. Il ne sait toujours pas comment tirer parti de sa longue retraite. Ce qui est regrettable quand on songe que Richard est dans une situation que beaucoup de gens pourraient lui envier.

> *Les gens passent plus de temps à attendre qu'on prenne en charge leur vie qu'à nulle autre activité.*
>
> Gloria Steinem

Comment un agent de change au chômage est devenu rentier

En 1987, les journaux américains se firent largement l'écho des inquiétudes des agents de change suite au krach boursier du 19 octobre 1987. Ces jeunes opérateurs qui avaient connu un marché florissant, et la vie dorée qui va avec, se retrouvèrent abasourdis et désorientés. Un bon nombre d'entre eux allaient perdre un emploi qui leur rapportait de 100 à 200 000 francs par mois, et se refusaient à accepter "un petit job à 50 000 francs", pour maintenir leur "standing". (Je suis sûr que ces déclarations auront ému beaucoup de lecteurs.)

> *Certaines personnes ne font rien d'autre dans la vie que vieillir.*
>
> Ed Howe

Bien entendu, en raison de leur train de vie luxueux, il était impensable pour ces jeunes gens de se trouver, même temporairement, sans travail ni revenus.

Un de mes amis, Daniel, était agent de change avant le krach. Ce n'était pas un des plus habiles, aussi n'avait-il pas mis beaucoup d'argent de côté. Après le krach, Daniel abandonna complètement la profession. Il ne se mit pas tout de suite en quête d'un autre travail (même d'un "petit job à 50 000 francs"). Bien qu'il ne disposât que d'un faible pécule, il décida de "vivre de ses rentes et de se la couler douce" pendant un an au moins, histoire de changer de vie.

Tout le temps que dura son chômage, Daniel fut le plus heureux des hommes ; détendu, souriant, d'une gaieté contagieuse. Parmi tous les gens que je connaissais qui gagnaient confortablement leur vie grâce à leurs belles situations, aucun n'avait l'air aussi satisfait que lui.

> *Vêtu d'un smoking et d'une cravate blanche, n'importe qui, même un agent de change, peut passer pour un homme du monde.*
>
> Oscar Wilde

Depuis, Daniel a rejoint les rangs des travailleurs dans une autre ville. Lors d'une de ses visites, il m'a confié que bien que sa nouvelle carrière lui convienne, il attendait le moment de pouvoir souffler un an ou deux, juste pour "prendre le temps de vivre". Il ne fait pas de doute pour moi que Daniel, contrairement à David ou à Richard, n'aura aucune difficulté à profiter de sa retraite.

Le secret des loisirs réussis

Quels que soient votre âge, votre sexe, votre profession, votre revenu, vous aussi vous pouvez connaître la joie de ne pas travailler. Si je suis affirmatif, c'est que j'y ai moi-même goûté. Et si j'ai pu le faire, vous le pouvez aussi. Le fait d'avoir passé la moitié de ma vie adulte sans emploi m'a permis d'entrevoir comment on peut réussir en dehors du monde du travail. Si j'estime avoir réussi, je le dois au fait d'avoir réfléchi à ce que je devais faire pour être satisfait de mes loisirs et de m'être appliqué à le réaliser.

Je n'ai aucun don particulier que vous n'auriez pas. Les personnes, qui, comme Daniel, tirent beaucoup de plaisir de leur temps libre sont comme vous et moi. Leur réussite n'est pas le résultat de quelque avantage qu'elles seraient seules à détenir. Nous avons tous les qualités qu'il faut pour réussir notre vie... La clé consiste simplement à savoir reconnaître quels sont nos talents et à savoir les exploiter.

Qu'est-ce qui distingue les gens capables de profiter de leurs loisirs ? Pourquoi mon ami Daniel se sent-il si riche de son temps libre, alors que pour d'autres, comme David et Richard, il constitue un tel fardeau ?

Revenons à la liste de l'exercice 1-1 de la page 8. Si vous avez choisi l'une quelconque de ces réponses, c'est que vous avez une conception erronée des loisirs, car aucun de ces facteurs n'est réellement essentiel pour les réussir. Chacun représente un atout, mais aucun n'est indispensable. J'insiste sur le fait que l'indépendance financière n'est pas essentielle. A preuve, David et Richard, qui sont bien plus favorisés que Daniel sur ce plan. Si l'indépendance financière était un critère important, ils devraient être bien plus contents de leurs loisirs que Daniel. Or c'est le contraire. Au chapitre 11, nous étudierons plus précisément le rôle de l'argent dans les loisirs. Certaines personnes soutiendront que la santé est un facteur essentiel. Encore une fois, c'est un atout, cependant beaucoup de gens souffrant de problèmes de santé jouissent de leurs loisirs et de la vie en général.

> *Ils sont capables parce qu'ils pensent qu'ils le sont.*
>
> Virgile

Alors quels sont ces facteurs essentiels ? La réussite de vos loisirs ne dépend de rien d'autre que de *votre* état d'esprit. Daniel possède l'ingrédient indispensable : une attitude positive. Le hasard étant plein d'à-propos, j'ai reçu cette lettre d'un dénommé Dick Phillips, de Portsmouth en Angleterre, alors que je travaillais à remettre à jour les trois premiers chapitres de ce livre.

Cher Monsieur,

Cet été, ma femme et moi-même nous trouvions sur un vol de la compagnie Air Canada, à destination de Vancouver, en vue d'inaugurer agréablement notre retraite par un voyage dans votre beau pays, lorsqu'une autre passagère m'a parlé de votre livre **L'art de ne pas travailler.**

Je l'ai acheté quelques jours plus tard, et je l'ai lu de retour à la maison (mes loisirs ne m'ayant guère laissé le temps de lire pendant ce voyage). J'ai cinquante-quatre ans et j'ai commencé à travailler à l'âge de quinze ans : d'abord comme apprenti tourneur-fraiseur, puis ingénieur sur un chantier naval, avant d'entrer dans la police municipale où j'ai fait une longue carrière. J'ai trouvé dans votre livre plein de principes de bon sens, dont certains que j'applique depuis longtemps. Par exemple, je me suis toujours intéressé à d'autres activités en dehors de mon travail. Quand je suis parti à la retraite, en novembre dernier, j'en ai profité pour partager mon temps entre mes divers violons d'Ingres : randonnée, VTT, restauration de voitures anciennes, modélisme, peinture et bricolage. Je suis tout à fait d'accord avec vous quand vous dites qu'une attitude positive est essentielle pour bien vivre sa retraite.

Dans votre livre, vous parlez d'un "collègue", un dénommé Richard qui, bien qu'il ait comme moi des conditions de retraite confortables, ne s'en sort pas très bien. J'espère que depuis, il a lu votre livre et qu'il a développé ce moi intérieur qui permet de découvrir et de réaliser ses aspirations profondes.

En ce qui me concerne, j'attends avec impatience l'année prochaine, où je pourrai rejoindre une équipe dont le projet est de construire un grand bateau en bois prévu pour accueillir des personnes handicapées, et d'avoir à nouveau l'occasion de retourner au Canada.

Au plaisir,

Dick Phillips

Notez que Dick Phillips, comme Daniel, a une vision saine des loisirs. Une attitude positive est le meilleur atout pour réussir dans la vie. Si elle vous fait défaut, il est important pour vous de l'acquérir. Ce livre se propose de vous y aider.

CHAPITRE 2

Le monde est tel que vous le voyez

Et si pour changer, nous réfléchissions

Nous pouvons changer notre vie en changeant la vision que nous en avons. Deux personnes confrontées à la même situation, un licenciement par exemple, peuvent l'interpréter d'une manière totalement différente : pour la première ce sera une calamité, pour la seconde une aubaine. Modifier notre façon de considérer un événement dépend de notre souplesse d'esprit et de notre capacité à nous remettre en cause.

Qui de nous prend le temps de réfléchir à ce qu'il pense et se demande pourquoi il pense ainsi? Or changer notre manière de penser demande... d'y penser. En mettant en question notre vision des choses, nous ouvrons la porte à de nouvelles valeurs qui viendront remplacer celles

> Si je suis devenu célèbre, c'est qu'il m'arrive de réfléchir une à deux fois par semaine, alors que la plupart des gens ne réfléchissent qu'une à deux fois par an.
>
> George Bernard Shaw

qui n'ont plus de raison d'être. Contester une certaine conception du travail, par exemple, permet de développer une attitude plus saine envers les loisirs. Ne jamais remettre en cause notre manière de voir les choses présente au moins deux inconvénients :

> ✓ nous risquons de nous enfermer dans une vision unique, et de négliger les autres choix qui s'offrent à nous ;
> ✓ nous pouvons continuer de fonctionner selon un système de valeurs qui a pu être efficace à un moment donné, mais qui est maintenant périmé.

Il n'est jamais trop tard pour changer

Tracez un rond comme celui-ci sur un tableau blanc et demandez à un groupe d'adultes ce qu'ils voient. Presque tous vous répondront qu'ils voient un point noir et rien d'autre. Posez la même question à une classe d'enfants, et vous serez étonné du résultat. Vous entendrez des suggestions aussi fantastiques que :

> ✓ la nuit à travers un hublot ;
> ✓ un ours noir roulé en boule ;
> ✓ un pompon ;
> ✓ l'œil d'un cheval ;
> ✓ une bille noire ;
> ✓ l'intérieur d'une pipe ;
> ✓ un gâteau au chocolat.

Tous nous venons au monde avec des trésors d'imagination. Comme les enfants, nous pouvons regarder le monde d'une manière inventive et neuve à chaque instant. Un enfant remarque presque tout ce qui l'entoure, et a une capacité remarquable à jouir de la vie.

Mais au cours de notre enfance, sous l'influence de l'éducation et de l'école, nous commençons généralement à perdre cette faculté. Parents et enseignants conditionnent notre perception en nous disant ce que nous devrions voir. Parce que nous avons besoin d'obtenir leur approbation et d'être accepté socialement, nous cessons de questionner les choses. Nous perdons notre souplesse mentale, et nous ne faisons plus attention à ce qui nous entoure.

> *Les adultes ne comprennent jamais rien par eux-mêmes, et c'est fatigant pour les enfants de devoir toujours tout leur expliquer.*
>
> Le Petit Prince,
> Antoine de Saint-Exupéry

Ainsi notre raisonnement se structure mais tend aussi à se figer. Notre résistance à changer de valeurs et de croyances favorise une vision erronée, incomplète ou dépassée de la réalité. Cette distorsion nuit à notre créativité et à notre capacité à jouir de la vie.

La créativité va de pair avec une attitude positive. Dans n'importe quel domaine, ce sont les gens créatifs qui réussissent le mieux à long terme, car ils devinent des opportunités là où les autres ne voient que des problèmes insurmontables...

En réalité, la différence principale entre les gens créatifs et ceux qui ne le sont pas tient simplement au fait que les gens créatifs savent qu'ils le sont. Tandis que les autres, devenus trop rigides et routiniers, l'ont oublié.

Qu'est-ce qu'il t'arrive, Bob? As-tu perdu toute ton imagination le jour de tes cinquante ans? Tiens, voilà ce que j'utilise pour me sortir de ce genre de situations !

Nous devons continuellement mettre en cause nos perceptions si nous ne voulons pas habiter un monde illusoire. Les gens qui ne prennent pas l'habitude de s'interroger sur la validité de leurs hypothèses risquent de vivre dans un monde qui a peu de rapports avec la réalité. Cet aveuglement peut avoir des conséquences redoutables, depuis la déception jusqu'à la dépression, voire même la maladie mentale.

Pour beaucoup de gens, il est difficile d'admettre que ce sont leurs propres attitudes et leurs propres croyances qui constituent le véritable obstacle à leur réussite. Mais ce qu'ils redoutent le plus, c'est de renoncer aux excuses qu'ils se donnent pour échouer. Or l'expérience montre que les personnes qui résistent le plus à la remise en cause et au changement sont aussi celles qui en auraient le plus besoin pour redresser le cours de leur vie.

> *Le chien qui est trop vieux pour apprendre de nouveaux tours, l'a toujours été.*
>
> Un sage anonyme

Il n'est jamais trop tard pour changer nos schémas de pensée et de comportement pour peu qu'on le souhaite. La seule chose qui nous empêche de changer, c'est nous-même. On invoque souvent l'obstacle de l'âge ("Tu comprends, je suis trop vieux maintenant."), or cette excuse (vieille elle aussi), est souvent celle des gens qui se sont installés dans la routine dès leur jeunesse.

Autrement dit, c'est leur attitude face au changement - qui n'a rien à voir avec leur âge - qui les rend incapables de s'adapter. Pour les adultes qui gardent l'esprit ouvert et qui se servent de leur imagination, l'âge n'est nullement un frein lorsqu'il s'agit d'adopter de nouvelles valeurs ou de nouveaux comportements.

Au royaume des aveugles les borgnes sont rois

Exercice 2-1. Les trois secrets du bonheur

Un marchand prospère, mais malheureux, décida, fortune faite, de prendre sa retraite et de prendre du bon temps. Cependant, au bout de quelques mois, il se rendit compte qu'il était toujours malheureux.

Sa vie lui parut tellement vide, qu'il partit en quête du maître Zen qui connaissait les trois secrets du bonheur. Après vingt mois de recherche, le marchand finit par dénicher celui-ci au sommet d'une obscure montagne.

Le monde est tel que vous le voyez

Le maître Zen l'accueillit avec enthousiasme et accepta de lui révéler les trois secrets du bonheur. Notre marchand fut très surpris de ce qu'il entendit.

D'après vous, quels étaient ces trois secrets ?

1. _____
2. _____
3. _____

Vous me dites que "la vie est une plaisanterie". C'est donc ça l'illumination ?

Une des clés de la joie de vivre est de pratiquer la souplesse. "Au royaume des aveugles les borgnes sont rois", dit un vieux proverbe français. La souplesse permet de voir des choses que les autres ne voient pas.

Avez-vous trouvé les trois secrets du bonheur ? Selon, le maître Zen, c'est :

1. Etre attentif
2. Etre attentif
3. Etre attentif

Une personne créative est attentive au monde qui l'entoure et y décèle une foule d'opportunités. Tandis que celle qui manque d'imagination et d'attention reste aveugle aux occasions qui s'offrent à elle.

Pour mener une vie satisfaisante, il est donc important de développer la vigilance. Un moyen d'acquérir une attitude positive consiste à porter notre conscience et notre attention sur ce qui est nouveau et à changer notre regard sur ce qui est familier. Si nous avons une tendance à la rigidité, renouveler notre perception peut demander pas mal d'effort et de courage.

> *Seule la plus folle des souris songerait à se cacher dans l'oreille d'un chat. Mais seul le plus sage des chats songerait à la chercher là.*
>
> Scott Love

Certains vous diront que bien gérer ses loisirs n'est qu'une affaire de bon sens. Opinion que je partage entièrement. Mais alors, pourquoi écrire tout un livre sur le sujet, s'il suffit d'un peu de sens commun pour faire le tour de la question ? Parce que bien des gens s'ingénient à se compliquer la vie au lieu de suivre les règles les plus simples. Peut-être le sens commun n'est-il pas si commun...

Savez-vous être attentif ?

> *Ce qui est obscur finit par devenir apparent. Ce qui est évident demande, semble-t-il, plus de temps.*
>
> Edward Murrow

Tous, à un degré ou à un autre, nous faisons preuve de distraction. Nous laissons nos préjugés influencer notre perception, si bien qu'une bonne partie de la réalité nous échappe.

Les quatre exercices suivants ont pour but de tester la qualité de votre attention. Verrez-vous tout ce qu'il y a à voir dans les figures ci-dessous? Consacrez quelques minutes à chacun de ces exercices.

Exercice 2-2. Testez votre attention
Regardez les deux figures qui suivent, puis passez aux autres exercices.

Figure 1

| Un tiens vaut mieux | → | que deux tu tu l'auras |

Figure 2

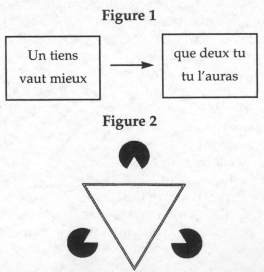

Le monde est tel que vous le voyez

Exercice 2-3. Des triangles à la pelle

Le schéma ci-dessous est une construction en perspective. L'exercice consiste à compter le nombre de triangles que l'on peut voir dans cette figure.

Exercice 2-4. Jouez avec des allumettes

Dans l'équation ci-dessous, chaque trait représente une allumette. Cette équation est manifestement fausse, à vous de la rendre correcte en ne déplaçant qu'une seule allumette.

Exercice 2-5. Le dessinateur avait-il un petit vélo ?

Bien que je sois diplômé en génie électrique, j'ai récemment décidé de concevoir un engin mécanique. Voici donc le plan d'un nouveau tandem que j'ai imaginé dans le but d'aider mes lecteurs à profiter de leurs loisirs (je devine combien vous êtes impressionné). Je vous laisse apprécier tous les avantages de ce tandem révolutionnaire.

Tout est dans la perception

Si vous avez bien vu tout ce qu'il y avait à voir dans la figure 1 de l'exercice 2-2, vous avez dû lire "que deux **tu tu** l'auras". Si vous n'avez pas remarqué cette répétition, c'est que certains détails vous échappent. De la même façon, vous risquez de passer à côté de solutions possibles à vos problèmes.

Dans la figure 2, peut-être avez-vous vu un triangle plus clair que le reste de la page. Remarquez tout d'abord qu'il n'y a pas de triangle tracé à cet endroit : ce sont vos yeux qui l'ont créé. De même que ce triangle "plus blanc que blanc" n'existe pas, peut-être les obstacles qui vous empêchent de résoudre vos problèmes sont-ils imaginaires eux aussi ?

Dans la figure de l'exercice 2-3, la plupart des gens comptent moins de 25 triangles. Et vous, avez-vous bien vu tout ce qu'il y avait à voir ? En réalité, on peut dénombrer jusqu'à 35 triangles différents dans cette figure.

Vous avez peut-être trouvé une solution ou deux à l'exercice 2-4. C'est déjà bien, mais si vous vous êtes arrêté là, c'est dommage. Il existe plus de 20 solutions à cet exercice, si on prend le temps de les découvrir. Se contenter d'une seule solution pour résoudre un problème, qu'il soit professionnel ou privé, c'est négliger la possibilité de trouver des solutions plus efficaces et plus attractives.

Que pensez-vous de ma bicyclette? Si votre appréciation est entièrement négative, c'est que vous n'avez pas pris la peine de bien la regarder. A moins de peser le pour et le contre, vous risquez de conclure un peu hâtivement, sans avoir donné à ce dessin, certes inhabituel, toute l'attention (et la considération) qu'il mérite. Vous avez prononcé votre jugement trop vite ; vous auriez dû considérer certains avantages, tels que cette roue arrière qui peut servir de roue de secours en cas de crevaison. Et que diriez-vous d'un mode de transport rendu plus confortable grâce aux deux roues arrière? Ce modèle pourrait égale-

Certains voient les choses comme elles sont et se disent "Pourquoi?". Moi je les vois telles qu'elles n'ont jamais été, et je me dis "Pourquoi pas?"

George Bernard Shaw

ment se montrer supérieur aux engins classiques pour transporter des chargements lourds... ou des gens corpulents. D'autres pourraient y voir une marque de prestige à cause de son originalité. On peut trouver beaucoup de points positifs et négatifs dans ce dessin. Pour l'apprécier à sa juste valeur, il faut en considérer tous les aspects. De même, quand vous évaluez vos idées ou celles de quelqu'un d'autre, vous devez en examiner tous les avantages et tous les inconvénients avant de trancher.

Dans la vie, la perception est tout. Le monde est tel que vous le voyez. Ces quelques exercices vous ont permis de mesurer votre degré d'attention. Peut-être vous auront-ils donné envie d'être plus attentif au monde qui vous entoure.

Seuls les imbéciles ne changent pas d'avis

Aujourd'hui, le monde change à toute vitesse. Si nous voulons nous adapter à son évolution, nous devons garder l'esprit souple et ouvert et ne pas rester figés sur nos positions, nos idées ou nos croyances. Ainsi, il nous sera beaucoup plus facile de faire face aux mutations de notre environnement.

Certaines personnes sont complètement réfractaires au changement car elles considèrent que changer de valeurs ou d'opinions est un signe de faiblesse. L'aptitude à changer démontre au contraire une force et une volonté de grandir. Et comme nous l'avons vu, il est toujours possible de changer.

Pour lui, cette bicyclette est un loisir. Pour moi, c'est du travail.

L'important, c'est que plus on est rigide, plus on a de problèmes et de difficultés à s'adapter au monde actuel. Dans les stages que j'organise autour du thème de la créativité, je constate régulièrement que ceux qui ont le plus besoin de changer leur manière de pensée sont aussi ceux qui résistent le plus au changement. L'inverse est également vrai : les personnes très adaptables et créatives trouvent le changement excitant, sont toujours prêtes à remettre en cause leur point de vue et déterminées à en changer si nécessaire.

Dépasser votre vision du moment peut ouvrir de nouvelles dimensions dans votre vie. Prenez l'habitude de remettre en question vos croyances, d'extirper les idées périmées de votre esprit et essayez de tester des valeurs et des comportements différents afin d'en éprouver la validité.

Redécouvrez votre créativité

"La créativité d'une personne de quarante ans ne représente guère plus de 2 % de celle d'un enfant de cinq ans", lisait-on récemment dans le magazine *Business Week*. Si nous avons perdu plus de 90 % de notre créativité lorsque nous atteignons la quarantaine, c'est qu'à l'évidence celle-ci se heurte à de nombreux blocages. Que se passe-t-il ?

L'obstacle majeur que rencontre notre créativité, c'est nous-même, lorsque nous nous soumettons aux influences sociales et éducatives qui tendent naturellement au conformisme. Nous dressons ainsi beaucoup de barrières intimes qui nous dépossèdent de notre pouvoir d'imagination. La peur de l'échec est une de ces barrières, de même que la paresse et l'aveuglement. En dépit de ces obstacles, chacun naît avec de grandes possibilités créatives, qu'il peut redécouvrir.

Pour cela, je vous propose d'appliquer les dix-sept principes de la créativité que vous trouverez énumérés ci-dessous. Dès que vous commencerez à les appliquer à votre travail comme à vos loisirs, ils changeront radicalement votre vie, quels que soient votre âge et votre profession.

Les dix-sept principes de la créativité

- Choisir d'être créatif
- Rechercher plusieurs solutions
- Ecrire ses idées
- Les analyser en profondeur
- Définir son (ou ses) but(s)
- Envisager les problèmes comme des opportunités

- Privilégier ce qui est évident
- Prendre des risques
- Oser être différent
- Etre déraisonnable
- S'amuser, faire le fou
- Etre spontané
- Vivre dans le présent
- Pratiquer la pensée contradictoire
- Ne pas hésiter à remettre en question les règles et les hypothèses de départ
- Mûrir sa décision
- Persévérer

Exprimer votre créativité en vous initiant à l'écriture, la peinture, la danse, ou en rencontrant des gens différents, ou tout simplement en changeant d'itinéraire pour vous rendre à votre travail, ne demande aucun talent particulier. Seul votre désir d'exploiter votre imagination suffit.

A ceux qui pensent que la terre est plate

Notre aptitude à profiter du monde foisonnant des loisirs dépend de notre capacité à résister à l'influence des grands courants de société. Car tous les systèmes sociaux cherchent à imposer leurs valeurs et leurs codes moraux. Comme l'histoire l'a abondamment montré, ces valeurs et ces codes sont souvent préjudiciables aux individus comme à la collectivité. Si je dis que la société *cherche* à les imposer, c'est qu'elle n'y réussit pas toujours. Ses membres n'adhèrent pas tous à la norme. Un petit nombre d'individus restent suffisamment vigilants pour ne pas se laisser influencer par les vœux de la société, s'ils les jugent suspects. Ce sont ces individus qui préparent le terrain pour que progressivement la société évolue.

Il y a plusieurs siècles, malgré les preuves contraires, la norme était de croire que la terre était plate. Cette idée était si profondément ancrée dans les esprits, qu'il fut difficile de l'en déloger.

> *Confrontés à la nécessité de changer de point de vue, la majorité d'entre nous préfèrent prouver que c'est inutile.*
>
> John Kenneth Galbraith

Le fait de s'accrocher à des idées périmées est aussi courant aujourd'hui qu'autrefois. Les gens n'abandonnent pas facilement leurs vieilles croyances. Ils répugnent à en admettre l'absurdité car cela blesserait leur ego. Cet entêtement devient une sorte de maladie. Au lieu d'adopter un point de vue plus conforme à la réalité, ils préfèrent continuer à se leurrer.

La société occidentale, comme la plupart des sociétés qui l'ont précédée, se croit résolument tournée vers le progrès. Mais elle est pourtant "infiltrée" de gens persuadés que la "terre est plate". Ainsi, dans le domaine particulier du travail et des loisirs, un grand nombre de valeurs et de normes sociales sont aujourd'hui caduques. Et ceux qui nous succéderont riront sans doute de nos conceptions primitives à ce sujet, de la même façon que nous rions de ceux qui autrefois juraient que la terre était plate.

> *Le fait qu'une opinion soit très répandue ne prouve nullement qu'elle est fondée. Elle a même toute chance d'être absurde, quand on songe que la bêtise est une des choses les mieux partagées.*
>
> Bertrand Russel

CHAPITRE 3

La morale du travail
est une morale d'esclaves

Vers une autre conception du travail

Si nous voulons améliorer la qualité de nos loisirs, nous devons
d'abord revoir notre conception
du travail, et comprendre ce qu'il
signifie pour nous, en dehors de
tout préjugé. Quelle que soit votre
situation, vous apprécierez davan-

> *Ah oui, le travail, cette invention*
> *qui empêche de jouer au golf.*
>
> Frank Dane

tage vos loisirs si vous pouvez envisager de manière positive
l'absence de travail.

Exercice 3-1. Quelques sujets de réflexion

Comme nous l'avons vu au chapitre 2, jouir de son temps
libre est avant tout un état d'esprit. Afin de tester votre attitude à l'égard du travail, je vous propose de répondre aux
questions suivantes.

- ✓ Pensez-vous qu'il faut travailler dur pour réussir dans
  ce monde ? Pourquoi ?
- ✓ Jugez-vous productif pour la société que tous les gens
  valides (mettons entre 20 et 60 ans) s'emploient à tra-

vailler toute la semaine pour gagner leur vie ?
✓ Assimilez-vous ceux qui mendient dans la rue ou dans le métro à des parasites ?

Il n'y a pas de "bonnes réponses" à ces questions, elles visent simplement à remettre en cause quelques idées reçues et largement partagées. Vous trouverez dans ce qui suit quelques réflexions permettant d'aborder le thème du travail et des loisirs de manière différente.

Comment la morale du travail a détruit une belle invention

Contrairement à ce que l'on croit habituellement, le travail est une valeur relativement récente. En fait, la plupart de nos ancêtres en auraient banni la notion. Quel est donc son coupable inventeur ? La morale du travail[1] est issue de la révolution industrielle. Ce sont les usines qui ont instauré les longues journées de travail. Au fil du temps, la durée hebdomadaire du travail est passée de 60 heures en 1890 à environ 40 heures en 1950. Depuis, elle est restée sensiblement la même. La morale du travail, héritée de la révolution industrielle est encore très ancrée dans les mentalités. On considère par exemple qu'un travailleur à temps partiel ne contribue pas véritablement à la vie de l'entreprise. Alors que beaucoup de gens pourraient se permettre de réduire leur salaire en réduisant leur temps de travail, la plupart ne le font pas, même s'ils en ont l'occasion, parce que cela leur donnerait mauvaise conscience.

Revenons en arrière, au temps où le travail n'occupait pas la même place. Les Grecs de l'antiquité trouvaient que travailler était vulgaire. Le travail pour le travail était réservé aux esclaves et jugé improductif. Le seul motif valable de tra-

---

[1] L'auteur fait plus précisément référence ici à la morale *protestante* du travail. Pour résumer, selon cette morale, particulièrement prégnante en Amérique du Nord, le salut des âmes est en relation avec la réussite sociale et l'argent gagné. La réussite sociale servit d'abord à désigner les "élus", puis, peu à peu, cessa d'être un moyen pour devenir une fin. NdT

vailler était d'accroître ses loisirs. Socrate disait par exemple que, parce qu'ils manquaient de temps pour cultiver l'amitié et servir la communauté, les travailleurs manuels faisaient de mauvais citoyens et de médiocres amis. Grecs et Romains des temps

> *C'est à la qualité de ses loisirs qu'on mesure le mieux celle d'une civilisation.*
>
> Irwin Edman

anciens reléguaient toutes les activités manuelles exécutées au service de quelqu'un ou contre rétribution, aux citoyens de seconde classe ou aux esclaves. Les Grecs n'avaient même pas de nom pour désigner ce que nous appelons aujourd'hui *travail*.

Même chose plus tard en Europe, où le terme "travail" tel que nous l'employons aujourd'hui était inconnu. Bien que les paysans du Moyen Age fussent pauvres et opprimés, ils ne passaient pas leur temps à travailler. Ils célébraient d'innombrables fêtes en l'honneur des saints les plus obscurs, si bien qu'avec le temps, ils avaient de plus en plus de "vacances" et de moins en moins de journées de travail. A une certaine époque, on dénombrait jusqu'à cent quinze jours fériés par an. Telle était la situation jusqu'à l'avènement de l'ère industrielle et de sa morale...

Dans la Grèce antique, le loisir représentait bien plus qu'un répit, c'était une fin en soi. Et, comme cela devrait être toujours le cas, le loisir constituait le temps le plus productif. Ce temps pouvait servir à réfléchir, à apprendre et à se développer. Si l'on estime comme eux qu'il n'est pas de but plus élevé que de grandir et de se réaliser, il semble que la pensée des Grecs ait été bien ordonnée.

Mais un jour, la morale du travail est venue bouleverser cette conception intelligente du travail. Pour quelque étrange raison, la société s'est fourvoyée en adoptant cette nouvelle éthique, qui inverse les rôles entre loisir et travail : le travail devenant l'activité productive, et le loisir n'ayant plus pour but que de nous permettre de récupérer des forces avant de nous remettre au labeur.

Cette conception "moderne" du travail tire son efficacité du fait qu'elle repose sur la culpabilité. Celle-ci, d'une manière perverse, annule le plaisir. Ce sentiment de culpabilité est si fort chez certains individus, qu'il les poursuit jusque sur leur lieu de vacances. Incapables d'apprécier leur liberté, ces

L'art de ne pas travailler

esprits torturés reviennent de vacances le moral à zéro.

> *Il n'est pas d'erreur plus fatale que de perdre sa vie à la gagner.*
>
> Henry David Thoreau

Beaucoup de gens ont une telle vénération pour le travail, qu'ils se vantent du nombre d'heures qu'ils passent chaque jour à bosser. (C'est typique de la mentalité américaine, par exemple, mais pas exclusivement.) Même si leur travail est routinier, fatigant, et le bénéfice financier de leurs heures supplémentaires à peu près nul, ils ne peuvent s'empêcher de clamer sur les toits combien ils "croulent" sous le boulot. Ils sont devenus des martyrs, ayant renoncé à se réaliser pour avoir le privilège d'être esclaves (pour le plus grand profit des entreprises d'ailleurs).

Influencés par ce culte du travail, de nombreux professionnels exagèrent la quantité de temps qu'ils donnent à leur employeur. En 1995, des chercheurs ont constaté que les gens surestiment inconsciemment la quantité de travail qu'ils fournissent. En comparant les heures effectives notées sur les agendas aux chiffres annoncés par leurs propriétaires, les chercheurs ont observé des différences significatives. Ce sont les "bourreaux de travail" qui enregistrent les décalages les plus importants. Ceux-ci affirment travailler jusqu'à soixante-quinze heures par semaine, alors que leurs agendas ne font apparaître que cinquante heures de travail effectif.

Avec la subordination du loisir au travail, ce dernier est devenu le seul principe organisateur et l'unique moyen d'expression. Dans le monde moderne, le loisir a un statut très inférieur ; pour le grand nombre, il évoque la paresse, le désœuvrement et la perte de temps. Lorsqu'ils se retrouvent sans emploi, la plupart des gens perdent le respect d'eux-mêmes et le sentiment de leur propre valeur. Ils montrent les signes d'une détérioration de la personnalité, de nouvelles failles apparaissent, certains se mettent à boire ou multiplient les infidélités.

> *Rendons grâce à Adam de nous avoir enlevé la bénédiction de l'oisiveté pour nous apporter la malédiction du travail.*
>
> Mark Twain

Grâce à la technologie moderne, les loisirs sont devenus accessibles aux masses et ne sont plus le privilège des aristocrates. Je suis sûr que les philosophes grecs seraient profondément troublés d'apprendre que l'homme moderne, qui a plus de temps libre que jamais, ne sait qu'en faire. Ils seraient sans doute plus perplexes encore de voir combien d'individus passent de longues journées au travail, alors qu'ils sont suffisamment riches pour s'en dispenser.

Il est difficile de comprendre exactement ce qui a conduit la société à accepter ce renversement des rôles entre loisir et travail, et quelles en sont toutes les conséquences. Une chose est sûre cependant : les Grecs anciens seraient non seulement troublés mais choqués devant les soi-disant progrès de l'humanité. Ils penseraient que nous sommes tombés sur la tête ou que l'espèce humaine a développé des tendances masochistes.

Ne travaillez pas parce que c'est "moral"

Faire un travail fastidieux parce qu'on en a besoin pour vivre est un comportement rationnel ; mais faire un travail fastidieux quand on pourrait s'en passer est irrationnel. Pourtant, bien des gens aisés accomplissent des tâches ingrates, simplement parce qu'ils jugent "plus moral" de travailler.

La plupart n'ont pas réfléchi aux conséquences néfastes qui peuvent résulter de cette "moralité". Car bien qu'il nous permette d'assurer notre subsistance, le travail ne contribue pas au bien-être individuel comme on le pense volontiers.

> *L'excès de morale est un leurre qui peut éteindre toute vie en vous.*
>
> Henry David Thoreau

Soyons clair, je ne dis pas que nous devrions éviter autant que possible de travailler. Vous pourriez supposer - à tort - que je souffre "d'ergophobie" (ou peur du travail). Bien au contraire, je tire une grande satisfaction du travail que je choisis de faire - comme écrire ce livre par exemple. Je dis simplement qu'une certaine conception du travail peut nous ôter le bien-être et la joie de vivre. Ce n'est pas vraiment une nouveauté. Bertrand Russel, il y a quelque temps déjà, déclarait, à propos des Américains, que leur attitude vis-à-vis du travail et des loisirs était "rétrograde et contribuait à la misère sociale". Dans son essai *In praise of idleness* (éloge de la paresse), il écrit : "La morale du travail

Tout ce que j'ai gagné à passer vingt-cinq ans le nez rivé à ma machine, c'est une irritation du nez.

est une morale d'esclaves, et le monde moderne n'a nul besoin d'esclaves".

Il me plairait d'avoir inspiré ces lignes, mais ce serait difficile à admettre, vu qu'elles ont été écrites en 1932, il y a plus de soixante ans. Il est néanmoins très instructif de relire l'essai de Russel aujourd'hui, en raison de son actualité. Malgré tous les bouleversements que notre monde a connus, il est troublant de voir à quel point nos valeurs ont peu évolué en plus d'un demi-siècle. Les vieilles croyances ont décidément la vie dure !

Illustrons par un exemple à quelles extrémités absurdes peut conduire le fait de prendre le travail pour une vertu. Supposons qu'à un moment donné, le monde ait besoin de n trombones pour ses activités. Avec les techniques conventionnelles, un nombre Y de personnes sera nécessaire pour fabriquer ces trombones. Elles travailleront de huit à dix heures par jour, et chacune regrettera de ne pas avoir plus de temps libre. Supposons maintenant que quelqu'un invente une machine plus performante qui permette de produire le même nombre de trombones avec moitié moins de main-d'œuvre. Dans un monde sensé, les fabricants de trombones, travailleraient moitié moins d'heures et tous y gagneraient plus de loisirs.

Mais nous ne vivons pas dans un monde sensé. Parce que les gens persistent à croire que le travail est une vertu, ils continuent de s'échiner sur leurs machines huit à dix heures par jour, jusqu'à ce qu'il y ait une surproduction de trombones. Résultat : on licencie la moitié des effectifs. Ainsi on est sûr que tout le monde est malheureux. Les uns parce qu'ils ont trop de temps et pas assez d'argent pour en profiter, les autres parce qu'ils ont trop de travail et pas assez de temps.

Alors qu'elle pourrait contribuer au bonheur de tous, l'augmentation inévitable du temps libre ajoute à la détresse

Travailler dur n'a jamais tué personne, mais pourquoi prendre le risque?

Charlie McCarthy
(Edgar Bergen)

de chacun. La morale du travail devient une source croissante d'insatisfaction générale. Ce n'est qu'en changeant radicalement notre système de valeurs pour nous adapter au rythme du monde actuel que nous parviendrons à rompre ce cercle vicieux.

Un de nos préjugés consiste à croire qu'il faut travailler dur pour réussir. Or, contrairement à cette idée reçue, c'est rarement le cas. Pour quelque obscure raison, ceux qui prônent les vertus du travail négligent le fait que les millions de gens qui restent les yeux rivés sur leur machine ou sur leur bureau durant toute leur carrière, deviennent myopes à la rigueur, mais ne réalisent certainement pas leurs aspirations.

Si "le travail, c'est la santé", ce n'est pas parce qu'on travaillera deux fois plus qu'on se portera deux fois mieux.

La loi du bénéfice négatif

Passé un certain point, la tendance s'inverse, on gagne de moins en moins à travailler plus. Chaque heure de travail supplémentaire entame un peu plus notre capital santé et notre bien-être. Une fois franchi le seuil critique, les choses vont de mal en pis, le bénéfice devient nul, puis se change en préjudice. L'excès de travail se traduit par les nombreux effets indésirables liés au stress, et

> *Un homme pressé ne peut pas être tout à fait civilisé.*
>
> Will Durant

aboutit à un mal être physique autant que moral. Plus les heures s'ajoutent aux heures, et plus nous sommes perdants. C'est ce que j'appelle : la loi du bénéfice négatif.

Une nation rendue folle par le travail

Imaginez une société dont tous les membres préfèrent travailler à tout autre chose. La morale du travail y est si forte, que les ouvriers d'usine, bien qu'ils n'aient que sept jours de vacances par an, refusent de prendre tous leurs congés pour rester à l'usine.

Cette folie gagne toutes les strates de la société. Les

L'art de ne pas travailler

hommes d'affaires, comme les autres, travaillent six jours sur sept, et bien qu'ils aient droit à vingt jours de congé, n'en prennent pas plus que les ouvriers. De plus, lorsqu'ils partent en vacances, ils sont incapables de se détendre. Ils sont pris de frénésie, s'agitent en tous sens, et s'épuisent à "consommer" le plus de loisirs possibles. Ils sont tellement intoxiqués par la morale du travail, qu'ils ne savent même plus ce que le mot "loisir" signifie. La situation devient si grave que la santé de la nation se trouve menacée. Le gouvernement finit par prendre des mesures et par lancer des campagnes d'information visant à réapprendre aux gens à se reposer.

Imaginez le ministère du Travail ou celui des Affaires sociales faisant la promotion des loisirs ; cette initiative serait sévèrement critiquée dans chacun des deux pays. Pourtant la situation que je décris existe : c'est en effet ce qui se passe actuellement au Japon.

Le gouvernement japonais s'est fixé comme objectif à long terme d'améliorer la qualité de vie en augmentant les loisirs. Il a ainsi édité, par l'intermédiaire du ministère du Travail, une série d'affiches visant à promouvoir le temps libre auprès des travailleurs. Sur l'une de ces affiches, on peut lire : "Créons une société où l'on ne travaille que cinq jours par semaine". Ce ministère a également publié un manuel de relaxation à l'usage des salariés.

Une étude réalisée au Japon révèle que près des deux tiers des personnes interrogées prennent moins de dix jours de vacances par an. Pourtant, beaucoup souhaiteraient avoir davantage de temps libre. Savez-vous pour quoi faire ? Plus de 85 % ne désirent qu'une chose : dormir ! Ce qui laisse supposer qu'ils sont vraiment très fatigués ou que leur vie est devenue bien ennuyeuse...

Les Japonais ont naturellement de la peine à concevoir une vie sans travail. Lorsque le grand éditeur japonais, Kodansha, décida de publier

Toutes les deux, vous bossez encore plus dur que les Japonais. Et regarder les gens travailler me fatigue. Grâce à vous, je vais rentrer plus tôt faire la sieste.

L'art de ne pas travailler, le choix d'un titre s'avéra difficile, car toutes les traductions avaient une connotation trop radicale et risquaient de choquer les lecteurs japonais, surtout les plus âgés. L'éditeur opta finalement pour *La loi de Zelinski*, en allusion à *La loi de Murphy*, dont la version japonaise avait remporté un vif succès. (*La loi de Zelinski* avait un sous-titre : *Le livre après lequel vous n'aurez plus jamais envie de travailler*.)

L'abus de travail est dangereux pour la santé

Beaucoup de Japonais ne sont pas seulement fatigués, mais au bord de l'épuisement. Une étude effectuée pour le compte de la société d'assurance *Fukoku* révèle que près de la moitié des travailleurs craignent un décès précoce dû au stress.

La morale du travail est si forte chez les Japonais, qu'ils ont même développé une maladie en son honneur. Ils appellent *Karoshi* la mort subite causée par le surmenage. Les statistiques indiquent que 10 % des accidents frappant les hommes sont imputables au surmenage. Des familles ont gagné des procès contre des entreprises qu'elles estiment responsables de la mort d'un des leurs. En 1996, *Dentsu*, la plus grande agence de publicité du Japon, a été contrainte de verser l'équivalent de six millions de francs aux parents d'un homme que le surmenage et le manque de sommeil avaient conduit au suicide.

> *La mort est la manière dont la vie nous dit de ralentir.*
>
> Graffiti

Personnellement, je pense que les gens qui meurent de surmenage - quelle que soit leur nationalité - n'ont d'autres responsables à blâmer qu'eux-mêmes. Quelqu'un d'assez fou pour se tuer à la tâche, quand il y a tant d'autres choses merveilleuses à faire, a peu de chances de s'attirer ma sympathie. De plus, je ne vois pas pourquoi les Japonais ont eu besoin de créer un mot nouveau pour désigner cette maladie, *Hara Kiri* sonne très bien.

Un espoir nommé Chibi

Heureusement, au Japon comme en Occident, les jeunes se montrent un peu plus sains d'esprit que leurs aînés. Leur conception du travail semble évoluer dans le bon sens.

Un des signes visibles de ce changement est une des émissions les plus suivies au Japon depuis le début des années 90. Chibi Marukochan, la version japonaise de Bart Simpson, est une petite fille, que toutés les télévisions du pays s'arrachent à prix d'or. C'est la coqueluche des enfants comme des adultes, et particulièrement des jeunes femmes de 20-25 ans. Le dimanche, deux téléspectateurs sur cinq se branchent sur ce dessin animé, où Chibi apparaît sous les traits d'un cancre indécrottable, qui n'arrête pas de ronchonner et fuit tout ce qui ressemble de près ou de loin à du travail.

Au Japon, la morale du travail est aujourd'hui considérée comme une imposture par de nombreux jeunes gens, qui se montrent même plus prompts que les jeunes Américains à mettre en cause la soumission au travail. La nouvelle génération, ou *shinjinrui*, manifeste également un enthousiasme très modéré à l'idée de se dévouer à une seule entreprise, comme le firent leurs parents. Les jeunes Japonais, comme les jeunes Américains, souhaitent non seulement vivre plus intelligemment, mais ils le revendiquent. En mars 1996, le magazine *Newsweek* révélait que de nombreux travailleurs Japonais ne supportaient plus leur condition. Le même article ajoutait que l'employé japonais d'aujourd'hui "prend des vacances, passe ses soirées avec ses amis et non plus son patron, et il lui arrive même de rentrer assez tôt à la maison pour border ses enfants".

La paresse, un privilège réservé aux plus doués

Les hommes qui ont marqué l'histoire par leurs réalisations ou leurs découvertes étaient jugés paresseux par leurs contemporains. Bien que cela puisse paraître contradictoire, ces hommes illustres passaient le plus clair de leur temps à éviter de travailler. Ils n'étaient pas nécessairement "paresseux", mais, peut-être parce qu'ils suscitaient une certaine envie, ils passaient pour tels aux yeux de la majorité.

Fainéants créatifs, ces hommes consacraient un temps considérable au repos et à la réflexion. Le fainéant créatif est celui qui accomplit une œuvre significative mais qui ne cherche pas à se surpasser. En d'autres termes, la "flemme créative" se traduit par une activité productive et détendue.

Sans qu'ils aient besoin de se démener, ces grands hommes se montraient efficaces et productifs, tandis qu'ils travaillaient à leur projet ou à leur invention. Et bien sûr, ils prenaient le temps de se détendre. Ils étaient plus décontractés, heureux et robustes que s'ils s'étaient surmenés.

> *Mieux vaut avoir flâné en route et avoir échoué que n'avoir jamais flâné.*
>
> James Thurber

De l'utilité des clochards

Un jour, je déclarais avec véhémence à une amie que je donnais souvent de l'argent à des œuvres, mais que je me refusais à en donner à tous ces clochards qui mendient dans la rue. Je lui expliquais que je les tenais pour des parasites, inutiles et paresseux, qui errent sans but dans la vie, si ce n'est de me harceler alors que je me dirige allègrement vers mon café préféré.

Cette amie me donna sur le champ une leçon sur un des thèmes que j'aborde dans mes stages : la capacité à changer de point de vue (quelqu'un a dit un jour que c'est ce qu'on a besoin d'apprendre qu'on enseigne le mieux). Cette amie m'expliqua que les clochards, en raison de leur mode de vie, utilisent peu les ressources de l'environnement et de ce fait ne participent pas à leur épuisement, contrairement aux gens qui travaillent. Ils ne volent pas leur argent, ils le demandent. De plus, les mendiants procurent à certaines personnes la satisfaction de manifester leur générosité. Et dans un monde où l'emploi se raréfie, toute personne qui sort du système représente un concurrent en moins sur le marché du travail.

L'art de ne pas travailler

J'ai toujours rêvé d'être un clochard, mais je n'ai jamais réussi. C'est pourquoi j'ai pris un travail de bureau.

Tandis que je réfléchissais à tout ça, je me rendis compte que certains travailleurs que je connais étaient finalement moins utiles à la société que les clochards. Aujourd'hui, je ne suis plus irrité quand l'un d'eux tend la main vers moi, il m'arrive même de lui donner de l'argent en pensant à sa fonction sociale.

Le yuppie : un raté qui a réussi.

Il y a deux choses plus extraordinaires qu'un billet de 30 francs, la première c'est un arbre rempli d'éléphants, la seconde un *yuppie* [2] qui a réussi. Durant les années 80 et le début des années 90, les yuppies avec leur sourire figé et leur mine réjouie donnaient l'impression de fêter *Halloween* 365 jours par an.

Dans leur folie, ils ont donné à la morale du travail un nouveau vernis. Le travail acharné devenait un gage de succès et la promesse d'une vie dorée. Selon cette philosophie, il était plus facile et préférable d'être reconnu pour ce que l'on avait que pour ce que l'on était.

Le monde qu'ils habitaient (et auquel beaucoup aspirent encore aujourd'hui) n'était pourtant pas si rose que ça. A force de courir après la réussite et de se surmener, un grand nombre d'entre eux étaient atteints d'hypertension, d'ulcères, de troubles cardiaques, d'alcoolisme et de toxicomanie. Face à ces problèmes, certains pour ne pas se laisser distancer, d'autres simplement pour rester dans le vent, consultaient des psychothérapeutes. Il y avait même des thérapeutes spécialisés pour certaines clientèles (avocats, médecins, et même... thérapeutes pour thérapeutes de *yuppies*).

Sur le chapitre des loisirs, les *yuppies* américains étaient logés à la même enseigne que les cadres japonais. Malgré leurs

[2] Terme américain formé à partir de l'abréviation : *Young Urban Professionnals* ou jeunes cadres urbains. NdT

revenus confortables, le temps libre représentait un luxe qu'ils n'avaient pas les moyens de s'offrir. Selon une étude Louis Harris, le temps de loisirs de l'Américain moyen s'est réduit de 37 % depuis 1973. Avec leurs journées de travail interminables, les *yuppies* ont vu leur temps de loisir chuter encore plus vite que la moyenne. Pour un grand nombre de ces "jeunes professionnels urbains", le

Dis-moi, Harold, cela fait dix ans que tu es sorti de Harvard avec ton MBA. Comment se fait-il que tu sois devenu chauffeur de taxi ?

Au début, j'étais un de ces brillants yuppies. Puis, j'ai abandonné mes tics nerveux, mon sourire de play-boy et ma psychanalyse et ça a été la fin de ma carrière.

rythme de vie était tel que même leurs loisirs, quand ils en avaient, étaient minutés.

La famille *yuppie* était loin d'être un paradis pour les enfants. Ceux-ci passaient à côté de l'enfance, parce que leurs parents étaient obnubilés par l'argent, les biens matériels et le statut social. En semaine, certains parents en étaient réduits à voir leurs enfants sur rendez-vous. D'autres les conditionnaient dès le plus jeune âge à "réussir" comme eux. Ces enfants étaient tellement "surbookés" qu'ils ne savaient pas plus que leurs parents ce que le mot "détente" signifiait.

Compte tenu de toutes ces vicissitudes, on peut se demander si les gens qui ont choisi ce mode de vie et qui tentent de le maintenir encore aujourd'hui sont vraiment sains d'esprit. Bien qu'ils se vantent de travailler dur, ils semblent surtout travailler du chapeau.

Dans le magazine *Report on Business*, Pamela Ennis, psychologue du travail à Toronto, qui est intervenue auprès de nombreux *yuppies* licenciés au début des années 90, déclare : "Il y a dans l'esprit de cette génération quelque chose qui ne tourne pas rond. Ils n'arrivent pas à comprendre qu'un appartement de luxe ou une BMW ne sont pas la clé du bonheur".

En fait, la réussite, pour laquelle les *yuppies* luttaient si fort, a signé leur propre défaite. Compte tenu de tous leurs problèmes, on aurait plutôt dû les surnommer les *yuffies* : *Young Urban Failures* (ou jeunes ratés urbains).

Notre vie se résume-t-elle à accumuler des choses ?

Aussi étrange que cela puisse paraître, notre souci principal dans la vie - du moins tel que la société le définit - semble se résumer à acquérir des biens avec le fruit de notre travail. Les *yuppies* ont poussé cet impératif à l'extrême. Mais sommes-nous vraiment mieux lotis, nous qui ne nous demandons même pas quel pourrait être le but de notre existence ?

Le sketch de George Carlin intitulé "Les choses" décrit bien la situation. Je ne me souviens plus exactement comment c'est formulé, mais ça donne à peu près ça :

Depuis que nous sommes tout petits, on nous donne des choses et on nous apprend à aimer les choses. Si bien qu'en grandissant, nous voulons toujours plus de choses.

> *Je donnerais toute ma fortune pour un peu de temps.*
>
> La reine Elisabeth

Nous demandons sans cesse de l'argent de poche à nos parents pour pouvoir acheter des choses. Puis quand nous avons l'âge, nous prenons un travail pour acheter des choses. Nous faisons l'acquisition d'une maison pour y mettre nos choses. Bien sûr, il nous faut une voiture pour trimballer nos choses. Comme bientôt nous avons trop de choses, notre maison devient trop petite. Nous achetons donc une maison plus grande. Mais alors nous n'avons plus assez de choses, donc nous rachetons des choses. Puis il nous faut une voiture neuve, car la première est usée à force de trimballer nos choses. Et ainsi de suite. Mais nous n'avons jamais assez de choses.

Cette petite chose à propos des choses est assez drôle, mais en même temps assez consternante. Elle montre à quel point notre besoin de travailler est lié au besoin d'accumuler toujours plus de choses, d'ailleurs inutiles pour la plupart.

Que représente la lettre "B" dans PNB ?

Les économistes, les hommes d'affaires et les politiques nous disent que notre bien-être dépend de la croissance du produit national brut. Le PNB représente la somme de tous les biens et services produits dans un pays au cours d'une année. Cette mesure refléterait donc le niveau de réussite de la nation.

Les ténors de la politique et des finances voudraient nous convaincre que le premier objectif économique d'un pays est d'accroître son PNB, le second étant de réduire le chômage. Car la création de nouveaux emplois dépend de la croissance économique. Un certain niveau de PNB est censé générer des emplois pour tous ceux qui peuvent travailler (même ceux qui ne veulent pas).

> *Si on mettait tous les économistes bout à bout, ils ne feraient pas le tour de la question*
>
> George Bernard Shaw

Pour avoir moi-même enseigné l'économie dans des instituts de formation professionnelle et à l'université, j'avoue que j'ai toujours eu des difficultés à présenter le PNB comme un étalon de la prospérité, quand on sait qu'il s'accroît grâce à la hausse d'activités aussi douteuses que la vente d'armes ou de cigarettes. Quand on sait aussi qu'une augmentation importante des accidents de la route aura une incidence favorable sur le PNB parce qu'elle relancera l'activité des pompes funèbres, des hôpitaux, des garagistes et des usines automobiles.

Si l'on estime que le PNB est un indice si important, on aurait dû décerner le prix Nobel d'économie au commandant de bord du pétrolier Exxon Valdez. Grâce à lui et à la marée noire qu'il a provoquée, le PNB des Etats-Unis a enregistré une hausse de 1,7 milliard de dollars.

Encore quelques marées comme celle-là, et le PNB se portera à merveille et permettra de créer plein d'emplois. La croissance pour la croissance n'est pas nécessairement un bien pour la société. Après tout, c'est aussi la philosophie des cellules cancéreuses. Parfois, je me demande si le "B" de

> *Si on mettait tous les économistes bout à bout... ma foi, ce ne serait pas une mauvaise idée.*
>
> Un sage anonyme

"brut" dans PNB ne serait pas à prendre au pied de la lettre comme une mesure de l'abêtissement de notre société plutôt que comme un indice de progrès?

Le véritable indice du progrès de la nation

Un jour, je parlais avec un couple de touristes qui avait beaucoup voyagé. Ils me dirent qu'ils avaient eu la chance de rencontrer le roi du Bhoutan, un pays que l'on tient pour sous-développé. Les gens y sont pauvres mais pas miséreux et semblent plutôt contents de leur sort.

> *Beaucoup de bonheur se perd à le rechercher.*
>
> Un sage anonyme

Lorsqu'ils interrogèrent le roi sur le faible niveau de son PNB, celui-ci répondit : "Nous ne croyons pas au produit national brut, nous croyons au *bonheur national brut*".

Qu'en pensez-vous ? Et si nous utilisions le *BNB* pour mesurer la santé de nos pays. Il est certainement possible de créer un monde plus raisonnable, mais il faudrait d'abord trouver comment nous débarrasser des économistes...

Préserver notre équilibre pour préserver celui de la planète

La protection de l'environnement est devenue une de nos premières préoccupations. Pourtant, nous sommes peu nombreux à admettre que la volonté acharnée de réussir et de s'enrichir contribue aux nuisances subies par l'environnement. Si nous étions prêts à lever le pied et à nous accorder plus de loisirs, pour vivre une vie plus saine, nous contribuerions à préserver l'équilibre de la planète.

Car cet équilibre dépend de l'utilisation des ressources naturelles. Or pratiquement tous les usages que nous en faisons participent à la pollution, et la plupart des augmentations du PNB se payent au prix fort pour l'environnement.

Si nous voulons préserver le milieu naturel, nous devons réduire l'exploitation de ses ressources. Ainsi, les Etats-Unis pourraient certainement consommer deux fois moins de matières premières tout en maintenant une bonne qualité de vie. Cela suppose de changer notre système de valeurs, d'éliminer, par exemple, la consommation et le travail inutiles, comme la production de babioles ou de gadgets, que les gens achètent pour se distraire une semaine ou deux avant de les mettre à la poubelle.

Il y a plus de cent ans, John Stuart Mill a prédit que la course à la croissance économique entraînerait la destruction de l'environnement. Selon lui, la création de richesses, telle qu'on la conçoit en Occident, implique la dégradation de l'environnement. Certains commencent à prendre conscience que celui-ci ne pourra pas soutenir indéfiniment les demandes croissantes que nous faisons peser sur lui. Nous devons nous guérir de notre dépendance à l'égard des valeurs matérielles. Les économistes et les hommes d'affaires ne considèrent le temps libre de manière positive que dans la mesure où il entraîne une dépense d'argent pour "consommer" plus de loisirs sous forme d'équipements, de biens ou de services. Mais l'argent a ses limites, comme le soulignait John Kenneth Galbraith, économiste bien connu, qui parle de l'argent en des termes peu courants chez un homme de sa profession.

> *Tant de gens aspirent à l'éternité, qui ne savent pas quoi faire le dimanche après-midi quand il pleut.*
>
> Susan Ertz

> A quoi bon avoir quelques dollars de plus à dépenser, si l'air devient irrespirable, l'eau non potable, si les gens s'épuisent dans les embouteillages aux portes des villes, si les rues sont sales et les écoles si mauvaises que les jeunes (peut-être avec raison) les désertent, et si les citoyens se font extorquer les quelques sous qu'ils ont réussi à déduire des impôts par des individus sans scrupules.

Ce n'est pas le recyclage du verre et du papier qui suffira à sauvegarder la planète. Il y a vraiment quelque chose d'absurde à produire maints objets et babioles inutiles simplement pour garder les gens en activité. Il est clair que ceux qui sont capables de ralentir leur rythme de travail et de consommation ménagent l'environnement en même temps qu'ils se ménagent.

Travailler moins pour vivre mieux

Le culte du travail nous fait sans doute plus de mal que de bien. A force d'axer notre vie sur le travail et la richesse, nous ignorons tout de nos véritables aspirations. Studs Terkel, dans le livre qu'il consacre à ce sujet, *Working*, écrit qu'il est grand temps de revoir notre conception du travail, car elle fait de nous des esclaves.

Parfois, je suis pris d'une envie de travailler aussi dur que vous, les gars ; alors je m'allonge, jusqu'à ce que ça passe. Après ça va mieux !

Les valeurs modestes du XVIIIe seraient mieux adaptées à notre siècle que celles que nous défendons. Il semble que dans les années 80 nous ayons perdu le sens de la mesure, pour nous lancer dans une quête matérielle effrénée. A l'aube du prochain millénaire, la figure du gentilhomme de l'époque classique, se contentant de gagner modestement sa vie pour mieux se consacrer à des activités plus élevées, retrouve un sens nouveau. Certains, de plus en plus nombreux, prennent conscience qu'il est plus favorable à leur bien-être de se détourner du monde extérieur et matériel pour développer leur univers intérieur.

> *Le but du travail, c'est de gagner des loisirs.*
>
> Aristote

L'obsession du travail et des "choses" n'est plus autant à l'ordre du jour. Certes il est nécessaire de travailler pour vivre, mais pas au point que l'on pense généralement.

Qu'est-ce qui donne un sens à notre vie ?

Ce qui précède met en évidence quelques-unes des limites des valeurs chères à l'Occident. Remettre en cause ces valeurs peut transformer la vie de ceux qui les ont aveuglément adoptées. Croire que le travail est vertueux et la distraction frivole ne nous prépare pas à faire face au chômage ou à la retraite. Et tant que nous sommes actifs, ces mêmes valeurs nous laissent insatisfaits en raison du déséquilibre qu'elles instaurent dans notre vie.

Il y a d'énormes avantages à s'ouvrir à d'autres valeurs que celles du travail et du matérialisme. Le temps passé loin du travail est l'occasion de faire de nouveaux apprentissages, de développer sa personnalité et de s'épanouir. A-t-on plus de mérite à passer beaucoup de temps au travail et à accumuler des choses ? La dépendance vis-à-vis des biens matériels est une aliénation qui nous éloigne des autres et de l'environnement.

Tu sais quoi ? Aujourd'hui j'achète des clubs de golf de première classe à mon mari.

Les clubs de golf, c'est une affaire qui marche à ce qu'il paraît.

Au regard des valeurs supérieures de l'être, toutes ces "choses" qui peuplent notre univers - nos voitures, nos maisons, nos meubles hifi... nos emplois - ne sont rien d'autres que des accessoires. Ce n'est pas en elles que nous puisons notre bonheur. Les biens que nous possédons, le lieu où nous vivons, le métier que nous exerçons, sont secondaires. La véritable réussite ne se mesure pas à l'importance de notre patrimoine ou de notre statut social. Notre vraie nature est d'un autre ordre. La seule chose qui compte en définitive, c'est la qualité de ce que nous vivons ; notre capacité à apprendre, à rire, à jouer et à aimer le monde qui nous entoure. C'est cela qui donne un sens à notre vie.

CHAPITRE 4

L'abus de travail est dangereux pour la santé

Le piège sans fromage

Plaçons un rat devant plusieurs tunnels et donnons-lui régulièrement du fromage dans le troisième tunnel. Au bout d'un moment, le rat finit par enregistrer que le fromage se trouve toujours dans le troisième tunnel et va directement à celui-ci sans chercher dans les autres. Si nous plaçons maintenant le fromage dans le sixième tunnel, le rat continuera de se diriger pendant quelque temps vers le troisième tunnel, jusqu'à ce qu'il enregistre que le fromage ne s'y trouve pas ; il explorera alors les autres tunnels jusqu'à découvrir le sixième. Le rat trouvera ensuite systématiquement le bon tunnel.

> Gardez le fromage, et laissez-moi sortir du piège.
>
> Dicton espagnol

La différence entre un humain et un rat, c'est que, dans la majorité des cas, l'homme s'obstine à rester dans un tunnel, même s'il est manifeste qu'il n'y a pas de fromage dedans. Il est malheureux de voir combien d'êtres humains s'enferment dans des pièges dont ils sont incapables de sortir. Il est très difficile de trouver le fromage quand on est pris dans un piège où il n'y en a plus (si tant est qu'il y en ait jamais eu).

Le "fromage" symbolise ici la satisfaction. Aujourd'hui, il règne une grande insatisfaction parmi les cadres. C'est en tout cas ce qu'affirme Jan Halper, psychologue et conseil en management à Palo Alto, qui a passé plus de dix ans de sa vie à étudier les carrières et les aspirations de plus de 4000 cadres. Il s'est aperçu que nombre d'entre eux donnaient l'impression d'être satisfaits mais ne l'étaient pas au fond. Parmi les cadres moyens, 58 % avaient la sensation d'avoir gâché de nombreuses années de leur vie à lutter pour atteindre leurs objectifs. Ils regrettaient amèrement tous les sacrifices qu'ils avaient dû consentir. Leur vie trahissait un profond déséquilibre. D'autres études révèlent que 70 % des "cols blancs" ne sont pas satisfaits de leur emploi. La plupart se disent mécontents, mais passent curieusement de plus en plus de temps au travail.

> *La vie, c'est autre chose que de vouloir aller toujours plus vite.*
>
> Mohandas Gandhi

En Amérique, nous utilisons l'expression *the rat race*[3] (la course de rats), pour décrire la course à l'avancement. Je trouve cela désobligeant pour les rats. Un rat ne se fourvoierait jamais si longtemps dans un tunnel où il n'y a pas de fromage. Ce sont plutôt les rats qui devraient parler de *human race*, lorsqu'ils voient les hommes faire des choses aussi stupides que de se précipiter toujours dans les mêmes tunnels vides.

Inutile de poursuivre ce chapitre, si vous appartenez à la noble race des rats, ou si vous êtes un être humain prospère sur tous les plans, qui ne travaille pas et n'a pas l'intention de le faire. Cependant, si vous travaillez, ou si, provisoirement sans emploi, vous envisagez de retravailler, ce chapitre peut vous être utile. Car un emploi ne procure pas toujours le type de fromage qu'un être humain attend. La "vision unique" et l'ignorance constituent deux grands obstacles à sa satisfaction. Le but de ce chapitre est de vous aider à éviter les pièges que recèlent de nombreux emplois. Il vous indique aussi comment parvenir à mieux concilier travail et loisir dans votre vie et comment vous préparer à la retraite dans les meilleures conditions.

---

[3] En anglais, le mot *race* signifie à la fois "course" et "race". NdT

Savez-vous qui vous êtes ?

Afin de déterminer si vous faites partie ou non des "accros au travail", répondez à une question simple.

Exercice 4-1. Une question simple ?

Réfléchissez quelques instants avant de répondre à la question suivante :

Qui êtes-vous ?

Lorsqu'ils répondent à cette question, la plupart des gens indiquent leur profession, leur nationalité, éventuellement leur religion, leur situation de famille, l'endroit où ils habitent, et leur âge. C'est sur la profession que se focalise généralement leur attention. Rares sont ceux qui relient leur identité à des intérêts autres. Ce qui montre que la plupart des gens s'*identifient* à leur travail.

> *Un des premiers symptômes de la dépression nerveuse est de commencer à croire que son travail est terriblement important.*
>
> Bertrand Russel

Les cadres d'aujourd'hui s'investissent affectivement et matériellement dans leurs carrières. Ils tirent leur identité de leurs compétences et de leur savoir-faire. D'une façon générale, la culture d'entreprise nous encourage à exister et à nous exprimer en accomplissant des tâches productives pour notre organisation. C'est par notre travail que nous nous définissons. Or il y a une faille sérieuse dans ce raisonnement : si nous sommes ce que nous faisons pour vivre, c'est que nous avons perdu l'essentiel de notre personnalité.

Jusqu'à quel point liez-vous votre identité à votre profession ? Si, par exemple, vous demandez qui il est, à un avocat très investi dans son travail, il vous répondra : "Je suis avocat". Et c'est exactement ce que vous diront tous les autres avocats, parce qu'ils s'identifient en général très fortement à leur fonction. Si votre identité se fonde sur votre travail, vous vous limitez. A moins que vous n'aimiez votre travail au point de vous oublier, celui-ci ne devrait mobiliser qu'une part infime de vous-même.

Oui, cet emploi va incontestablement me permettre d'asseoir mon identité. Si je l'obtiens, je pourrais conserver ma BMW.

Si vous placez toute votre vie dans votre travail, vous courez le risque que celui-ci grignote petit à petit votre personnalité. Vous n'êtes pas ce que vous faites. Votre profession indique seulement le moyen que vous avez choisi de gagner votre vie. Votre identité, c'est ce qui définit votre individualité : l'ensemble des caractéristiques et des qualités qui font de vous un être unique.

Pour découvrir qui vous êtes, regardez dans quelle direction pointent vos choix, vos goûts, vos intérêts. Ne laissez pas le travail donner à lui seul sens à votre vie. Veillez à développer des intérêts et des activités extérieurs à lui, qui ont autant, voire plus, de signification pour vous. L'image que vous aurez de vous-même ne se résumera plus alors à une simple fonction. Ecoutez la voix de votre intuition et non ce que vous dicte la logique de votre organisation ou du conformisme social. C'est dans votre vie personnelle que vous pouvez déployer les qualités qui vous rendent unique. Lorsqu'on vous demande qui vous êtes, votre identité devrait reposer d'abord sur votre personnalité, qui s'exprime de manière privilégiée par les intérêts que vous cultivez pendant vos loisirs.

L'ignorance règne dans les entreprises

Dans le monde actuel, des attitudes et des valeurs périmées, qui sont celles de nombreux cadres, contribuent à perpétuer le surmenage en milieu professionnel. Une situation très préjudiciable à la santé des employés. L'ignorance sévit à tous les niveaux, y compris aux échelons les plus élevés de la hiérarchie. Baignant dans un océan d'ignorance, les "accros au travail" sont non seulement tolérés mais bien considérés. Deux des principales composantes de leur drogue étant l'argent et le pouvoir, ils ont la faveur de nombreux dirigeants.

L'abus de travail est dangereux pour la santé

Dans les services qui comptent de nombreux "intoxiqués", il est habituel de travailler de soixante à quatre-vingts heures par semaine. Il est également de mise d'être constamment débordé et de cumuler les responsabilités. Certains managers puisent même un sentiment d'héroïsme de leur état de surcharge permanente.

L'ignorance est indémodable. De bon ton hier, furieusement en vogue aujourd'hui, elle sera la norme de demain.

Frank Dane

Cette situation a de graves conséquences : les "accros au travail" ne sont pas différents des autres drogués. Toute toxicomanie est l'expression d'une névrose. Les "accros au travail", comme les alcooliques, nient l'existence de leur problème mais ne souffrent pas moins de leur dépendance. Cela s'applique aussi à ceux qui les soutiennent, au mieux ne sont-ils que névrosés.

Pourquoi les entreprises favorisent-elles cette dépendance ? Anne Wilson Schaef se penche sur cette question dans son livre, *When society becomes an addict* (quand la société devient toxicomane). Le comportement toxicomane est aujourd'hui la norme de la société américaine, écrit-elle. Toute la société, à l'instar de maintes organisations, fonctionne comme un toxicomane. Dans son second livre, *The addictive organization* (l'organisation toxicomane), écrit en collaboration avec Diane Fassel, Anne Wilson Schaef examine en détail les raisons pour lesquelles la plupart des grandes organisations sont atteintes par ce phénomène.

C'est pour servir leurs intérêts que les entreprises ont favorisé et encouragé cette situation. Sous le label plus présentable de la "qualité et de l'excellence", la culture d'entreprise a placé ses intérêts au-dessus de tous les autres. L'impératif économique d'expansion et de réussite prime sur la santé physique et morale des individus qui la composent.

Il travaillait comme un fou à la campagne pour pouvoir vivre à la ville, où il travaillait comme un fou pour pouvoir vivre à la campagne.

Don Marquis

Peu importe s'ils doivent lui sacrifier leur bien-être et leur vie privée. Seules comptent la progression et la prospérité de l'entreprise.

Le travail sous pression va de pair avec la volonté d'accroître la productivité. En réalité, rien ne prouve que la productivité en soit accrue. Ce n'est pas parce que les gens travaillent plus longtemps, plus dur et plus vite, et qu'ils sacrifient leurs loisirs, que la production s'en trouve globalement augmentée. On peut même arriver au résultat inverse. A long terme la productivité et l'efficacité seront moindres à cause de la baisse de performance du personnel, victime du stress. Notons au passage que les individus volontaires risquent davantage de succomber au surmenage que les "dilettantes", car la détermination des premiers repose souvent sur le refus de s'écouter.

Des employés qui n'ont plus le temps de réfléchir à ce qu'ils font commettent des erreurs, qui peuvent à terme nuire à la productivité de l'entreprise. Contrairement à ce qu'on croit généralement, travailler vite n'est pas productif. Un rythme accéléré ne laisse aucune place à la réflexion ni à la créativité. Pour être efficace, un travailleur doit pouvoir s'arrêter et prendre du recul, considérer le tableau dans son ensemble et imaginer sa projection dans le temps.

Les retombées négatives de cette hystérie collective qui frappe les entreprises sont considérables. Dans cette frénésie à laquelle ils se soumettent et survivent jour après jour, beaucoup de gens perdent leurs rêves et jusqu'au goût de vivre ! A cause du stress et du surmenage, leur vie familiale et sociale se détériorent. Et ceux que le travail a complètement usés n'ont plus de but, ni même l'énergie de vivre.

L'image du cadre survolté montre une fois de plus que l'histoire se répète. Platon critiquait déjà les gens ignorants et assez téméraires pour sacrifier le loisir à un labeur excessif. Il les mettait en garde contre les pièges de la richesse, du pouvoir, de la renommée et l'abus de divertissements. Le travail ne devait pas devenir le centre de l'existence. Selon lui, les individus qui continuaient de travailler au-delà du minimum nécessaire pour subvenir à leurs besoins, négligeaient des conquêtes plus importantes.

Allez en prison et vous vivrez plus longtemps

Un métier hautement stressant peut vous nuire bien plus que vous ne le pensez. Il peut même affecter votre intelligence. Une étude a conduit des chercheurs à la conclusion suivante : l'exposition à un stress prolongé accélère le vieillissement des cellules du cerveau et affecte l'apprentissage et la mémoire. La mémoire à long terme, en particulier, décline avec le vieillissement cérébral causé par le stress.

Si vous voulez améliorer votre santé et augmenter votre longévité, risquez-vous à cambrioler une banque ou deux, et débrouillez-vous pour vous faire arrêter. La prison serait en effet le meilleur endroit pour fuir le stress. Ainsi, des chercheurs de l'Institut Gustave Roussy de Villejuif ont découvert qu'en France, les prisonniers vivent plus longtemps et présentent moins de maladies (cancer et maladies cardio-vasculaires y compris) que le reste de la population. Plus longtemps ils séjournent en prison, et plus leur taux de mortalité diminue. Pourquoi ? Ce n'est certainement pas grâce à l'alcool, aux cigarettes et autres drogues que beaucoup de prisonniers consomment. Les chercheurs qui ont effectué l'étude pensent que la vie en prison est tout simplement moins stressante que la vie normale.

> *En faisant fidèlement vos huit heures de rang, vous risquez de vous retrouver patron douze heures par jour.*
>
> Robert Frost

Les prisonniers français ont trouvé là quelque chose d'intéressant. Ils ont découvert un moyen d'échapper au travail et d'avoir plus de loisirs. Sachant que cette condition améliore la santé et augmente la longévité, on pourrait être tenté de commettre un délit et de se faire attraper. Mais heureusement, aller en prison n'est pas le seul moyen d'accroître ses loisirs.

"Crazy George" n'est peut-être pas si fou

La plupart des emplois qu'exercent les gens sont routiniers et fatigants. Beaucoup voudraient y échapper mais ne parviennent pas à imaginer d'autre issue. Ils devraient en parler à mon ami George, que l'on surnomme entre nous "Crazy George", bien qu'il soit peut-être un modèle de sagesse pour nous tous. On l'appelle Crazy George parce qu'il est différent. Ainsi, il déteste travailler pour un patron ; il trouve cela dégradant. Il a horreur qu'on lui dise ce qu'il a à faire, quand et comment il doit le faire. Quant aux autres contraintes habituelles du monde du travail, elles ne lui inspirent qu'indifférence et mépris.

Marginal, il vit de petits travaux ici et là. Crazy George est rarement pressé ou bousculé. Cela fait quatorze ans qu'il entame sa troisième année d'apprentissage en maçonnerie. Il faut dire qu'il ne s'éternise jamais plus d'un ou deux mois à un endroit donné. Le temps le plus court qu'il a passé chez un employeur est un record : cinq minutes. Il est aussi "carossier-mécanicien indépendant" à ses heures. Ses revenus se situent souvent au-dessous du seuil de pauvreté, mais comme il ne dépense de l'argent que pour l'essentiel, il a réussi à mettre plus d'argent de côté que beaucoup de cadres moyens.

Autre caractéristique remarquable : à cinquante ans, Crazy George en paraît facilement dix de moins (alors que tant de personnes qui réussissent dans leur travail en paraissent plus de cinquante, à moins de quarante ans). Si George paraît beaucoup plus jeune que son âge, il le doit sans aucun doute à la vie qu'il mène. A l'image des prisonniers français, il n'a pas à affronter le stress auquel la majorité de nos contemporains sont soumis. Il a de plus le privilège d'être libre. S'il continue ainsi, il pourra encore travailler à quatre-vingts ans s'il le faut. Je serais donc tenté de dire que Crazy George n'est pas si *crazy* que cela, je n'en dirais pas autant de ceux qui travaillent comme des "fous".

Le surmenage est dépassé

Dans les années 80, des millions d'Occidentaux ont fait du travail l'axe central de leur existence. Ce déplacement est à l'origine de nombreux désordres émotionnels. La course à la réussite a fait naître chez une multitude de gens un sentiment de vide et de futilité. Les rêves d'hier sont devenus le cauchemar d'aujourd'hui. Beaucoup se rendent compte qu'ils sont esclaves de leur travail et de leurs possessions, et qu'ils se déshumanisent à force de passer cinquante à quatre-vingts heures par semaine à travailler. Pour aggraver le tout, leur santé est menacée par le stress et l'épuisement. Ils payent le prix fort pour s'être enrôlés dans un esclavage volontaire.

> *Je n'ai jamais aimé le travail. Pour moi, c'est une ingérence dans ma vie privée.*
>
> Danny McGoorty

Heureusement, il semble que les temps changent. Depuis le tournant des années 90, nous sommes de plus en plus nombreux à considérer le travail autrement. Ainsi, aux Etats-Unis, pour la première fois depuis quinze ans, une majorité d'actifs déclarent que le loisir - et non plus le travail - est leur valeur essentielle. A la question : "Quelle est la chose la plus importante pour vous ?" 41 % des personnes interrogées par l'Institut Roper répondent : les loisirs, tandis que seulement 36 % optent pour le travail. Ces chiffres marquent un changement significatif. En 1985, le travail devançait les loisirs pour 46 % des gens, contre 33 % qui privilégiaient les loisirs.

Plusieurs études suggèrent qu'un nombre croissant d'Américains aspirent à une vie plus calme et posée. Ceux qui ont survécu au stress et à l'épuisement quittent les grandes entreprises en masse. La décennie 90 semble marquée par la volonté de rompre le rythme démentiel du travail, que ce soit en le quittant purement et simplement, ou en le réaménageant de manière à concilier vies professionnelle et

> *Les Américains sont devenus si tendus et si nerveux, que cela fait des années que je n'ai vu personne roupiller pendant la messe. Moi qui n'ai jamais aimé le travail, je trouve cela bien triste.*
>
> Norman Vincent Peale

privée. Plusieurs quotidiens déclarent le surmenage dépassé. Le loisir est une valeur en hausse et le temps libre le nouveau signe de réussite des années 90.

Certains employeurs ont même ouvert les yeux et se sont aperçu que la qualité des loisirs de leurs employés contribuait à la santé de l'entreprise. Ces dirigeants découvrent que des travailleurs en bonne santé sont plus heureux et plus productifs. Si l'on considère que 80 % des maladies sont imputables, de près ou de loin, au mode de vie, on ne s'étonnera pas que les entreprises s'intéressent à la santé et au moral de leur personnel et qu'elles cherchent même à les améliorer en favorisant les loisirs. Les gains en termes de dynamisme, de motivation mais aussi d'image de marque sont loin d'être négligeables. Plusieurs groupes importants ont adopté des programmes de formation visant à promouvoir le bien-être et l'équilibre de leurs employés.

> *Personnellement, je n'ai rien contre le travail, surtout lorsqu'il est fait calmement et discrètement par quelqu'un d'autre.*
>
> Barbara Ehrenreich

Dans l'avenir, les organisations n'auront plus le choix. Les salariés exigeront une meilleure répartition entre travail et loisirs. Contrairement aux enfants du *baby boom*, les recrues d'aujourd'hui seront moins enclines à se surmener au nom de l'argent, de la sécurité, du prestige et de l'avancement. Elles ont une attitude nouvelle vis-à-vis du travail et de la vie en général. Au milieu des années 90, des magazines tels que *Fortune* rapportent que les "générations X" se préoccupent davantage d'établir un bon rapport entre qualité de vie et satisfaction au travail d'une part et salaire d'autre part. En avril 96, *USA Today* a révélé que 55 % des *baby boomers* trouvent leur mode d'expression à travers le travail - chiffre à comparer avec les 46 % des générations X. Tandis que les 20-30 ans pensent que les loisirs, le style de vie et la famille sont des valeurs au moins aussi importantes que le travail. Personnellement, je suis heureux de cette évolution. La génération actuelle affiche des valeurs plus saines que les *baby boomers*...

Augmenter les loisirs pour réduire le chômage

A long terme, le fait qu'un nombre croissant de gens privilégient l'équilibre et la qualité de vie, ne bénéficie pas seulement à ceux qui vivent ainsi plus détendus, mais aussi à ceux qui ont "trop de temps libre" et pas assez de travail. En 1996, une étude effectuée par Robert Half International a montré qu'aux Etats-Unis, de plus en plus d'hommes et de femmes seraient prêts à réduire plus fortement qu'auparavant leur temps de travail et leur salaire pour se consacrer davantage à leur famille. Presque deux tiers des travailleurs accepteraient une réduction de leur temps de travail et de leur salaire de 21 % en moyenne, contre 13 % en 1989.

La réduction du temps de travail et des revenus d'un nombre croissant de salariés ouvre des perspectives aux sans-emploi. Dans un article du magazine *Western Living*, l'économiste Frank Reid, de l'université de Toronto, déclare que 500 000 emplois nouveaux pourraient être

> *Nous nous préparons toujours à vivre, mais nous ne vivons pas réellement.*
>
> Ralph Waldo Emerson

créés au Canada en laissant ceux qui le souhaitent réduire leur temps de travail et en redistribuant les heures libérées aux sans-emploi. (On peut appliquer les mêmes calculs à d'autres pays ; ainsi, aux Etats-Unis, cela équivaudrait à créer plusieurs millions d'emplois).

Malheureusement, l'adoption d'une nouvelle organisation du travail, qui permettrait de diminuer le taux de chômage, se heurte à la rigidité des entreprises et de la société. Souhaitons que ces barrières soient bientôt levées, dans l'intérêt des chômeurs comme des travailleurs.

La clé des hautes performances : travailler moins et s'amuser plus

Lire un roman policier, jardiner, ou simplement rêvasser allongé dans un hamac, sont autant de moyens d'accroître votre productivité. Si vous voulez être très performant dans votre travail, détendez-vous. Accorder une large place aux loisirs dans votre vie enrichira votre capital - je parle de votre capital intellectuel. Et à long terme, vous augmenterez probablement aussi votre capital financier.

Avoir plusieurs hobbies présente beaucoup d'avantages : ceux-ci nous aident à être plus inventifs dans notre travail. Pendant que nous nous consacrons à ces activités récréatives, notre esprit se repose des soucis d'ordre professionnel pour se concentrer sur autre chose. Il est ensuite plus alerte et dispos quand il s'agit de contribuer à l'innovation dans l'entreprise. Les idées géniales jaillissent généralement quand l'esprit est au repos, ou lorsqu'il vagabonde.

La vie de nombreux travailleurs souffre de déséquilibre. C'est particulièrement vrai dans les grandes entreprises où les cadres travaillent largement plus que la durée légale. Les gens qui accumulent les heures supplémentaires sont en réalité des "accros au travail". Ces perfectionnistes se comportent de manière obsessionnelle et compulsive, mais en règle générale ne sont pas très performants. Le tableau ci-dessous résume les différences qui distinguent "l'accro au travail" du travailleur hautement performant.

L'accro au travail	**Le travailleur hautement performant**
✓ fait beaucoup d'heures supplémentaires ;	✓ travaille un nombre d'heures normal ;
✓ n'a pas d'objectifs bien définis et travaille parce qu'il ne supporte pas de rester inactif ;	✓ a des objectifs bien définis et travaille en fonction d'un projet personnel ;
✓ ne sait pas déléguer ;	✓ délègue autant que possible;
✓ n'a pas d'intérêts en dehors de son métier ;	✓ a beaucoup d'intérêts en dehors de son métier ;
✓ prend peu de vacances ;	✓ prend des vacances et les apprécie ;
✓ noue des amitiés superficielles dans le cadre de sa profession ;	✓ noue des amitiés profondes en dehors du cadre professionnel ;
✓ ne parle que de travail ;	✓ évite de s'étendre sur son travail ;
✓ est toujours occupé à faire quelque chose ;	✓ aime aussi la paresse ;
✓ trouve la vie difficile.	✓ trouve que la vie est une fête.

L'abus de travail est dangereux pour la santé

Les "accros au travail" accumulent les heures supplémentaires et se privent de leurs loisirs. Le fait qu'ils fournissent une telle quantité de travail pour un résultat relativement médiocre laisserait penser qu'ils sont incompétents. En fait, beaucoup terminent leur carrière en se faisant licencier. Le travail devient pour certains une "drogue dure". Si ses effets ne sont pas combattus à temps, ils peuvent déboucher sur des désordres physiques et mentaux. D'après Barbara Killinger, auteur du livre : *Workaholics*[4] : *The respectable addicts* (les "accros au travail" : des drogués respectables), ce sont des infirmes émotionnels. Leur obsession les conduit à souffrir d'ulcères, d'insomnies, de problèmes de dos, de dépression, d'infarctus, et dans bien des cas les mène à une mort prématurée.

Tandis que les travailleurs hautement performants profitent à la fois de leur travail et de leurs loisirs. Ils travaillent de ce fait plus efficacement et sont capables de donner un coup de collier quand c'est nécessaire. Mais ils ne dédaignent pas non plus s'adonner à la paresse, sans vergogne même, quand leur travail devient routinier. Pour eux, la réussite ne se cantonne pas au domaine professionnel et ne se conçoit pas sans une vie équilibrée. Autrement dit le travail les sert et non l'inverse. Si l'on observe les recommandations des conseils en carrière, un style de vie équilibré suppose de satisfaire six catégories de besoins : intellectuel, physique, affectif, social, spirituel et matériel.

> *Travailler dur est le meilleur investissement qui soit... pour le futur mari de votre veuve.*
>
> Un sage anonyme

Figure 4-1 . Equilibrez la roue de votre vie

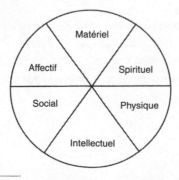

---

[4] Le mot *workaholics* est dérivé des mots *work* : travail et *alcoholics* : alcooliques. NdT.

Dans la mesure où de nombreux employeurs semblent penser que la sécurité, le salaire et les points de retraite, sont les seuls moyens de motiver le personnel, votre travail satisfera éventuellement vos besoins dans les domaines matériel et social. Autrement dit, c'est à l'extérieur du travail que les autres besoins devront trouver satisfaction.

Les "accros" aux loisirs sont plus heureux

En travaillant avec zèle (enfin, plus ou moins selon les jours), pendant quarante ans et plus, beaucoup de gens espèrent qu'un jour ils vont récupérer leur mise sous la forme de quinze à vingt années de loisirs fructueux. Mais lorsqu'ils atteignent enfin l'âge de la retraite, beaucoup ne sont pas préparés aux loisirs pour les avoir peu pratiqués au cours de leur vie active. Comme en général les gens ne changent pas à moins d'y être forcés, ils attendent que la retraite devienne pour eux une réalité et tentent alors désespérément de s'ajuster. Pour les personnes non préparées, cette adaptation à des conditions si radicalement nouvelles se révèle souvent très difficile. C'est alors qu'on est encore actif qu'il faut commencer à diversifier ses intérêts et se familiariser avec les loisirs. Ainsi l'adaptation est progressive et nettement plus facile. La lettre qui suit va tout à fait dans ce sens :

Cher Monsieur,

*Je viens de terminer votre merveilleux livre, **L'art de ne pas travailler.***

J'étais une "droguée" du travail de vingt-quatre ans, et je tenais à vous dire simplement que, grâce à vous, je vois aujourd'hui la vie d'un œil différent. Je me félicite d'avoir lu votre livre si jeune et de pouvoir commencer "à vivre" maintenant !

Merci.

Carrie Ollitac

Cette lettre est une des plus courtes que j'aie reçues ; son message n'en est pas moins percutant. L'entreprise encourage ses employés à "se défoncer" dans leur travail aux dépens de leur équilibre. Elle favorise aussi le conformisme et la vision unique sur laquelle repose sa vocation commerciale. Et si elle encourage les activités "récréatives", elle privilégie celles qui sont liées au travail ou celles qui rendront ses employés plus performants. En résumé, dans la plupart des cas, les candidats qui alignent de nombreuses activités "extra-professionnelles" au bas de leur CV ne l'intéressent pas.

De plus beaucoup d'Occidentaux s'adonnent à des loisirs de qualité médiocre, qui visent essentiellement à décompresser après une journée trépidante. Un bon nombre de ces activités ne sont d'ailleurs pas reposantes, elles auraient plutôt tendance à augmenter le stress au lieu de le réduire.

Il est dans votre intérêt, surtout si vous voulez goûter un jour une vie de loisirs, de cultiver de nombreux hobbies sans rapport avec votre profession. Ne gardez pas vos projets de loisirs "en réserve" pour le temps où vous n'aurez plus à travailler. Une vie équilibrée implique de s'accorder des loisirs tout au long de celle-ci. Si vous devez être "accro" à quelque chose, autant choisir les loisirs, c'est plus exaltant...

Non seulement vous vous amuserez davantage, mais vous serez mieux préparé à un éventuel chômage. De plus, profiter de vos loisirs vous rend plus détendu au travail... mais aussi le jour où celui-ci vous lâche. Les "conseils en retraite" encouragent leurs clients à préparer et planifier leur retraite dès trente-cinq ans, voire même plus tôt. Car il est beaucoup plus facile de découvrir et de cultiver de nouveaux intérêts *avant* le départ en retraite qu'après.

Helen Thomas, responsable des relations avec la presse internationale à la Maison Blanche, rapporte que de tous les présidents qu'elle a connus - Johnson, Nixon, Carter et Reagan - seul Jimmy Carter a bien vécu son départ à la retraite, parce qu'il ne s'identifiait pas à sa fonction et n'avait pas un besoin perpétuel de reconnaissance. Carter se partageait entre de nombreuses passions, parmi lesquelles l'écriture, l'ébénisterie, le design de mobilier, passions auxquelles il s'adonne activement depuis qu'il a quitté la Maison Blanche.

L'art de ne pas travailler

Figure 4-2 . La vie d'un "accro au travail", avant et après

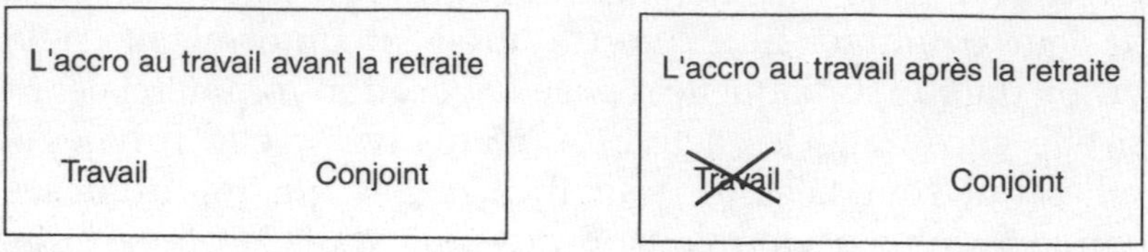

Figure 4-3 . La vie d'un "accro aux loisirs", avant et après

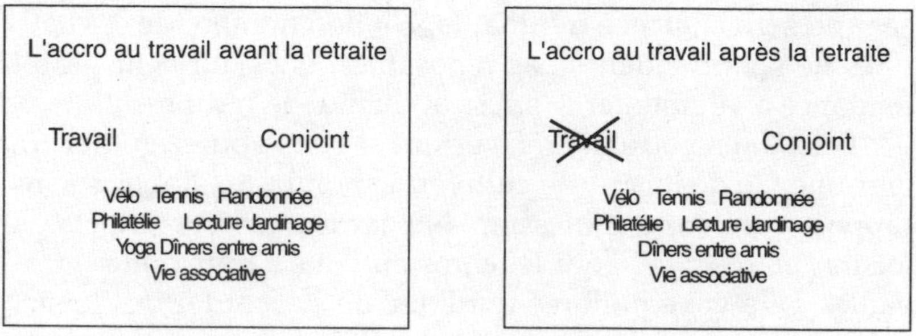

La figure 4-2 illustre l'effet que cela fait de perdre son travail lorsqu'il n'y a rien d'autre dans votre vie que l'être avec qui vous la partagez et sur lequel doit se reporter tout votre intérêt. Tandis que la figure 4-3 illustre l'effet que produit la perte de son emploi quand on a de nombreux centres d'intérêt. Si vous êtes accro aux loisirs, nous n'avez pas à compter sur votre seul(e) compagnon (compagne) pour remplir votre vie, vous avez même l'embarras du choix pour occuper votre temps libre !

Plus l'éventail de vos loisirs est large et diversifié, moins vous risquez de vous ennuyer. C'est pourquoi il importe de développer de nombreux hobbies tant que vous travaillez encore. Un seul pôle d'intérêt, comme le cinéma ou la pêche, ne suffira pas à remplir vos journées. Mieux vaut combiner des loisirs aussi variés que possible, tels que l'écriture, la randonnée, les voyages entre amis, ou des cours pour adultes sans relation avec votre profession. Ces activités doivent également vous procurer un but et un sentiment d'accomplissement.

L'abus de travail est dangereux pour la santé

Les loisirs devraient consister en l'immersion calme et enthousiaste dans des activités recherchées pour elles-mêmes et déconnectées du travail. Comparés aux Américains, les Européens semblent avoir une meilleure approche des loisirs. Aux Etats-Unis, la profession semble diriger la vie des individus, jusque dans leurs loisirs. Les Américains ont une tradition fondée sur les valeurs du travail ; le temps

C'est la première fois que je te vois sourire depuis trois semaines que nous sommes partis.

C'est que je pense à mon retour au bureau, quand je vais raconter à mes collègues les vacances sensationnelles que j'ai passées, même si ce n'est pas vrai.

libre n'est pour eux qu'un moment de répit et d'évasion, pendant lequel on recharge ses batteries avant de se remettre au travail. Tandis qu'en Europe, il est fait pour les loisirs, au lieu d'être subordonné au travail. On part plus en vacances pour prendre du bon temps que pour "recharger ses batteries". Cette recherche de qualité est l'héritage d'une classe oisive et fortunée dont l'art de vivre est une tradition longue de plusieurs siècles.

Si vous voulez réellement profiter de vos loisirs, préférez des activités calmes plutôt que celles qui impliquent une nouvelle forme de compétition. Certaines personnes envisagent leurs loisirs de façon telle que ceux-ci s'avèrent plus stressants encore que le travail. Aux Etats-Unis, les vacances typiques se déroulent suivant un calendrier aussi serré qu'un agenda professionnel, qu'il s'agisse de cures de thalassothérapie ou de retraites dans un ashram, qui laissent peu de place à l'improvisation, ou de semaines de ski dans les Rocheuses ou dans les Alpes, si remplies d'activités qu'il est pratiquement impossible de se détendre. De plus, comme s'ils n'avaient pas leur dose de stress, beaucoup de vacanciers restent en contact régulier avec leur bureau. Dans ces conditions, il n'est pas vraiment étonnant que deux chercheurs, Holmes et Rahe, auteurs d'une échelle permettant de mesurer la "vitesse de réadaptation sociale", notent que les grandes vacances sont généralement perçues comme une période plus stressante que les fêtes de Noël (malgré l'agitation qui précède ces dernières). Les vacances seraient beau-

Peu de femmes, et encore moins d'hommes, ont assez de caractère pour ne rien faire.

E.V. Lucas

coup plus reposantes, si on les consacrait à la lecture, à faire mieux connaissance avec ses voisins, ou à écrire un roman juste pour s'amuser, et constitueraient également un bon moyen d'anticiper la retraite.

Dans le club de tennis que je fréquente, beaucoup font de ce sport un loisir compétitif. Si je joue au tennis, c'est pour me maintenir en forme et m'amuser, tandis que d'autres joueurs se montrent d'aussi féroces adversaires sur les courts que dans l'arène professionnelle. Leur visage affiche un degré de sérieux habituellement réservé aux funérailles ou à la lutte armée. Ils sont capables de tout pour gagner, de choisir les partenaires les plus forts et les adversaires les plus faibles, même de tricher. Et s'ils perdent quand même, ils dissimuleront leur défaite à leurs amis. Manifestement, ces gens-là ne tirent aucun plaisir de leurs moments de "détente" ; ils ont à mon avis un sérieux problème.

De l'intérêt de devenir "expert" en loisirs

Elisabeth Custer, qui rédige des articles pour le magazine *Glamour*, m'a appelé pour me demander mon avis au sujet d'une enquête réalisée auprès des lecteurs ; enquête qui révélait que la plupart se sentent plus fatigués le dimanche que le vendredi. Surpris moi-même de ce résultat, je dus réfléchir avant de pouvoir lui proposer une explication.

La réponse est à chercher une fois encore dans la morale du travail, et plus encore en Amérique, dans la morale protestante du travail. Un être qui arriverait d'une autre planète penserait que les humains souffrent d'une grave anomalie mentale pour utiliser leur temps libre comme ils le font. A cause de la morale du travail, beaucoup de gens se sentent anxieux ou coupables dès qu'ils cèdent à la tentation de se relaxer. Sentiments qu'ils chassent en s'activant de plus belle. Ils consacrent donc leurs week-ends à de multiples corvées domestiques ou vaquent à leurs affaires personnelles : courses, entretien des enfants, de la maison, bricolage, tonte de la pelouse... Les innombrables occupations du week-end s'ajoutent à la semaine épuisante de travail. En raison des contraintes qu'ils s'imposent, beaucoup négligent des besoins fondamentaux tels que manger et dormir. Il n'est donc pas surprenant qu'ils se sentent plus fatigués le dimanche que le vendredi.

Organiser ses loisirs serait soi-disant chose facile. Rien n'est moins vrai. La société nous conditionne au contraire à travailler dur et à nous sentir coupables de nous distraire. Si bien qu'un grand nombre de gens redoutent d'avoir du temps libre. Certains sociologues pensent même que la plupart des Occidentaux ne souhaitent pas plus de loisirs et qu'ils ne trouvent de sens et de satisfaction que lorsqu'ils "font quelque chose".

En fait, utiliser sagement ses loisirs demande de la discipline et un certain état d'esprit. Pour devenir "expert" en ce domaine, il faut savoir s'arrêter pour sentir le parfum d'une rose ou admirer un paysage. Les loisirs devraient être bien plus qu'un répit avant de reprendre le boulot. Ils devraient comprendre des plaisirs aussi variés que la conversation, le sport, l'amour, le sexe, le contact avec la nature... Le vrai loisir, c'est tout ce que l'on fait par pur plaisir, et non dans le but d'améliorer ses performances.

Si pratiquer une activité "pour le plaisir" ne vous évoque rien, c'est que vous travaillez trop et que vous ne vous accordez pas suffisamment de temps pour mieux vous connaître. Il n'est jamais trop tard pour découvrir un nouvel intérêt, apprendre un sport ou un art, développer un don particulier. Connaître la joie de ne pas travailler peut s'avérer utile à divers moments de la vie professionnelle.

Quatre bonnes raisons de devenir un "expert" en loisirs

✓ Si vous vous rendez à un entretien d'embauche anxieux de trouver du travail, votre nervosité n'échappera pas au recruteur. Avoir expérimenté la joie de ne pas travailler vous place dans de bien meilleures dispositions pour rechercher un emploi. Si vous abordez cet entretien sereinement, votre attitude positive ne manquera pas de transparaître dans vos propos. Et vos chances seront bien plus grandes.

✓ Avec le taux de chômage élevé que nous connaissons, beaucoup de gens devront traverser des périodes d'inactivité de plus en plus fréquentes et de plus en plus longues. Il paraît donc assez raisonnable de se préparer à vivre le plus agréablement possible cette oisiveté forcée.

✓ Si vous fondez votre identité sur votre travail et que vous le perdez, c'est vous-même que vous perdez ; tandis que si elle repose sur vos propres ressources, elle sera au contraire préservée.

✓ Enfin, lorsque vous aurez retrouvé un emploi, vous aurez moins peur de le perdre si vous connaissez la joie de ne pas travailler. Vous serez capable de jouir de la vie quelle que soit votre situation.

Pour profiter de vos moments de détente, mieux vaut opter pour des loisirs non conventionnels. Ne faites pas comme ces "jeunes loups" qui se montrent encore plus âpres sur le terrain des loisirs que dans l'arène professionnelle. Inutile de dire qu'ils passent complètement à côté des loisirs et qu'ils n'en tirent aucun repos. Prenez plutôt des vacances à la maison et coupez tout contact avec votre travail.

> *La première moitié de la vie consiste à avoir l'art de s'amuser sans en avoir le loisir ; la seconde à avoir le loisir de s'amuser sans en avoir l'art.*
>
> Mark Twain

Offrez-vous de temps à autre le caprice d'un jour de congé, pour introduire un peu d'imprévu dans votre vie. Entre deux boulots, partez en vacances pour un mois ou deux. L'objectif est d'être aussi tranquille et "relax" que possible. Vous serez ainsi plus détendu pour reprendre le travail et mieux préparé pour faire face à la retraite.

Beaucoup de futurologues pensent que le travail tel que nous l'avons connu depuis la révolution industrielle est en voie de disparition. L'avènement de la robotique et de l'informatique entraîne une réduction drastique des besoins en main-d'œuvre. L'avenir nous commande de devenir "expert" en loisirs.

Si votre employeur oublie de vous licencier, faites-le à sa place

Certains emplois menacent gravement l'équilibre familial car ils exigent une mobilisation constante, qui ne laisse aucune place à la vie privée. Cette situation se traduit généralement par un conjoint malheureux, des enfants en rébellion, une vie sociale quasiment absente, et... un sentiment d'accablement. Si tout ce que vous rapporte votre travail, c'est de vous retrouver aux commandes du *Titanic*, alors il est grand temps de changer de vie.

> *Certes il est bon d'avoir de l'argent et les choses qu'il permet d'acheter. Mais il est bon aussi, une fois de temps en temps, de vérifier qu'on n'a pas perdu en route les choses qu'il ne permet pas d'acheter.*
>
> George Horace Lorimer

Les signes suivants sont autant de sonnettes d'alarme :

- ✓ Vous prenez plus que votre part de jours de repos pour cause de migraines, tension nerveuse, et autres maux imputables au stress.
- ✓ Vous allez au travail "à reculons" presque tous les matins.
- ✓ Vous courez la campagne par -15°, alors que vous exercez un travail de bureau.
- ✓ Vous n'aimez tout simplement pas ce travail, parce qu'il ne vous permet pas d'exprimer votre créativité.
- ✓ Pour vous, l'intérêt principal de votre travail, c'est de fournir encore quinze ans d'activité avant de percevoir une retraite confortable.
- ✓ Vous passez la première heure de travail à lire les colonnes les plus austères de votre journal.
- ✓ Vous êtes marié à votre profession, qui ne laisse aucune place à la détente.
- ✓ Vous n'arrivez pas à vous rappeler la dernière fois que votre travail vous a paru excitant.
- ✓ Vous avez du mal à justifier votre mode de vie.
- ✓ Votre travail vous mine à cause des problèmes de stress et d'insomnie qu'il entraîne, sans vous laisser le

temps de récupérer.

✓ Vous passez plus de la moitié de vos journées de travail à rêvasser.

✓ Vous essayez, sans succès, de vous convaincre et de convaincre les autres que votre travail est passionnant.

✓ Vous ne faites rien d'autre que suivre le mouvement.

✓ Vous avez du mal à vous concentrer et à produire de nouvelles idées ou solutions dans la conduite de vos projets.

✓ Vous volez votre employeur et tentez de vous justifier.

✓ Ce qui rendait votre travail acceptable hier, vous met en colère aujourd'hui.

✓ Lorsque vous pensez à votre bureau, cela vous déprime.

✓ Vous ne parvenez plus à vous impliquer dans votre travail.

✓ Vous regrettez votre vie d'étudiant, alors qu'à l'époque vous n'étiez pas particulièrement heureux.

✓ Dès 17 h 00 le dimanche, vous vous sentez stressé à l'idée de reprendre le travail le lendemain.

✓ Vous ne trouvez rien de positif à dire au sujet de votre entreprise, bien qu'elle ait été classée parmi les cent plus performantes.

Nous tendons tous à nous accommoder de nos conditions d'existence, aussi peu satisfaisantes qu'elles soient (après tout, la névrose prend de multiples formes). Et professionnellement, nous finissons par nous contenter de carrières qui ne mènent nulle part, d'un métier que nous n'aimons pas, et d'employeurs qui nous traitent mal. Sans parler des tâches fastidieuses dont nous nous acquittons parfois. Une enquête Louis Harris révèle qu'en Amérique, 40 % des gens s'ennuient à mourir dans leur travail. Mais ils hésitent à changer par peur de l'inconnu. C'est ce qui m'est arrivé lorsque je travaillais comme ingénieur. J'ai

> *Il doit y avoir quelque chose qui cloche avec ma vue : je n'arrive pas à voir l'intérêt d'aller travailler.*
>
> Teddy Bergeron

reculé le moment de partir, jusqu'à ce qu'on me vire. Rétrospectivement, je m'aperçois que j'ai inconsciemment "chaussé" le pied qui m'a fichu dehors.

Le jour où votre travail cesse de répondre à vos attentes et ne suscite plus en vous aucun enthousiasme, il faut songer à le quitter. Si votre employeur oublie de vous licencier, faites-le à sa place. Même si, dans l'ensemble, vous aimez votre profession, si elle vous prend plus de cinquante heures par semaine et que vous souffrez de ce déséquilibre, il est temps d'agir. Si votre conjoint ne vous connaît plus, si vos enfants flirtent avec la drogue, si vous vous sentez malheureux, pourquoi ne pas essayer de changer de vie ? Je n'ai qu'un seul conseil, **démissionnez!** Oubliez les mauvaises excuses : je ne peux pas quitter mon job, parce que c'est la sécurité, parce que je dois rembourser le crédit de ma villa, parce que je veux que mes enfants puissent faire des études... et tous les prétextes habituels. N'attendez pas le "bon moment" pour partir, faites-le maintenant. Car il n'y a jamais de "bon moment" ; l'attendre n'est qu'une autre excuse pour différer votre décision.

Peu importe ce que vous gagnez, vous ne pourrez jamais récupérer les quarante heures et plus que vous perdez dans un travail qui vous épuise. Tout le plaisir que vous prendrez pendant votre retraite ne rachètera jamais celui que vous avez perdu en restant dans un emploi que vous détestez. Demandez-vous simplement : "A quoi bon gagner de l'argent, si je dois y laisser ma santé ?". Combien de personnes fortunées ont oublié de se la poser !

Beaucoup de gens restent dans la même entreprise jusqu'à la retraite, alors qu'ils n'aiment ni leur travail ni leur entreprise, parce qu'ils ne veulent pas renoncer à un bon salaire. D'autres, comme deux enseignants que je connais, détestent ce qu'ils font, mais ne changeront pas de voie pour ne pas perdre des conditions de retraite avantageuses. Non seulement ils ne donnent pas le meilleur d'eux-mêmes, mais ils risquent d'épuiser leurs forces bien avant l'âge de la retraite et de ne jamais en récolter les bénéfices.

> *Tous les travaux rémunérés absorbent et amoindrissent l'esprit.*
>
> Aristote

Autrement dit, si vous travaillez pour l'argent, vous devenez prisonnier du système. Ne laissez pas l'idéal social de sécurité matérielle vous dicter votre vie. Plus vous perdrez de temps dans un boulot que vous haïssez dans le seul but de gagner de l'argent, moins vous profiterez de l'existence. Et, aussi paradoxal que cela puisse paraître, moins vous gagnerez d'argent. On croit généralement que le fait d'assurer sa sécurité matérielle permet de satisfaire ensuite tous ses autres besoins. Or c'est généralement l'inverse qui se produit. Beaucoup d'études ont montré que ce sont les gens qui font ce qu'ils aiment qui deviennent les plus prospères. Il est essentiel de pouvoir évoluer dans sa profession, de faire quelque chose que l'on aime et d'exploiter ce qu'on sait faire le mieux. C'est là que de nouveau la notion d'attitude intervient. Si vous appréciez votre travail, vous aurez beaucoup plus de chances d'attirer à vous suffisamment d'argent pour jouir de la vie.

> *Le travail est la chose la plus précieuse au monde, c'est pourquoi il faudrait toujours en garder pour demain.*
>
> Don Herold

Quitter un emploi n'est pas impossible, c'est seulement difficile. Ne vous faites pas le tort de penser qu'une chose est impossible alors qu'elle est seulement difficile ; si vous êtes déterminé, rien ne vous empêche de sauter le pas. Certes, il y a un prix à payer, mais vous verrez qu'à terme, vous ne le regretterez pas. Faites plaisir à votre femme, faites plaisir à vos enfants, faites plaisir à votre entreprise, et faites-vous plaisir. Et si vous êtes enseignant et que vous détestez votre travail, faites plaisir à la société en démissionnant, car votre place n'est pas dans une salle de classe.

Si l'idée de quitter votre travail vous effleure, posez-vous la question : "Au pire, qu'est-ce que je risque si je démissionne ?" Une fois que vous aurez fait le tour de toutes les catastrophes qui peuvent arriver, demandez-vous : "Et après ?" Si le pire des risques n'est pas la mort ou la maladie, qu'importe. Il faut relativiser les choses et les voir sous l'angle positif plutôt que négatif ; toute votre vie en sera transformée. D'abord, vous êtes vivant et en bonne santé. Songez maintenant à toutes les opportunités qui s'offrent à vous. Que vous viviez dans n'importe quel pays développé, même sans emploi, vous avez un choix infiniment plus grand que des millions de gens sur la planète. Quant à se soucier de la sécurité, ce n'est pas en vous accrochant à un travail qui vous déplaît que vous la trouverez. Compter sur ses capacités personnelles et son inventivité pour subvenir à ses besoins est le meilleur gage de sécurité matérielle qui soit.

Pensez à tout ce que vous pourrez entreprendre entre le travail que vous quitterez et le suivant. Vous pouvez vendre ce que vous possédez et faire un grand voyage. Que diriez-vous d'aller en Chine, au Brésil ou au Mexique ? Vous pouvez aller en Espagne et peindre. Vous pouvez écrire le livre que vous avez toujours rêvé d'écrire. Vous pouvez dormir tous les jours jusqu'à dix heures. Et bien sûr, quand il sera temps de reprendre le travail, il a toutes les chances d'être plus exaltant que le précédent. A partir du moment où vous démissionnez, pourquoi vous hâteriez-vous de rempiler si vous pouvez l'éviter sans risquer de sérieux problèmes financiers ? Beaucoup de gens expriment un mieux-être dès lors qu'ils quittent le monde du travail. Même ceux dont la situation financière n'est pas florissante, retourneraient avec beaucoup de réticence à leur ancienne occupation.

> *Arrêtez-vous de temps en temps, ou rien d'intéressant ne parviendra jamais à vous rattraper*
>
> Doug King

Comme toutes les choses qui valent la peine, quitter son travail comporte un risque. Par ailleurs, avec la vogue actuelle des fusions et regroupements d'entreprises, la probabilité de vous retrouver licencié à un moment ou à un autre, augmente de jour en jour. (Si l'on vous donne une secrétaire incompétente, c'est imminent !) En choisissant de partir volontairement, vous vous donnez les moyens de gérer la perte de votre emploi. Et vous serez mieux armé si les circonstances vous imposent plus tard un licenciement.

Avant que je ne commence à remettre à jour cette édition, plusieurs lecteurs m'ont écrit pour m'annoncer leur satisfaction d'avoir quitté leur emploi après avoir lu *L'art de ne pas travailler*. Certains ont trouvé dans ce qui précède le petit coup de pouce qui leur manquait pour sauter le pas, tel ce lecteur londonien, Bernard, dont voici la lettre.

L'art de ne pas travailler

Cher Ernie,

*Je viens de terminer votre livre le **L'art de ne pas tra-**
vailler. Grâce à lui, je vois la vie autrement. J'ai toujours cru
que je résoudrais mes problèmes en bossant le plus possible.
Tout ce que j'ai réussi à faire, c'est à m'en créer davantage et à
me compliquer l'existence. Vous m'avez donné le courage de
quitter mon travail (j'étais conseiller fiscal). Aujourd'hui, je me
sens redevenir un être humain.*

*C'est vrai. Ce matin, je suis arrivé au bureau et je leur ai
dit : "Je vous quitte, parce que ma femme, mes enfants, et ma
santé sont plus importants à mes yeux". Je recherchais la sécurité en me tuant au travail, mais j'ai compris que ce n'est pas
la solution. Il y a tant de choses que j'ai rêvé de faire en me
disant que je n'y arriverais pas. Par exemple, j'adore lire, et j'ai
toujours senti que l'écriture serait un prolongement naturel de
ma personnalité. Si un jour vous avez le temps de me répondre,
j'aimerais bien savoir comment vous êtes venu à l'écriture.
Sachez que moi aussi, j'ai échoué en première année de lettres...*

D'avance merci.

Bernard

Le plus grand risque, c'est parfois de *ne pas* quitter son
travail, comme c'était apparemment le cas pour Bernard. Il
m'a écrit deux fois depuis sa première lettre. Aux dernières
nouvelles, tout allait bien pour lui. Si l'on ne prend pas le
risque de vivre, quel risque peut-on prendre ? Continuer
machinalement à travailler, c'est passer huit à dix heures par
jour sans surprises et sans joie. Mais lorsqu'un travail commence à vous miner moralement et physiquement, il est
temps de le quitter, que vous ayez ou non un autre emploi. Il
y a des sacrifices qu'aucun travail ne mérite. A commencer
par celui de votre dignité et de votre valeur. Si votre liberté
est en jeu, partez immédiatement. Aucun travail ne vaut la
peine qu'on lui sacrifie son épanouissement et sa joie de
vivre.

L'abus de travail est dangereux pour la santé

Avez-vous découvert votre vocation ?

Une des principales sources de satisfaction des gens qui réussissent est le sentiment d'avoir une vocation, voire une *mission* personnelle. Si vous avez du mal à vous lever le matin, c'est probablement que vous ne l'avez pas trouvée. Avoir un objectif important dans l'existence donne une sensation de vivre telle qu'en s'éveillant à une nouvelle journée, on a du mal à contenir son ardeur et son enthousiasme. On a hâte de sauter du lit, qu'il pleuve, qu'il vente, ou qu'il fasse beau dehors.

Si tant de *baby boomers* traversent une crise profonde aux alentours de la quarantaine, c'est qu'ils n'ont jamais écouté leurs aspirations. Dans les années 80, la plupart poursuivaient des carrières ou exerçaient les métiers les plus rémunérateurs possibles, afin de pouvoir se conformer au style de vie excessivement maté-

> *La différence entre ce qu'on aurait pu devenir et ce qu'on est devenu constitue notre plus grande défaite.*
>
> Ashley Montagu

rialiste des *yuppies*. Peut-être ont-ils "réussi" selon leurs critères : atteindre le sommet de la hiérarchie et accumuler toutes sortes de biens matériels. Mais n'est-ce pas souvent au prix de la débâcle de leur couple, d'une démission parentale et d'un niveau intense de stress et de frustration ?

Trouver notre mission, c'est trouver un sens et un but qui nous portent dans la vie. Faute d'avoir découvert leur voie véritable, bien des gens sont malheureux. Certains, tout simplement parce qu'ils ne l'ont pas cherchée ; d'autres, parce qu'ils ne savaient pas comment la trouver.

> *Il ne suffit pas d'être occupé... L'important, c'est ce qui nous occupe.*
>
> Henry David Thoreau

Dès l'instant où nous prenons le temps et la peine de découvrir notre mission et que nous nous y engageons de tout notre être, notre vie devient infiniment plus satisfaisante. Rester sourd à son appel nous expose au contraire à une profonde frustration. Renier ce que nous sommes peut déclencher une véritable tourmente émotionnelle et des somatisations multiples. Ceux qui refoulent leurs désirs et leurs aspirations fuient dans le travail, la télévision, l'alcool ou la drogue pour tenter vainement de faire taire leur souffrance.

Une mission est autre chose qu'un but. Un but, tel que devenir PDG d'une entreprise, crée un vide dans l'existence une fois qu'on l'a atteint. Une mission - aider par exemple un talent musical à éclore - répond à un idéal plus profond, qui peut remplir la vie entière.

> *Toute vocation est grande, pourvu qu'on l'exerce avec grandeur.*
> Oliver Wendell Holmes, Jr.

Chacun peut découvrir sa mission personnelle. Celle-ci peut s'exprimer à travers une carrière ou une vocation, mais elle n'implique pas nécessairement un travail. Elle peut également prendre la forme d'une action bénévole, d'un violon d'Ingres ou de n'importe quelle activité de loisirs. Elle peut combiner différentes facettes de votre personnalité, telles que des intérêts, des relations et des activités importants pour vous.

Le journal *Vancouver Sun* a récemment publié un reportage concernant une religieuse, sœur Beth Ann Dillon, qui exprime sa mission d'une manière originale puisque c'est à travers le basket, son sport favori. Une mission qui, cela va sans dire, consiste à servir Dieu en servant les autres. Elle mène une vie simple et souriante, libérée des contraintes matérielles. Le basket ajoute à sa joie, dit-elle, et l'aide à suivre sa vocation. La passion qu'elle éprouve pour ce sport est aussi ancienne que sa foi. Elle enseigne bénévolement le basket dans un cours élémentaire de jeunes filles. Elle est persuadée que pratiquer un sport peut rapprocher de Dieu.

Dans son livre, *The seven spiritual laws of success* (les sept lois spirituelles du succès), Deepak Chopra indique quelles sont d'après lui les sept lois pour réussir sans effort. La septième loi est celle du "dharma". Le dharma représente à la fois le devoir et le but important de

Parfois, je reste là à méditer sur le but ultime de ma destinée. Mais la plupart du temps, je finis par m'imaginer tout ce que je pourrai faire quand j'aurai gagné le super gros lot.

notre vie, ainsi que nos talents singuliers. Si nous découvrons le sens de notre mission personnelle, le goût de vivre ne nous fera jamais défaut. C'est notre être essentiel qui détermine la nature de ce que nous désirons accomplir et de ce que nous désirons faire de notre vie.

"Faire de l'argent" n'a rien à voir avec une mission personnelle. Avoir une mission ou un but personnel, c'est utiliser notre talent particulier pour participer à l'évolution de l'humanité. Notre vie grandit grâce à la satisfaction et au bonheur que nous en retirons. Exploiter nos talents dans la poursuite de notre mission apporte d'autres bénéfices de surcroît ; l'un d'eux peut être de gagner beaucoup d'argent !

Votre mission personnelle est étroitement liée à vos valeurs et à vos intérêts. Mais elle est également déterminée par vos forces et vos faiblesses. Travailler dans le seul but de gagner de l'argent, ou

> *Un musicien doit faire de la musique, un artiste doit peindre, un poète doit écrire, s'il veut être en paix avec lui-même.*
>
> Abraham Maslow

se consacrer à un loisir dans le seul but de tuer le temps, n'a rien à voir avec une mission personnelle. Lorsque vous avez un but qui vous porte dans la vie, vous savez que l'humanité bénéficie de vos efforts. Une mission peut sembler modeste aux yeux des autres. Par exemple, le père d'un ami est gardien d'école. Sa mission consiste à créer l'école la plus propre et la plus accueillante possible pour les élèves et les professeurs. Voici d'autres exemples de mission personnelle :

> *La musique est ma maîtresse, et elle n'a pas de rivale.*
>
> Duke Ellington

- ✓ Améliorer la qualité de l'environnement en combattant la pollution.
- ✓ Collecter des fonds pour venir en aide à des gens en difficulté.
- ✓ Permettre à des enfants de développer un don, comme le chant ou la musique.
- ✓ Ecrire des livres pour enfants qui leur fassent découvrir les merveilles de ce monde.
- ✓ Organiser, dans votre région, le plus beau circuit possible pour des touristes étrangers.

✓ Créer une relation profonde et la maintenir vivante et stimulante.

Votre mission personnelle vous met en étroite relation avec vous-même comme avec le monde qui vous entoure. Prenez le temps de répondre aux questions suivantes, elles ont pour but de vous aider à découvrir la nature de votre mission.

1. Quelles sont vos passions ? Chacune de vos passions est un indice important sur la nature de votre mission person-nelle. Lorsque vous vous adonnez à vos passions, vous en tirez énormé-ment de joie et d'énergie. Ecrivez toutes les choses que vous aimez faire et qui vous plaisent. L'éventail peut être large et comprendre les activités les plus diverses : aller à la pêche, faire de l'équitation, servir les autres, faire des recherches historiques, faire rire les gens, voyager à l'étranger... etc. Accordez une attention particu-lière à ce qui vous tire hors du lit une à deux heures plus tôt que d'habitude.

> *Je n'ai jamais pensé à la réussite. Je me suis contentée de faire ce qui s'offrait à moi, c'est-à-dire la chose qui me faisait le plus plaisir.*
>
> Eleanor Roosevelt

2. Quels sont vos points forts ? Vos points forts permettent de cerner votre personnalité et les domaines où vous aimez canaliser votre énergie. Si vous avez des talents artistiques, vous pourriez être tenté de composer de la musique, de peindre un tableau ou de sculpter une œuvre, selon votre ins-piration. Les points forts soutiennent généralement les pas-sions.

3. Quels sont vos héros ? Réfléchissez un moment et deman-dez-vous quels pourraient être vos modèles. Il peut s'agir de personnages appartenant au présent ou au passé, que vous admirez, ou même vénérez. Des gens, célèbres ou obscurs, qui ont accompli quelque chose de particulier ou de remar-quable. Si l'occasion vous était donnée, quelles seraient parmi vos héros les trois personnes avec lesquelles vous aimeriez dîner ? Qu'ont-elles fait que vous admirez tant ?

Analyser leurs qualités ou leurs actes vous donnera des indications précieuses quant à vos propres aspirations.

> *Le but de la vie n'est pas d'être heureux ; c'est d'être utile et de vivre dans la dignité et la compassion. C'est cela qui fait qu'on a vécu, et bien vécu.*
>
> Ralph Waldo Emerson

4. Qu'aimeriez-vous découvrir ou apprendre ? Qu'est-ce qui stimule votre curiosité. Quels sujets ou quels domaines aimeriez-vous explorer ou approfondir ? Pensez aux cours et aux stages que vous choisiriez si tout d'un coup un oncle richissime et généreux tombait du ciel et vous offrait de financer deux années d'études n'importe où dans le monde.

Répondre à ces questions peut vous mettre sur la voie de votre mission personnelle. Lorsque vous êtes à l'écoute de vos désirs les plus intimes, vous vous reliez à votre mission personnelle. Nul autre que vous ne peut découvrir le but ultime de votre vie.

La sécurité de l'emploi est un leurre

La comédie musicale des années 60 : *How to succeed in business without really trying* (comment réussir dans les affaires sans réellement essayer), une parodie de l'entreprise à l'américaine, fut reprise en mars 1995 à Broadway. Cette comédie suggère que quiconque veut réussir sa carrière doit savoir entrer dans les bonnes grâces de ses supérieurs, intégrer la bonne équipe, et glisser les peaux de bananes sous les bonnes semelles. Il convient aussi de flatter les bonnes personnes. Autre impératif : choisir une entreprise suffisamment importante de façon à ce que jamais quiconque ne sache exactement ce que fait son voisin (une grande administration fait très bien l'affaire). Bien que les notes de service aient peu d'utilité, il faut en lire et en écrire un maximum, afin de faire circuler son nom le plus possible. Le succès dépendra davantage de l'habileté à éviter les risques que d'une réelle compétence ou production.

Cela vous évoque-t-il quelque chose ? Faites-vous partie de ceux qui recherchent avant tout la sécurité de l'emploi au sein d'une grande entreprise, publique ou privée, en échange de votre loyauté et de votre dévouement ? Peut-être attendez-vous qu'au fil de votre carrière votre employeur reconnaisse votre valeur grâce à votre aptitude à rédiger les notes de services et à vous incliner devant lui. Peut-être espérez-vous aussi vous voir régulièrement promu et récompensé financièrement.

Selon certains conseils en carrière, il faut être fou dans un monde de fous pour entretenir ce genre d'illusions. Or beaucoup de gens, jeunes et moins jeunes, fondent sur elles tous leurs espoirs. Il faut dire que le désir d'un emploi stable à temps plein et la possibilité de gravir les échelons de la hiérarchie étaient jusqu'ici fortement encouragés par la société, par le biais de l'éducation notamment. Mais caresser cette ambition, c'est perdre contact avec la réalité et lui substituer un mirage.

Aujourd'hui, la sécurité de l'emploi, telle qu'on l'a connue, est un leurre. L'environnement du travail a tellement changé ces dernières années, qu'un emploi stable fait presque figure aujourd'hui de dinosaure. Ceux qui entretiennent encore ce genre de fantasmes ne peuvent s'en prendre qu'à eux-mêmes. Le temps où l'on restait au sein de la même entreprise du début à la fin de sa carrière est révolu et n'est pas près de revenir...

Ne faites pas comme tant de gens aujourd'hui qui attendent de l'entreprise qu'elle incarne un lieu de stabilité et de sécurité sur lequel s'appuyer. Contrairement à une réaction répandue, il n'y a pas lieu de le regretter ni de s'en attrister. Un monde sans sécurité d'emploi n'est pas une calamité, mais il appartient à chacun de prendre en compte cette donnée. Car aucun employeur ne peut plus la garantir désormais.

Charité bien ordonnée commence par soi-même. Cette attitude peut paraître égoïste, mais ne l'est guère plus que celle de l'employeur qui veut s'attacher votre loyauté pour le bien de son entreprise. En tout cas, si vous voulez réussir, il est important de redéfinir ce que vous entendez par sécurité d'emploi. La sécurité d'emploi signifie aujourd'hui savoir que vous pouvez compter sur vos propres forces et sur votre courage pour faire face à n'importe quelle situation. La personne la plus apte à assurer votre sécurité d'emploi, c'est vous-même. Votre créativité et vos propres ressources.

Avoir sa part du gâteau... et la manger

Si vous souhaitez poursuivre votre carrière actuelle, et en même temps vivre une vie plus détendue, vous faites partie des gens qui veulent avoir leur part du gâteau, mais aussi pouvoir la manger. J'ai une bonne nouvelle pour vous : contrairement à ce qu'on croit généralement, c'est possible. C'est même très simple : il suffit de vous offrir deux gâteaux. Vous voyez, vous devancez déjà tous ces bourreaux de travail et ces carriéristes acharnés, qui n'y auraient jamais pensé.

Bien que peu de gens en quête de réussite professionnelle parviennent à se ménager de vrais loisirs, vous le pouvez si vous le voulez vraiment. Pour cela, il faut d'abord apprendre à devenir plus performant en travaillant moins. Comme nous l'avons vu au chapitre 3, les grands hommes de l'histoire furent souvent des "fainéants créatifs". Les gens très performants savent ce que veut dire "se hâter lentement", ils dépassent les autres en allant moins vite. Ils ne s'agitent pas en permanence, car ils savent prendre leur temps. Devenir très performant ne demande pas de travailler plus dur mais plus intelligemment. La question de savoir comment réaliser cet objectif déborde le cadre de ce livre, mais il existe déjà d'excellents ouvrages sur ce sujet.

Si l'on se base sur certaines études concernant le temps de loisirs dont dispose le travailleur moyen, il apparaît que le parcours professionnel classique laisse peu de place au temps libre. Une de ces études, un sondage Louis Harris effectué en 1988, indique que la durée de travail hebdomadaire est passée de moins de quarante heures à plus de quarante-sept heures en moyenne de 1973 à 1988 aux Etats-Unis. Le temps de loisirs a diminué en conséquence de 37 %. Ce qui signifie moins de temps disponible pour partir en vacances, pour se consacrer à ses hobbies, ou simplement pour "se la couler douce".

D'autres études contredisent ces résultats. L'une d'elles indique par exemple qu'en raison de la baisse de la natalité et de l'allégement des tâches ménagères, le temps libre s'est accru d'environ cinq heures par jour. D'après ces études, le problème ne tient pas à un manque de loisirs, mais plutôt au fait qu'on sous-estime le temps libre dont on dispose et qu'en conséquence on l'utilise mal. En règle générale, les gens ont environ quarante heures de temps libre par semaine ; ce n'est donc pas le temps libre qui leur manque, mais la plupart le gaspillent. Ils passent environ 40 % de ce temps devant la télévision, le reste étant consacré à s'occuper de la cuisine, du nettoyage, des courses, des réparations domestiques, du règlement des factures... ou du travail ramené à la maison. C'est tout simplement une question de dispersion, on se lance dans trop d'activités à la fois. Ce qui explique, comme on l'a vu, que la plupart des travailleurs se sentent plus fatigués le dimanche que le vendredi.

Quoi qu'en disent les études, je crois qu'il est parfaitement possible à chacun de maîtriser la durée de ses loisirs. Si nous n'avons pas assez de temps pour aller respirer un peu d'air pur (ne parlons pas de sentir le parfum des roses), c'est en nous qu'il faut en chercher la cause. Pratiquement tout dans notre vie est une question de choix. Il en est de même pour le manque de loisirs qui n'est que le résultat des contraintes qu'on s'impose. Si vous manquez de temps, c'est probablement que vous entreprenez trop de choses ou que vous avez accumulé trop de biens matériels.

Pour trouver un meilleur équilibre, il faut apprendre à se

relaxer. Garder du temps pour la détente devrait être une priorité. Pour cela, il existe des solutions élémentaires. L'une consiste à quitter votre bureau à 16 h 30 ou 17 h 00, vous aurez alors plus d'énergie pour vous livrer à d'autres activités. De plus, vous démontrerez que vous faites partie des gens compétents et motivés qui sont les véritables pionniers de la nouvelle ère qui s'annonce. Apprenez aussi à entreprendre moins de choses à la maison et à consacrer moins de temps aux courses, à la cuisine, au nettoyage, à l'entretien et aux travaux de réparation. La plupart d'entre nous se laissent dévorer par toutes ces tâches domestiques.

Comme nous l'avons vu, le modèle d'organisation du travail des années 70-80 ne constitue pas le contexte idéal pour profiter de la vie. Cependant, une nouvelle génération de dirigeants prend conscience qu'un style de vie équilibré doit concilier travail et loisirs, et que le personnel doit pouvoir bénéficier de son temps libre quand il en a besoin, et non pas dans des périodes restreintes aux week-ends, aux vacances ou à la retraite. Voici quelques améliorations dans l'organisation professionnelle qui gagnent en popularité depuis quelques années :

✓ Congés sabbatiques (payés ou non) pour tous les employés.
✓ Départ progressif à la retraite pour augmenter graduellement les loisirs.
✓ Télétravail afin de réduire le temps perdu dans les transports.
✓ Travail à temps choisi pour la flexibilité des loisirs et la réduction des temps de transport.
✓ Bourse d'activités.
✓ Récupération des heures supplémentaires sous forme de congés payés.
✓ Partage du travail pour en réduire la durée.
✓ Travail à temps partiel.

Toutes ces solutions constituent autant de moyens d'améliorer la qualité de vie. Trouver des entreprises qui soutiennent ce genre de programmes est peut-être encore difficile, mais elles sont de plus en plus nombreuses à voir l'intérêt de ces nouvelles options. Si votre entreprise n'est pas prête à les adopter, il est peut-être temps de rechercher un nouvel employeur. Pour ceux qui souhaitent se rendre plus disponibles, il existe encore d'autres possibilités : se reconvertir dans une profession où la durée de travail est moindre, ou encore se rapprocher de son lieu de travail pour réduire le temps de transport.

Une vie équilibrée suppose de disposer chaque jour d'au moins un quart d'heure de temps non planifié. Accordez-vous du temps pour mieux vous connaître et développer votre personnalité. Ce serait une erreur de renoncer à faire du sport, à voyager, à vous adonner à vos passions, à cause de votre conjoint, de vos enfants, ou du besoin de gagner votre vie. Vous pouvez toujours faire de la place à vos activités de loisirs si elles vous apportent quelque chose. Ne serait-ce que pour votre santé, ne vous privez pas de prendre le temps de flâner. Le plaisir que vous procurera votre temps libre rejaillira sur votre vie professionnelle : vous appré-cierez davantage votre travail parce que vous y serez plus détendu.

> *Je ne donnerais pas mes heures de loisirs pour tout l'or du monde.*
>
> Mirabeau

L'important est que vous consacriez du temps à ce qui vous intéresse **mainte-nant**. Cela risque de vous demander de jongler avec votre carrière, vos dettes, vos biens, et peut-être vos enfants. Si votre profession ne vous permet pas de conci-lier tout ça, alors peut-être faut-il en changer. Mais quoi qu'il vous en coûte, faites-le. La vie est trop courte pour la vouer à l'esclavage.

Si vous choisissez une nouvelle carrière, un dosage har-monieux entre travail et loisirs devrait être une de vos priori-tés. C'est cela "avoir sa part du gâteau... et la manger" : une vie qui concilie un travail satisfaisant et de nombreuses acti-vités fécondes en dehors de celui-ci. Avoir sa part du gâteau et la manger n'est pas donné à tout le monde, mais seulement à ceux qui assument la direction de leur vie.

La joie de ne pas travailler
de neuf à six

En 1982, Ben Kerr connaissait une brillante réussite au sens où on l'entend généralement. Il déci-da cependant de quitter son poste de directeur financier adjoint de la Commission Portuaire de Toronto, après qu'une restructuration de son service lui imposa de partager le bureau d'un fumeur. Or Ben était totalement allergique à la fumée. Comme ses supérieurs restaient sourds à ses doléances, il prit ses cliques et ses claques. Depuis, il n'a plus jamais travaillé pour aucun autre employeur. Il est maintenant chanteur de rue et met de l'animation sur une place de Toronto.

Lorsque j'ai rencontré Ben, la première chose qui m'a frappé, c'est la joie extraordinaire qu'il dégageait. L'après-midi, pendant qu'il chantait, toutes sortes de gens l'abordaient, le saluaient et lui donnaient quelques pièces.

On lui a fait plusieurs propositions de boulot, mais travailler pour quelqu'un d'autre ne l'intéresse pas. Il trouve bien plus amusant de chanter.

Si vous avez été victime récemment d'un licenciement, n'oubliez pas que c'est peut-être un cadeau du ciel, et en tout cas le moment de remettre en cause votre besoin de sécurité et votre refus de prendre des risques. Retrouver un travail régulier peut vous sembler la meilleure solution, mais c'est peut-être demander trop peu. Ne trouverez-vous pas une sécurité plus grande en poursuivant une carrière conforme à votre *mission* ? Dès lors, si votre métier vous plaît, vous n'aurez jamais plus l'impression de "travailler" de votre vie.

CHAPITRE 5

Chômeur, découvrez
qui vous êtes vraiment

Voici venu le temps de prendre du bon temps

Ce chapitre se propose de vous aider à passer le plus aisément possible du monde du travail à celui des loisirs. On se prépare généralement pendant de nombreuses années à entrer dans la vie professionnelle mais on oublie complètement, ou presque, de se préparer à la quitter. Ce n'est qu'à la retraite, ou lorsqu'on se retrouve momentanément sans emploi, que l'on songe à prendre du bon temps. Loin du travail, vous découvrirez qu'un monde nouveau et passionnant vous attend. Ne plus être contraint de travailler donne accès à des plaisirs dont ne peuvent profiter ceux qui travaillent. C'est le moment de jouir de vos loisirs comme jamais vous n'avez pu le faire auparavant.

> *Pouvoir employer intelligemment ses loisirs est le meilleur fruit de la civilisation.*
>
> Bertrand Russell

Vous retrouver avec une quantité de temps libre illimitée, parce que vous êtes à la retraite ou au chômage, est l'occasion rêvée de découvrir qui vous êtes vraiment. Ces heures de liberté sont une aubaine, si vous avez pris le soin de développer des intérêts personnels et si vous ne vous êtes pas totalement identifié à votre profession. Profiter du chômage ou de l'inactivité suppose d'être capable de vivre les choses à

> *Ce moment-ci, comme tous les autres, est idéal pour peu qu'on sache quoi en faire.*
>
> Ralph Waldo Emerson

partir de ce qu'on est vraiment, plutôt qu'à travers les attentes et les orientations véhiculées par la société, l'entreprise ou les médias.

Que l'on soit au chômage ou à la retraite, il est tout aussi important de savoir gérer son temps libre. Les conseils en carrière disent qu'en règle générale, les gens devront repenser leur carrière plusieurs fois dans leur vie. Aux Etats-Unis, par exemple, le temps moyen passé à un poste est aujourd'hui inférieur à quatre ans. Les salariés sont plus vulnérables que jamais aux licenciements et aux restructurations ; aucun emploi n'est garanti désormais. Le cadre de quarante ans peut encore s'attendre à changer trois fois d'employeur au cours de sa carrière, et à connaître au moins un licenciement. Si vous êtes vous-même entre deux boulots, sachez donc en profiter !

Le bénéfice que vous tirerez de votre disponibilité dépendra dans une grande mesure de votre état d'esprit et de votre motivation. Car, on l'a vu, l'augmentation massive du temps libre n'est pas nécessairement bien vécue. En effet, ce n'est pas alors qu'on travaille dur pour "devenir riche et célèbre", qu'on apprend à profiter de ses loisirs... on apprend seulement à travailler dur pour "devenir riche et célèbre". Un apprentissage qui ne se laisse pas facilement oublier. Même lorsque vous avez l'occasion de vous détendre et de profiter de la vie, vous pouvez trouver difficile de rompre l'habitude de travailler dur.

Ecrire un nouveau scénario pour votre vie

Toute personne qui quitte son emploi, suite à un licenciement ou un départ à la retraite, est affectée à un degré ou à un autre. Ceux qui prétendent le contraire sont fous ou menteurs. Etre licencié ou mis à la retraite est une épreuve pour la très grande majorité des gens.

Bien entendu, plus on s'est identifié à son travail, plus

l'épreuve est redoutable. La perte d'emploi est souvent plus traumatisante pour les cadres et les dirigeants que pour les ouvriers, car ils ont tendance à s'identifier davantage à ce qu'ils font.

Nous comptons généralement sur des éléments extérieurs, tels que les médias, l'école, ou l'entreprise, pour nous fournir le scénario socialement convenu d'une "vie réussie". Mais aucune de ces institutions n'a pensé à imaginer une vie dédiée aux loisirs. C'est donc à nous d'inventer un nouveau scénario...

Bien que les gens qui approchent de la retraite craignent d'affronter une vie dépourvue d'activité et de sens, beaucoup réussissent, plus ou moins rapidement, à s'adapter à leur nouvelle situation. D'autres, malheureusement, ont été si fortement influencés par des valeurs morales rigides que pour eux "l'inactivité" se révèle très difficile à vivre. A cause de leur attitude négative et de leur résistance au changement, ces personnes perdent confiance en leur propre valeur, comme le démontre aux Etats-Unis un taux de suicide quatre fois plus élevé chez les hommes à la retraite qu'à n'importe quel autre stade de l'existence.

Ceux qui prétendent qu'il est très difficile, voire impossible, de vivre sans travail, admettent par là qu'ils n'ont aucune individualité ; leur personnalité n'est en fait qu'une enveloppe creuse.

> *La rigidité est une forme de rigor mortis.*
>
> Henry S. Haskins

Je fais l'hypothèse que vos principes ne sont pas rigides au point qu'il n'y ait aucun espoir pour vous. (Elle est d'autant moins risquée que les gens rigides ne lisent pas ce genre de livres.) De plus, j'imagine que vous êtes capable de concevoir un nouveau scénario pour votre vie. Si vous vous êtes fortement identifié à votre profession, ne vous attendez pas à un changement immédiat. Reconstruire son image est un processus qui prend du temps. Au début, vous risquez d'éprouver un sentiment de ratage, qui s'estompera au fur et à mesure que vous aurez une meilleure image de vous-même. L'objectif de réussite personnelle, exprimé en termes de loisirs, devra se substituer au désir de réussite sociale par l'argent. Pour cela, vos loisirs devront vous apporter un sentiment d'accomplissement. Jusqu'à ce que graduellement, le sentiment d'échec se transforme en un sentiment de victoire.

Redécouvrez votre vraie nature

Avec la perte du travail, une des sources de notre identité se tarit. Si aucun autre emploi ne vient remplacer celui que vous avez perdu, ce sont vos loisirs qui devront satisfaire les besoins auxquels le travail répondait. Lorsqu'on accède à plus de temps libre, les premiers jours, voire les premières semaines, peuvent paraître éprouvants. Certaines personnes expérimentent la peur, voire la panique ; d'autres éprouvent un sentiment d'étrangeté.

Pour réussir cette transition, il est important de redécouvrir qui vous êtes vraiment. Si vous vous êtes laissé entièrement absorber par votre travail, peut-être ne savez-vous pas ce que les loisirs signifient. Vous avez peut-être même oublié ce que vivre signifie !

Vous avez fondé l'essentiel de votre identité sur votre profession. Au fil des années, vous avez laissé votre carrière, et ses exigences, modeler votre personnalité. Ce qui comptait pour votre entreprise, plutôt que ce qui comptait pour vous, s'est enraciné en vous. Les "carrières" ont la fâcheuse habitude de gommer notre personnalité.

Redécouvrir votre vraie nature et ce qui compte pour vous, peut demander du temps. Peut-être faudra-t-il creuser en vous, pour trouver ce qui vous fait vibrer. Vous devrez vous engager totalement dans cette aventure, et profiter de votre capacité à grandir et à apprendre dans ce contexte nouveau. Lorsque vous vous serez "retrouvé", vous n'aurez plus besoin d'un rôle professionnel pour vous définir.

L'expérience montre qu'avec le temps la plupart des gens finissent par s'adapter à leur situation - ou plutôt leur "absence de situation" -, et s'en trouvent heureux, voire même plus heureux qu'avant. Morris Schnore, ancien professeur de psychologie à l'Université d'Ontario, a mené une vaste enquête sur la condition des retraités. Ses résultats, cités dans son livre *Retirement : Bane or Blessing* (la retraite : fléau ou bénédiction), conforte l'idée que les gens n'ont pas besoin de travailler pour être heureux dans la vie.

> *Il y a deux choses vers lesquelles on doit tendre dans l'existence : tout d'abord obtenir ce qu'on veut et ensuite, en profiter. Seuls les plus sages réalisent la seconde.*
>
> L.P. Smith

Après avoir cessé leur activité, la majorité des individus finissent par retrouver leurs marques. Seule une faible minorité souffre d'une crise d'identité prolongée. Schnore observe que pour un petit groupe - environ 10 % - la retraite pose de sérieuses difficultés d'adaptation. Ces personnes qui ont une attitude négative vis-à-vis de la retraite, placent le travail au centre de leur vie.

Schnore conclut qu'en règle générale la satisfaction ressentie est aussi grande, voire plus grande, chez les personnes âgées que chez les plus jeunes générations. Il s'est aperçu que, contrairement à certaines représentations négatives de la retraite, les personnes concernées sont plus heureuses et plus satisfaites de leur vie que les actifs d'âge moyen. Près de la moitié des retraités, 43 %, déclarent que leur santé s'est améliorée depuis leur cessation d'activité. Certains jugent même la retraite plus agréable qu'ils ne s'y attendaient. Selon Schnore, plusieurs facteurs contribuent à cette bonne adaptation :

✓ Ils se fixent des objectifs réalisables.
✓ Ils sont capables d'apprécier ce qu'ils ont.
✓ Ils ont confiance dans leur capacité à gérer les problèmes.

Si vous êtes en passe d'avoir plus de temps libre, votre vie va subir de grands changements. Ce passage du travail au loisir va vous obliger à renouer avec votre nature profonde. Vous vous apercevrez qu'il n'y a aucune raison de se sentir incompétent ou inutile sous prétexte qu'on n'a pas d'emploi. Et lorsque vous saurez apprécier les loisirs à leur juste valeur, il vous sera facile de garder votre esprit en éveil et d'entretenir votre vitalité, avec ou sans l'aide de quelqu'un.

L'art de ne pas travailler

Le nouveau paradigme de la réussite

Si vous vous êtes toujours senti anxieux ou coupable de vous livrer à des activités sans relation avec le travail, il ne vous faudra rien de moins qu'un changement de paradigme pour parvenir à apprécier la disponibilité qu'octroie la perte d'un emploi. Un paradigme étant la vision ou l'explication d'un fait partagée par tout un groupe de personnes, changer de paradigme est un peu comme trouver une solution nouvelle à un problème ancien. Un nouveau paradigme fait en général appel à un principe qui a toujours existé, mais que l'on a jusqu'ici négligé.

> *Le succès c'est avoir ce qu'on veut ; le bonheur c'est vouloir ce qu'on a.*
>
> Un sage anonyme

Ce changement de paradigme suppose de modifier votre conception de l'activité de loisir. Vous devez tout d'abord l'envisager comme une chose bonne en soi, aussi valable que tous les emplois que vous avez jamais exercés. Une vie dédiée aux loisirs n'est pas nécessairement frivole et dépourvue de sens. Elle ne se résume pas à une vie solitaire remplie de "séries américaines ennuyeuses" ou de énièmes rediffusions des *Simpsons*, même si c'est l'idée que s'en font les gens qui s'accrochent à leurs préjugés. Le monde des loisirs peut vous ouvrir de grandes possibilités d'épanouissement.

Le sentiment d'accomplissement peut parfaitement éclore sur d'autres terrains que celui du travail. Lorsqu'une personne change de paradigme, sa définition de la réussite change elle aussi. Pour ma part, j'aime bien la définition que Ralph Waldo Emerson en propose.

Qu'est-ce que la réussite ?

Rire souvent et beaucoup aimer ;
Gagner le respect d'êtres intelligents et l'affection des enfants ;
Obtenir l'approbation de critiques honnêtes et supporter la trahison d'amis peu sincères ;
Apprécier la beauté ;
Voir ce qu'il y a de meilleur dans les autres ;

Donner de soi-même sans rien attendre en retour ;
Rendre le monde un peu meilleur, que ce soit par la grâce d'un enfant en bonne santé, d'une âme sauvée, d'un carré de jardin ou d'une condition sociale meilleure ;
Avoir joué et ri avec enthousiasme et chanté de tout son cœur ;
Savoir qu'un seul être a mieux respiré parce que vous avez vécu.
C'est cela, la réussite.

Ralph Waldo Emerson

Notez que tout ce qui définit la réussite selon Emerson est réalisable en dehors du monde professionnel. Ne pas avoir d'emploi ne signifie pas nécessairement être un individu "improductif" ou un "perdant". Vous n'êtes un "perdant" que si vous vous percevez comme tel. Et rappelez-vous que la perception est tout, comme nous l'avons vu au chapitre 2. Si, parce que vous n'avez pas d'emploi, vous vous considérez comme "improductif", alors il faut changer l'image que vous avez de vous-même. Vous pourriez au contraire vous estimer un "privilégié" et un "gagnant" parce que vous avez tout le loisir de vous consacrer à la réalisation de votre potentiel (une tâche éminemment productive !). C'est en effet un privilège rare dans l'histoire de l'humanité...

Souvenons-nous de l'exemple donné dans l'Antiquité par de grands philosophes, tels Platon et Aristote. Ils ne considéraient pas les loisirs comme une quête inutile ou paresseuse. L'oisiveté permettait de mieux se connaître, et il n'existait pas de but plus élevé. Quiconque gagnait l'oisiveté et le loisir de se réaliser passait clairement pour un être privilégié. Vous devriez donc accueillir comme un privilège l'opportunité que vous offre une vie de loisirs.

Comment se consoler d'avoir quitté son travail

Pour connaître la satisfaction d'avoir quitté son travail, il faut surmonter le regret de l'avoir perdu. Lorsque nous évoquons les souvenirs passés, nous avons tendance à nous rappeler les bonnes choses et à oublier les mauvaises. Je connais même des gens qui arrivent à se rappeler des choses qui ne sont jamais arrivées. De même avec les postes que nous avons occupés, nous nous souvenons plus volontiers des choses

L'art de ne pas travailler

agréables que des détails pénibles ; et bien souvent nous regrettons le "bon vieux temps", qui en fait n'a jamais existé.

Je vais vous raconter maintenant comment j'ai réussi à surmonter la nostalgie de mon ancien emploi. Il y a environ quatre ans, j'éprouvais encore quelques difficultés à passer d'un emploi de formateur à temps partiel à l'oisiveté totale. Malgré le plaisir que m'avaient procuré de fréquentes et longues périodes de *farniente* et le fait que ce travail ne m'occupait que seize heures par semaine, ce passage à plus de loisirs se révélait plus difficile que je ne m'y étais attendu. Le matin, je me réveillais tout fringant, j'avais hâte d'y aller et de m'y mettre. Il y avait juste un petit problème : où ça ? à quoi ? Et je me mis à regretter les avantages que mon dernier emploi m'offrait... ou du moins le croyais-je.

Pendant les deux ou trois premiers jours, je me sentais coupable d'avoir démissionné ; je me demandais si je ne n'avais pas fait une erreur en quittant ce travail. Mais vers le quatrième jour, j'étais revenu d'aplomb, j'avais de nouveau le sentiment d'être un privilégié, je commençais à plaindre les gens qui devaient se rendre tous les jours au bureau pour accomplir un travail qu'ils n'aimaient pas. Bientôt j'en vins même à plaindre aussi ceux qui aimaient leur métier. Comment pouvaient-ils s'amuser autant que moi?

> *Aussi noires que soient les choses aujourd'hui, elles seront le bon vieux temps de quelqu'un demain.*
>
> Gerald Barzan

Un des moyens qui m'aidèrent à quitter définitivement ce boulot consistait à penser aux défauts de cette entreprise, et de celles qui m'avaient employé auparavant. Cela m'aida à envisager ma situation d'une manière plus objective. En tout cas, quelle qu'ait été ma nostalgie, elle s'est évanouie d'un coup.

Exercice 5-1. Admettre la vérité au sujet de votre ancien travail

Pensez au dernier emploi que vous avez quitté. Enumérez les choses que vous n'aimiez pas concernant l'entreprise ou votre employeur, toutes les contraintes et tous les gestes monotones et répétitifs qu'impliquait le simple fait de vous rendre au travail.

En m'inspirant de l'organisation qui m'employait comme formateur, et d'autres pour lesquelles j'ai travaillé, j'ai recensé une liste d'inconvénients typiques de l'environnement professionnel. Voici vingt-cinq bonnes raisons de se sentir privilégié d'être sans emploi :

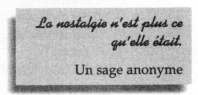

La nostalgie n'est plus ce qu'elle était.

Un sage anonyme

Vingt-cinq bonnes raisons de détester le milieu du travail

- ✓ Supporter une surcharge de travail en raison des compressions de personnel.
- ✓ Rester enfermé dans un bureau toute la journée alors que le soleil brille.
- ✓ N'avoir aucune chance de promotion d'ici les quinze prochaines années, parce que la génération du *baby boom* occupe les postes-clés et n'est pas près d'en bouger.
- ✓ Devoir travailler avec des crétins et des incompétents qu'on aurait dû mettre à la porte il y a dix ans.
- ✓ Subir des luttes de pouvoir au sein de la société sous la forme d'une compétition féroce, de coups bas et de sourires factices.
- ✓ Etre moins bien payé que quelqu'un qui est beaucoup moins productif mais qui a plus d'années derrière lui.
- ✓ Perdre quotidiennement une à deux heures matin et soir dans les embouteillages.
- ✓ Etre condamné à la sédentarité.
- ✓ Travailler sous pression et subir des interruptions continuelles qui vous empêchent de réfléchir.
- ✓ Etre envahi par la paperasserie, les notes de service qui ne veulent rien dire, et les rapports que personne ne lira jamais.
- ✓ Souffrir du manque de coopération entre services.
- ✓ Etre confronté au double langage (voire triple langage) des supérieurs.
- ✓ Perdre régulièrement deux heures et plus dans des réunions qui tournent vite en rond.
- ✓ Travailler avec des fous de boulot qui refusent de prendre des vacances même quand leurs employeurs les y encouragent.
- ✓ Devoir respecter des calendriers de vacances trop

rigides qui ne permettent pas de prendre de congés au meilleur moment de l'année (les mois sans "r").

✓ Se voir fortement incité à ne pas prendre toutes les vacances auxquelles on a droit parce qu'il y a trop de travail.

✓ Se voir voler le mérite de son travail ou de ses idées par ses supérieurs.

✓ Avoir des difficultés à obtenir une place de stationnement (parce qu'on n'est pas dans les petits papiers du patron).

✓ Devoir rester toute la journée au turbin même si vous êtes deux fois plus productif que votre voisin et que votre travail est terminé bien avant l'heure.

✓ Se débattre avec la bureaucratie, ses méandres, ses règlements idiots, ses procédures illogiques, et ses serviteurs bornés, spécialisés dans l'immobilisme actif.

✓ Subir des discriminations liées à la race, au sexe, à l'apparence physique, ou même au simple fait d'être célibataire.

✓ Faire partie d'une entreprise qui se vante d'innover mais qui ne supporte pas les idées neuves.

✓ Travailler dans un bureau où la climatisation ne marche qu'en hiver.

✓ Ne recevoir aucune reconnaissance pour la qualité de son travail.

✓ Travailler avec d'insupportables béni-oui-oui, prêts à toutes les bassesses pour décrocher une augmentation ou une promotion.

Toutes ces situations se rencontrant dans la plupart des entreprises, il n'est pas étonnant que beaucoup de gens trouvent le milieu du travail démoralisant. Si vous pleurez votre dernier boulot, réfléchissez à toutes les situations décrites ci-dessus que vous avez subies. Si vous avez vécu un grand nombre d'entre elles et que malgré tout vous vous sentez toujours nostalgique, c'est que vous avez un problème ! Posez ce livre et courez chez un psychiatre avant qu'il ne soit trop tard. Au moins lui vous aidera à vous sortir de ce mauvais pas.

Relire la liste ci-dessus de temps en temps permet de remettre les pendules à l'heure et vous redonne le sourire en un rien de temps si vous êtes sans emploi. En revanche, si vous travaillez, vous risquez de le perdre.

Trois besoins que vos loisirs doivent satisfaire

Beaucoup d'entre nous préfèrent se mentir au sujet des emplois qu'ils quittent et disent regretter ensuite. C'est rarement le travail lui-même qu'on regrette, mais ce qu'il nous apporte indirectement. Bien que beaucoup de gens n'en soient pas conscients, un emploi représente beaucoup plus qu'un moyen de gagner de l'argent. Surtout si nous avons des responsabilités de gestion ou de direction, notre emploi nous procure beaucoup de satisfactions : rôle valorisant, statut social, accomplissement, reconnaissance, développement personnel et pouvoir. En perdant notre travail, nous perdons ces gratifications. Nous ne serons donc satisfaits de nos loisirs que s'ils parviennent à leur tour à répondre à ces besoins. Tous les besoins que le travail avait charge de combler devront trouver à se satisfaire autrement.

Il existe trois besoins humains fondamentaux que le travail remplit, presque malgré lui pourrait-on dire. Ce sont les besoins de structure, de but et d'intégration. Même si nous occupons un emploi peu exaltant, le milieu professionnel fournit généralement la possibilité de satisfaire ces trois besoins. A partir du moment où nous le quittons, nos loisirs doivent prendre le relais.

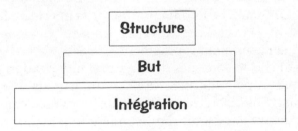

Trois besoins essentiels

1. Etablir une nouvelle structure

De l'enfance à l'âge de la retraite, la structure nous est fournie par la société : aller à l'école, travailler, se marier, fonder un foyer, tous ces actes correspondent à une structure préétablie. Le problème survient quand nous quittons le milieu du travail et que nous disposons d'une grande quantité de temps libre. Lorsque nous perdons notre emploi, suite à un licenciement ou à un départ à la retraite, la structure qu'il nous donnait disparaît brutalement. Nous devons alors créer notre propre structure et réorganiser notre vie, ce qui demande un certain effort.

A première vue, sortir de la routine d'une structure pré-établie, peut sembler séduisant : plus besoin de se lever le matin, plus besoin d'avaler notre petit déjeuner à toute vitesse, plus besoin de courir de réunion en réunion, plus besoin de prendre les transports aux heures de pointe. En d'autres termes, notre temps n'est plus lié à la marche des aiguilles de notre montre. Le problème c'est que, aussi créatifs que nous soyons, nous avons tous besoin d'un minimum de structure dans notre vie. Nous sommes des créatures d'habitude, accoutumées à vivre au sein d'un temps structuré. La routine a quelque chose de confortable et de sécurisant. Et bien sûr nous aimons tous le confort.

L'obligation de renoncer à une structure établie peut créer un grand désordre, surtout pour des gens au caractère rigide et carré. Il faut bien passer le temps et trouver à l'occuper, mais les temps morts peuvent devenir la règle plutôt que l'exception. Cette vacuité entraîne l'ennui et la tristesse. Les gens rigides peuvent même se retirer du monde et mener une vie de désespoir, parce qu'ils refusent de s'adapter à une existence dans laquelle ils ont en principe la liberté de faire ce qu'ils veulent. Dans les cas extrêmes, les facultés mentales et physiques se détériorent rapidement.

En revanche, si vous êtes d'un naturel indépendant, créatif et motivé, la perte de structure sera pour vous une bénédiction, car vous apprécierez le fait de pouvoir créer votre propre structure et de jouir d'une entière liberté. Il y a différentes manières d'établir une structure. Par exemple, lorsque j'ai dû organiser mes journées, après avoir quitté mes anciens employeurs, la première chose que je faisais le matin, c'étaient des exercices de stretching, pendant cinquante minutes à une heure environ. En fin d'après-midi, je prenais encore une heure et demie d'exercice (vélo, jogging, ou tennis). En dehors de tous les bénéfices que procure l'exercice physique, deux heures et demie de mon temps étaient ainsi occupées quotidiennement. Un autre moyen de structurer mes journées par des activités agréables consistait à me rendre régulièrement dans mon bistrot favori, prendre un café, bavarder avec les habitués, et lire trois journaux différents. Et, bien entendu, me fixer des créneaux horaires réguliers pour écrire ce livre ainsi que deux autres, me permettait de planifier encore davantage mon temps.

> *J'essaie d'organiser ma vie de manière à n'avoir même plus besoin d'être là.*
>
> Un sage anonyme

Les gens motivés parviennent sans mal à remplacer le cadre que leur fournissait leur ancien travail. Les activités innombrables qu'offrent les loisirs sont autant de moyens de se créer un nouvel emploi du temps. Voici quelques suggestions parmi tant d'autres pour structurer votre temps :

- ✓ Prendre des cours.
- ✓ Jongler avec les clés de votre voiture, tous les jours à quatre heures de l'après-midi.
- ✓ Vous joindre à des associations qui ont des activités régulières.
- ✓ Pratiquer des sports que vous pouvez faire souvent, par exemple la natation...
- ✓ Vous lancer dans une activité bénévole.

Lorsque votre ancienne structure s'effondre, c'est à vous qu'il appartient d'en établir une nouvelle, car personne ne le fera pour vous (ni moi non plus, trop de bistrots m'attendent). La manière dont vous structurerez votre temps dépendra de vos inclinations. Si vous êtes soucieux de votre développement personnel, vos intérêts devraient être si variés que l'absence de routine ne devrait pas poser de problèmes. Et bien sûr, cette tâche de restructuration sera d'autant plus facile à réaliser, que vous vous serez fixé des buts conformes à vos aspirations profondes.

2. Se donner un but

Beaucoup de gens, très investis sur le plan professionnel, savent très bien comment obtenir des résultats dans leur profession, mais se sentent complètement démunis sitôt qu'ils se retrouvent livrés à eux-mêmes. Lorsqu'ils perdent leur emploi, le sentiment de valeur personnelle qu'ils retiraient de leurs succès professionnels vole en éclat. Leur travail leur donnait un but tout tracé, qui disparaît avec lui. Ces individus n'ont jamais pris le temps de se connaître ni de découvrir leurs véritables aspirations.

Retrouver un but lorsqu'on n'a plus d'emploi peut être vital. Il semble que les gens qui n'ont pas, ou plus, de finalité dans l'existence vivent moins longtemps que les autres. Les statistiques montrent que les retraités qui n'ont pas d'objectif pour cette période de leur existence ne battent pas des records de longévité, bien au contraire... Ceci confirme que les personnes identifiées à leur profession, perdent avec elle à la fois le sens de leur valeur et de leur utilité. Faute d'avoir trouvé un autre but à leur vie, elles manquent de la motivation profonde qui aurait pu prolonger leur vie de nombreuses années.

Si vous êtes retraité et que votre travail a beaucoup compté pour vous, à la fois comme expression de votre caractère et comme exutoire à votre créativité, vos loisirs peuvent parfaitement servir le même but. En fait, maintes activités permettent d'exprimer notre créativité. Le but de notre vie n'est plus alors fixé par quelqu'un d'autre comme dans le travail. Même en dehors de celui-ci, il est possible d'avoir le sentiment de produire et de réaliser quelque chose.

Lorsque je me suis retrouvé licencié, il y a plus de dix ans, mon but était de vivre heureux sans travailler. J'ai développé une véritable passion pour les loisirs et j'en ai tiré un sentiment d'accomplissement, alors que bien des gens capables et intelligents seraient devenus fous dans les mêmes circonstances. Je peux affirmer que j'ai savouré pratiquement chaque minute des deux années qui ont suivi ; parce que je n'étais plus distrait par le travail, j'ai plus appris sur le monde et sur moi-même qu'à aucune autre période de ma vie.

Nous devons apprendre à nous concentrer sur notre but... ou sur son absence. Car pour exprimer notre créativité, nous avons besoin d'un objectif. Notre plus grand défi est de regarder en nous-même, afin de découvrir en quoi il consiste. Compléter ces phrases devrait vous aider à mieux le cerner :

Pour changer le monde, je voudrais_____

Ce serait merveilleux si je pouvais_____ _____

Une personne qui a un but dans la vie et que j'admire est_____

Quand j'aurai quatre-vingt-quinze ans, j'aimerais pouvoir regarder en arrière et dire voilà ce que j'ai accompli : _____

Je serais content de ma vie si je pouvais_____

Tous ceux qui réussissent, dans le domaine professionnel ou ailleurs, se sont découvert un but dans l'existence. Voici les moyens que certains ont trouvés pour donner un sens à leur vie en dehors du travail :

- ✓ Changer quelque chose dans la vie des gens.
- ✓ Apporter une contribution personnelle, dans une œuvre collective ou humanitaire, par exemple.
- ✓ Trouver une expression artistique ou créative.
- ✓ Participer à une découverte, une expérience ou un projet ambitieux.
- ✓ Contribuer à préserver l'environnement.
- ✓ Aider les gens à mieux profiter de la vie.
- ✓ Améliorer la santé et le bien-être.
- ✓ Créer un sentiment de bonheur et d'accomplissement personnel.

De nombreux loisirs peuvent vous donner un but, que ce soit à travers un projet éducatif, une mission d'aide ou une réalisation personnelle. Celui-ci vous insufflera plus d'énergie que vous ne pourrez en dépenser. Vous vous sentirez moins tendu et plus équilibré.

Mais pour cela, il faut que votre but coïncide avec une de vos passions. Si vous parvenez à identifier votre but ultime ou votre mission, vous disposerez

> *Le secret de la réussite est de s'en tenir au but qu'on s'est fixé.*
>
> Benjamin Disraeli

d'un puissant moteur qui maintiendra intérêt et stimulation dans votre vie. Ainsi, vous ne cesserez jamais de grandir et d'apprendre, la satisfaction que vous tirerez de vos loisirs ne sera jamais vaine, parce qu'elle sera toujours en relation avec votre nature profonde et vos rêves. Avoir un but signifie que vous serez présent dans chacun de vos actes et que chaque situation recevra toute votre attention.

3. Retrouver un sentiment d'intégration

Au-delà de la fonction, de la valeur et du pouvoir qu'elle confère aux individus, l'entreprise joue le rôle d'une communauté. Elle n'est plus, comme par le passé, uniquement le lieu où l'on gagne sa vie, mais aussi celui où se tissent des relations et où s'organise une vie sociale qui se prolonge en dehors du cadre professionnel. Le sentiment d'appartenir à un groupe et de participer à la vie d'une communauté est une composante importante du bonheur. Avoir un emploi nous donne généralement la satisfaction d'être apprécié et valorisé par nos collègues, et la sensation que l'on s'intéresse à nous. Pour certains, même le besoin d'être aimé trouve à se satisfaire dans le cadre du travail.

> *Je ne peux pas décemment appartenir à un club qui m'accepterait parmi ses membres.*
>
> Groucho Marx

Pour beaucoup de gens, le lieu de travail est la seule source de relations sociales. Le travail d'équipe, les réunions, le regroupement par service, et les rencontres amicales en dehors des heures de travail, contribuent au sentiment d'intégration. Le travail fournit aussi les contacts nécessaires à la socialisation. Un grand nombre d'amitiés se nouent dans le cadre du travail. Si nous avons été "socialisés" quarante heures par semaine pendant trente-cinq à quarante ans grâce au travail, il n'est pas facile de perdre d'un coup tous ces contacts. En perdant notre travail, nous perdons en même temps la meilleure opportunité de nous faire de nouveaux amis.

Beaucoup d'entre nous ont besoin d'un soutien psychologique et affectif qui nous est, lui aussi, souvent fourni par le travail. Lorsque nous perdons notre emploi, ce soutien disparaît.

Lorsque brutalement tous vos systèmes de socialisation et d'entraide s'effondrent, il ne faut pas attendre que les autres s'aperçoivent de votre désarroi ! La seule façon de reconstruire un tissu social est d'intégrer de nouveaux groupes ou associations, de se tourner vers les amis, voisins, parents, associations, humanitaires ou non, et anciens collègues.

Vos choix en ce domaine dépendent bien sûr de votre personnalité, mais ce qui compte, c'est que vous sortiez au moins deux fois par semaine hors de chez vous pour rencontrer du monde. Tâchez de vous impliquer dans un groupe - peu importe sa taille - qui a un projet précis. Il peut s'agir d'un groupe lié à la vie de la commune, de la paroisse, ou à une activité de loisirs. De cette manière, vous établirez de nouvelles relations sociales. De plus, vous aurez un but et l'occasion de retrouver une forme de reconnaissance.

> *Ne vous tenez pas à l'écart des églises parce qu'il s'y trouve trop d'hypocrites, il reste toujours de la place pour un de plus.*
>
> Un sage anonyme

Lorsque vous avez l'occasion de faire de nouvelles rencontres, rappelez-vous qu'apprendre des autres est un excellent moyen de grandir en sagesse. Trouvez des gens qui ont une vie après le boulot et intéressez-vous à ce qu'ils font. Après tout, rechercher la compagnie de personnes qui savent tirer parti de leurs loisirs est une bonne stratégie. Vous constaterez qu'ils se donnent eux-mêmes un but, une structure, et un sentiment d'intégration.

Faire carrière dans les loisirs

Le jour où l'on se retrouve à la retraite, ou provisoirement sans travail, pourquoi ne pas songer à "faire carrière dans les loisirs" ? Les gratifications de cette nouvelle carrière se nomment la satisfaction, l'épanouissement et la réalisation de buts personnels importants. Au lieu de se sentir inutile parce qu'on n'a plus d'emploi, on devrait au contraire se dire que l'on apporte une contribution significative à la société, en démontrant qu'il est possible de vivre sans travailler.

L'idée de faire carrière dans les loisirs rencontrera fatalement le scepticisme de nombre de vos amis et connaissances. Ignorez ces regards réprobateurs qui suggèrent que vous n'apportez pas votre part à la société dès lors que vous ne faites plus partie des "forces vives de la nation". Ces critiques sont le fait d'esprits médiocres. Considérez-les comme déplacées et sans importance.

Si certaines personnes continuent de mettre en doute votre légitimité, faites leur savoir qu'il faut une motivation bien supérieure pour devenir un pro des loisirs que pour travailler. Car finalement, il n'est pas besoin d'être très intelligent ni très motivé pour accomplir un boulot qui vous donne une structure et un but préétablis. Gérer une vie de loisirs où vous devez créer votre propre structure et fixer vos propres buts est un défi bien plus exigeant. Concevoir soi-même le plan de ses journées de manière constructive demande une autre motivation que de répondre à une demande définie par d'autres.

Durant mes longues périodes sans emploi, on me demandait souvent ce que je faisais pour gagner ma vie. A quoi je répondais : "Je ne fais rien. Je suis trop riche pour travailler. A présent, je suis expert en loisirs. "

Un jour qu'une personne me demandait avec un peu trop d'insistance, si j'étais financièrement indépendant, je lui dis : "Je parle de richesse intellectuelle (et non matérielle). Il est dommage que vous en soyez dépourvu, mais je suis sûr qu'avec beaucoup de travail vous y arriverez."

Les grands esprits ont toujours suscité l'opposition des esprits médiocres.

Albert Einstein

J'ai reçu récemment la lettre suivante d'une lectrice de Toronto.

Cher Monsieur,

*Je viens de relire votre livre, **L'art de ne pas travailler** et j'ai eu envie de vous remercier.*

En juillet dernier, j'ai quitté un emploi à la fois frustrant et stressant, où je me ruinais la santé. J'ai lu votre livre après vous avoir vu dans une émission de télévision. Tout ce que je ressentais depuis plusieurs mois était décrit dans ses pages. C'était réconfortant de voir que quelqu'un d'autre percevait le monde du travail de la même manière que moi.

Pendant six mois merveilleux, j'ai mené la belle vie. C'était à la fois très excitant et délassant. Cela m'a donné l'occasion de voyager au Canada et en Thaïlande, et de lire une tonne de bouquins et de magazines. J'ai repris contact avec ma famille et mes amis. Et, plus important, j'ai repris contact avec moi-même. Bien sûr, les autres sont très jaloux de ma situation, il faut dire qu'elle ressemble comme deux gouttes d'eau à la LIBERTÉ

Malheureusement, je n'ai pas les moyens financiers de me passer d'un emploi régulier. Et je recommence - hélas - à travailler en janvier prochain. Mais mon attitude a changé, car je sais maintenant que j'ai raison de ne pas être "accro au travail", et je suis déterminée à m'offrir de nouveau la belle vie (à temps partiel au moins).

Sincèrement,

Karen Hall

Karen est experte en loisirs. Pour elle, ne pas travailler est un privilège. C'est en effet ainsi que devrait nous apparaître un supplément de loisirs, au lieu d'accroître notre anxiété. Découvrir votre vraie nature peut donner beaucoup de sens à votre vie en dehors de tout contexte professionnel. Une attitude positive vous aidera à préserver le sentiment de votre valeur personnelle. Loin du travail, votre liberté grandit : liberté de penser, de réfléchir, d'agir. Il existe des possibilités infinies pour employer fructueusement votre temps libre. N'oubliez pas que se retrouver sans travail est l'occasion idéale pour découvrir qui l'on est vraiment, et la meilleure des opportunités pour réaliser nos promesses...

CHAPITRE 6

Quelqu'un m'ennuie, je pense que c'est moi

Une maladie très ennuyeuse

Deux riches voyageurs, un Américain et un Italien, discutent de la meilleure manière de jouir de la vie, lorsque l'Italien laisse tomber négligemment qu'il connaît cent manières différentes de faire l'amour. L'Américain, d'abord muet d'admiration, déclare que lui n'en connaît qu'une. Lorsque son interlocuteur lui demande laquelle, il lui décrit la manière la plus conventionnelle. L'Italien lui dit

> *Il était connu pour son ignorance. Il n'avait qu'une seule idée et elle était fausse.*
>
> Benjamin Disraeli

alors : "Très intéressant, je n'y aurais jamais pensé! Merci infiniment, grâce à vous, je connais maintenant cent et une manières de faire l'amour."

Etes-vous plutôt comme cet Américain ou cet Italien? N'y a-t-il pour vous qu'une seule manière de faire les choses ? Ou bien cherchez-vous à les connaître toutes ? Celui qui se contente de la seule manière conventionnelle, s'expose à développer les symptômes décrits dans l'exercice suivant.

Exercice 6-1. N'attrapez pas cette maladie

Plus de vingt millions d'américains sont atteints de cette maladie, qui peut entraîner migraines, mal de dos, insomnie et impuissance. Pour certains médecins, elle pourrait également être une des causes du comportement boulimique, hypocondriaque, voire même de la passion du jeu. Quelle est donc cette maladie?

Si en ce moment même, vous avez mal à la tête, ou vous lisez ce livre parce que vous n'arrivez pas à dormir, ou encore vous rêvez d'un sandwich géant de cinq étages, alors que vous venez d'en avaler un, c'est que probablement vous vous ennuyez. Car l'affection décrite ci-dessus n'est rien d'autre que l'ennui.

Aujourd'hui reconnu comme l'un des problèmes de santé les plus préoccupants aux Etats-Unis, l'ennui est à l'origine de nombreux troubles physiques. Problèmes respiratoires, migraine, excès de sommeil, éruptions cutanées, étourdissements, problèmes menstruels et troubles sexuels... font partie du cortège des symptômes de cette terrible maladie.

L'ennui ôte peu à peu toute couleur à la vie. On pourrait s'attendre à ce qu'il touche plus particulièrement les personnes oisives et sans emploi, or les travailleurs sont autant concernés.

Les individus qui souffrent d'ennui chronique présentent certaines caractéristiques ; ils sont :

✓ très préoccupés des choses matérielles,
✓ très susceptibles,
✓ conformistes,
✓ inquiets,
✓ peu sûrs d'eux,
✓ peu créatifs.

Au travail comme ailleurs, l'ennui guette plus particulièrement ceux qui choisissent la voie sûre et sans risque. Parce qu'ils ne prennent aucun risque, les gens qui s'ennuient récoltent rarement les bénéfices de l'accomplissement et du contentement de soi. Tandis que ceux qui recherchent la voix stimulante de la variété connaissent rarement l'ennui. Pour les êtres créatifs, toujours à l'affût de nouvelles choses à faire, et des multiples manières de les faire, la vie se pare d'incroyables attraits et est une source continuelle de joie et d'excitation.

Comment se rendre ennuyeux

Les gens ennuyeux sont victimes de leur propre comportement, et communiquent malheureusement leur ennui à toute personne qui les approche. Si l'aventure la plus exaltante qui vous soit arrivée est d'avoir rencontré quelqu'un qui connaît quelqu'un qui a pris le Concorde, alors sans doute êtes-vous déjà la proie de l'ennui.

Certaines personnes sont si ennuyeuses qu'elles vous font perdre une journée entière en cinq minutes.

Jules Renard

Deux chercheurs, Mark Leary et Harry Reis, tous deux professeurs de psychologie à l'université, ont établi une échelle des comportements perçus comme ennuyeux. Parmi les comportements cités dans leur étude, on trouve notamment :

✓ Abuser des gros mots.
✓ Etre bavard.
✓ Se plaindre.
✓ Essayer d'être gentil avec tout le monde pour se faire aimer.
✓ Ne montrer aucun intérêt pour les autres.
✓ S'efforcer d'être drôle pour attirer l'attention.
✓ Se perdre en digressions.
✓ Parler de choses banales ou superficielles.

L'ennui s'épanouit aussi sur le terrain de la sécurité, c'est même l'un de ses symptômes.

Eugène Ionesco

Tous ces comportements sont jugés ennuyeux par la plupart des gens. (Il suffit donc de les adopter tous si vous voulez être assommant.) Certains sont jugés pires - ou plus efficaces, si vous voulez - que d'autres. Ainsi les comportements les plus ennuyeux sont : "parler de choses banales ou superficielles" et "ne montrer aucun intérêt pour les autres" ; tandis que les moins ennuyeux sont : "essayer d'être gentil avec tout le monde... " et "s'efforcer d'être drôle...".

Il nous arrive à tous d'être ennuyeux à certains moments, comme il nous arrive d'être intéressants à d'autres. Mais certains ont le chic pourtant de nous faire bâiller d'ennui au bout de quelques minutes. La question est de savoir à quel

L'art de ne pas travailler

point nous ennuyons les autres. Car si nous sommes ennuyeux pour les autres, il est probable que nous le sommes pour nous.

> *Platon est un raseur.*
>
> Friedrich Nietzsche

Si vous êtes ennuyeux ou que vous avez des manières bizarres, vous pouvez gâcher les occasions que vous avez de vous divertir en société. Voici, par exemple, quelques comportements qui pourraient passer pour étranges ou assommants :

✓ Penser que le bon temps, c'est de passer une heure ou deux à parler à son chien en sirotant des canettes de bière.

✓ Collectionner les tours Eiffel et autres monuments touristiques dans son salon.

✓ Inviter sa dernière conquête à dîner au *fastfood* du coin.

✓ S'indigner qu'un type grand, fort et costaud ait besoin de faire appel à un groupe d'entraide.

✓ Faire partie d'un club de mise en forme dont la moitié des membres possèdent un pit bull et l'autre moitié rêve d'en avoir.

✓ Aimer sa voiture, sa chaîne stéréo, son chien ou son boa constrictor, plus qu'aucun être humain.

✓ Se faire une idée de la fièvre du samedi soir qui se résume à prendre un bus et à traîner une heure ou deux au lavomatic.

✓ Proclamer sur son T-shirt préféré : "J'aime le sexe, la télé et la bière".

✓ Conduire avec plus d'un pneu dégonflé.

✓ Avoir vingt-cinq ans et trois divorces à son actif.

✓ Porter des polos tellement semblables, que quelqu'un finit toujours par demander quelque chose comme : "Tu dois le porter combien de temps ton polo, pour gagner ton pari ?"

✓ S'imaginer qu'un souper fin c'est un plateau télé arrosé de deux ou trois canettes de bière ordinaire.

✓ Se vanter de son instruction quand on a triplé sa sixième.

Si vous êtes affligé de l'un quelconque des comportements cités ci-dessus, votre amour-propre risque d'en souffrir. Quant à savoir si vous êtes réellement ennuyeux, cela dépend du nombre de gens qui le pensent.

Voici un bon moyen de savoir si vous êtes ce que les autres prétendent. Si vous rencontrez vingt personnes dans la même journée et que l'une d'elle vous prend pour un cheval, vous n'avez aucun souci à vous faire. Si vous rencontrez vingt personnes dans la même journée et que deux d'entre elles vous prennent pour un cheval, il n'y a toujours pas lieu de s'inquiéter. Cependant, si vous rencontrez vingt personnes dans la même journée et que dix-

Vous trouvez que je suis ennuyeux?

Je sais que nous nous sommes déjà rencontrés, mais impossible de me rappeler votre nom.

sept ou plus vous prennent pour un cheval, courez immédiatement vous procurer une selle et de l'avoine ! Bien sûr, une autre solution consiste à cesser de vous prendre vous-même pour un cheval.

Si vous avez la réputation d'un rabat-joie, qui met de l'ambiance dans une soirée dès qu'il s'en va, peut-être faudrait-il faire quelque chose pour tenter d'améliorer la situation. Certains psychologues affirment que le charisme n'est pas une caractéristique innée mais une qualité qui s'acquiert. Ce charme particulier qui attire les autres tel un aimant et entraîne les foules, comme beaucoup de choses, s'apprend. Cela demande de développer votre rayonnement intérieur et de projeter votre amour de la vie sur les êtres et tout ce qui vous entoure. Les personnes douées de charisme ont une haute idée d'elles-mêmes ; lorsque vous avez un sens aigu de votre valeur, celle-ci se reflète dans l'énergie positive et la joie de vivre que vous manifestez.

La véritable cause de l'ennui

Il nous arrive tous de bâiller d'ennui de temps à autre. Paradoxalement, beaucoup de conquêtes pour lesquelles nous avons âprement lutté, finissent par nous ennuyer. Un nouvel emploi devient un jour fastidieux. Une relation d'abord excitante devient terne. Le temps libre qui nous avait paru si précieux se transforme en temps mort.

Lorsque l'ennui nous tombe dessus, il y a mille coupables à incriminer : la société, les amis, la famille, les programmes insipides de la télévision, les villes anonymes, la crise économique, le chien débile du voisin, ou encore le ciel maussade. L'imputer à des causes extérieures est évidemment la solution la plus simple ; ainsi nous évitons de reconnaître notre propre responsabilité.

D'après les psychologues, plusieurs facteurs contribuent à l'ennui. Parmi les plus courants qu'ils recensent, mentionnons :

> *Pour vivre libre et heureux, vous devez sacrifier l'ennui. Mais ce sacrifice n'est pas toujours facile à faire.*
>
> Richard Bach

✓ les aspirations déçues,
✓ les emplois subalternes,
✓ le manque d'activité physique,
✓ la tendance à rester spectateur,
✓ le manque de participation.

Ce qui soulève naturellement une question : qui est responsable de notre manque d'activité physique, de nos aspirations déçues, de notre emploi subalterne, de notre tendance à rester spectateur plutôt qu'acteur ? Ce n'est que parce que nous acceptons ces situations que l'ennui s'installe dans notre vie.

Car bien sûr, en dernier ressort, c'est nous qui sommes responsables de notre ennui. Il ne tient qu'à nous de rendre notre vie plus intéressante, si c'est ce que nous voulons.

En rejeter la faute sur les autres ou sur les circonstances ne risque pas de résoudre notre problème. Nous seuls en détenons la clé. Pour vaincre l'ennui, nous devons en accepter la responsabilité et décider de faire quelque chose pour y remédier. Dès l'instant où nous sommes prêts à l'affronter, l'ennui cesse d'être un problème.

Dylan Thomas disait : S'il vous arrive de souffrir de langueur, rappelez-vous qui en est la cause : vous, et vous seul. Si vous vous ennuyez, c'est probablement que vous êtes ennuyeux.

Quelqu'un m'ennuie, je pense que c'est moi

Le paradoxe de la vie facile

Les personnes qui souffrent d'ennui empruntent la voie facile parce que c'est la plus confortable et la plus sûre. Beaucoup ont tendance à rechercher la facilité. A vrai dire, la plupart d'entre nous recherche *toujours* la facilité. Le problème c'est qu'en optant pour la facilité, la vie devient de plus en plus difficile à long terme. Ce qui se résume dans une règle très simple et paradoxale :

Figure 6-1

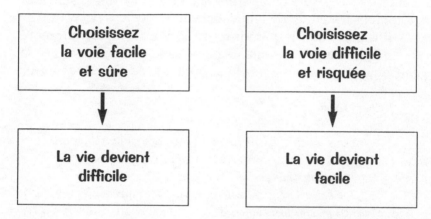

La figure 6-1 illustre cette règle : lorsqu'on choisit la voie facile et sûre, la vie devient un jour difficile. 90 % des gens choisissent cette route parce qu'ils privilégient leur confort immédiat. Lorsque nous choisissons la voie difficile et risquée, la vie devient facile. Seuls 10 % d'entre nous prennent cette seconde voie, parce qu'ils savent que pour être gagnant demain, il faut accepter un certain risque et donc un certain inconfort aujourd'hui.

Le plus grand obstacle à la réussite est précisément l'étape inconfortable qu'il faut franchir pour atteindre le succès. Or il est parfaitement humain de vouloir éviter de souffrir et de rechercher le plaisir. Choisissons la voie facile et nous sommes sûrs de tomber dans l'ornière de la routine[5]. La seule différence entre cette ornière et une tombe est une question de dimension. Dans cette ornière nous rejoignons le flot des morts-vivants, alors que dans la tombe, nous rejoignons les morts-morts. Attention, le paradoxe de la vie facile est une loi aussi puissante que celle de la pesanteur.

---

[5] Le même mot signifie à la fois routine et ornière en anglais. NdT

Plaisantez avec la loi de la pesanteur, en sautant du haut d'un bâtiment, et vous verrez comme elle se rappellera durement à votre souvenir. De même, si vous plaisantez avec la loi que nous venons d'énoncer, en préférant la voie facile, là aussi vous aurez du mal à vous relever. Cela semble se vérifier à tous les coups.

Dans la vie, tout a un prix. Avoir des loisirs de qualité demande aussi un effort. La plupart des gens choisissent la passivité, parce que sur le moment, c'est ce qui semble le plus commode. Mais au bout du compte, ils passent à côté de plaisirs immenses. Suivez mon conseil, et ne rejoignez pas la cohorte de ceux qui choisissent le confort aux dépens de leur accomplissement et de leur satisfaction.

Il semble que le paradoxe de la vie facile ait influencé Lynn Tillon, une habitante de New York. Celle-ci m'a écrit la lettre suivante, après avoir lu la première édition de ce livre :

Cher Monsieur,

*Dans les cinq dernières minutes, j'ai suivi plusieurs des suggestions de votre livre **L'art de ne pas travailler**.*

1. Vouloir vous écrire... et le faire.

2. Choisir la difficulté maintenant, pour que la vie devienne plus facile ensuite.

3. Oublier le style formel qu'on utilise généralement pour écrire à un "étranger".

4. Ecrire une lettre, ce que je n'ai pas fait depuis des années (bien que je me sois toujours promis de le faire). Contrairement à d'autres livres, à certains moments je pouvais mettre celui-ci de côté (pour y réfléchir et faire les exercices), mais à d'autres moments, j'en étais incapable. Il me tenait en haleine, je le lisais compulsivement. La nuit dernière il m'a tenue éveillée pendant des heures, m'obligeant à faire le point, à construire des projets, à imaginer ce que je voulais vraiment faire de ma vie. Et finalement, ce matin, je l'ai terminé. Puis, comme je me disais que j'aimerais bien vous écrire, je suis tombée sur votre adresse, à la fin du livre.

Je m'occupe de jeunes délinquants, au sein d'un organisme public de la ville de New York. J'ai fait des copies du "paradoxe de la vie facile". Les adolescents ont paru intéressés et enthousiastes. Cette règle leur a inspiré des rapprochements avec leur propre vie qui m'ont épatée. Par exemple, l'argent facile gagné en vendant de la drogue, entraîne beaucoup de souffrances pour les familles ainsi que de graves dangers, sans parler de la prison. Si moi-même j'avais essayé de dire ces choses, j'aurais eu l'air de prêcher.

Personnellement, j'aspire à **quitter** ce travail, qui m'impose entre autres de passer trois heures par jour dans les embouteillages, et qui me laisse si peu de loisirs alors qu'il est plutôt stressant. Votre livre m'a donné de l'espoir (et des outils) pour envisager, dans un premier temps, de vivre plus librement et de profiter du moment présent, en attendant de sauter le pas...

J'aimerais beaucoup recevoir de vos nouvelles. De mon côté, je vous tiendrai au courant des progrès de ma "reconversion".

Amicalement,

Lynn Tillon

Comment se comporter avec les raseurs ?

Nous connaissons tous quelques raseurs, qui semblent tout connaître sur l'art d'assommer les gens. Disons que leur compagnie est un petit peu pénible à supporter. Si vous êtes comme moi, au bout de quelques instants, vous commencez à vous tortiller sur votre siège et à essayer de trouver une porte de sortie.

Pour surmonter l'ennui que nous inspirent ces personnes, nous devons agir et admettre tout d'abord que ce ne sont pas ces pauvres bougres qui sont responsables de notre ennui, mais nous-

> *Il y a plus de gens assommants maintenant, qu'il y en avait quand j'étais petit garçon.*
>
> Fred Allen

même. Une solution quand on a affaire à des gens ennuyeux consiste à changer le regard que nous portons sur eux. Peut-être, les avons-nous jugés un peu vite. Souvent nous attendons trop des autres, et ne savons pas reconnaître leurs mérites. Pour vous aider à surmonter l'ennui que suscitent certaines personnes, exercez-vous à être un saint. Essayez de trouver quelque chose d'intéressant et de fascinant à leur sujet. Et, souvent, vous vous apercevrez que ces personnes ne sont pas si ennuyeuses que ça. Peut-être trouvez-vous que cette solution convient pour la plupart des gens, cependant vous connaissez un individu si ennuyeux qu'il viendrait à bout de toutes les patiences, même les plus angéliques. Dans ce cas, vous devez prendre les dispositions nécessaires afin de réduire au maximum le temps que vous passez avec lui. Dans un cas extrême, peut-être devrez-vous carrément l'éliminer de votre vie... puisqu'en fin de compte, cela ne tient qu'à vous.

Si vous faites un travail ennuyeux, vous deviendrez ennuyeux

Si vous rencontrez des gens vraiment heureux et enthousiastes, vous remarquerez qu'ils sont en fait pris par le *but* de leur vie. Souvent ce but ne fait qu'un avec leur profession ;

Tu sais, Georges, tu m'ennuies à mourir, je vais te mettre en attente un moment

mais il peut aussi s'exprimer par une passion ou un violon d'Ingres. Les personnes douées pour la vie éprouvent généralement une vraie passion pour leur travail. Et vous, vous faites bien votre travail, mais est-ce que votre travail vous fait du bien ? Si c'est le cas, votre travail est votre passion et fait partie de votre but essentiel. Celui-ci se manifeste à travers votre occupation, quelle qu'elle soit, lorsque vous utilisez vos talents pour produire quelque chose d'unique.

De la même manière, si vous ne travaillez pas, parce que vous êtes au chômage ou à la retraite, est-ce que vos loisirs sont faits pour vous ? Si vous avez des passe-temps ennuyeux et monotones, vous risquez fort de devenir à votre tour ennuyeux et monotones. Dans ce cas, vous devez vous orienter vers des loisirs plus stimulants, qui comportent un minimum de risque et mettent un peu de piquant dans votre vie.

Si vous travaillez et que votre fonction comporte surtout des tâches que vous jugez extrême-ment fastidieuses, il serait bon d'envisager des changements dans votre travail ou de le quitter. Dans son pamphlet, *Abolish work : workers of the world : relax!*[6] abolissons le travail : travailleurs du monde entier, reposez-vous), Bob Black tente de

> *Je faisais un boulot vraiment ennuyeux : je nettoyais les fenêtres des enveloppes.*
>
> Rita Rudner

secouer notre torpeur : "On est ce que l'on fait", écrit-il. "Si l'on s'adonne à un travail monotone, stupide et ennuyeux, il y a de grandes chances que l'on devienne à son tour monotone, stupide et ennuyeux."

Si vous êtes attaché à votre carrière, quitter un boulot même médiocre ne sera pas facile. Peut-être l'argent vous manque, et le temps de rechercher un autre emploi. Cependant, si vous avez la moindre opportunité de quitter un boulot ennuyeux et déshumanisant, il faut le faire maintenant, pour votre santé et pour votre avenir. Faire trop de concessions pour conserver votre travail vous conduira tout droit à l'ennui (et à être ennuyeux).

Inutile d'être riche pour prendre un congé sabbatique

Si quelques semaines de vacances permettent de récupérer, elles ne suffisent pas à prévenir l'ennui et l'épuisement au travail. Perdre tout enthousiasme pour sa profession n'est souhaitable pour personne. Si votre travail se résume à répéter les mêmes tâches que vous faisiez déjà il y a cinq ans, un congé sabbatique pourrait vous faire le plus grand bien. Si votre travail ne vous inspire plus, peu importe la détente que vous procureront vos quelques semaines de vacances, celles-ci ne suffiront pas à vous redonner le goût de votre travail. Rien ne vaut un vrai congé sabbatique pour retrouver un esprit frais et dispos.

Envisagez sérieusement un congé sabbatique afin de changer d'entourage et d'environnement et de voir le monde avec

---

[6] Publié en français sous le titre : *Travailler, moi ? Jamais ! L'abolition du travail*, aux éditions L'Esprit Frappeur. NdT

Toujours travailler sans jamais s'amuser, vous rend aigri, et fait de votre femme une riche veuve.

Ivan Esar

d'autres yeux. Si vous n'avez pas pris plus d'un mois de vacances depuis des années, il est temps aujourd'hui d'expérimenter une vie différente et d'élargir votre horizon.

Dans un monde qui évolue si vite, nous devrions tous prendre un congé sabbatique tous les cinq ou dix ans. C'est une cure de jouvence pour le corps et l'esprit, qui permet aussi de se renouveler sur le plan professionnel. S'éloigner de son travail pendant un certain temps rafraîchit les idées. Pour être efficace, un congé sabbatique doit durer au moins six mois. Au-delà de deux ou trois ans, il peut permettre d'acquérir un nouveau diplôme ou de nouvelles compétences.

Richard Procter, un habitant de Toronto, m'a envoyé cette lettre durant l'été 1995.

Cher Monsieur,

Il y a quelques années, j'ai remporté une loterie dans l'entreprise où je travaillais, bien que je n'aie pas participé à l'événement. J'ai trouvé cela curieux, mais quoi qu'il en soit, j'ai accepté le bon d'achat de cent francs que j'avais gagné chez un libraire. Je faisais le tour des rayons, quand le titre de votre livre a attiré mon attention ; alors je l'ai acheté.

*Eh bien, cela vous intéressera peut-être de savoir que votre livre **n'a pas** changé ma vie, cependant il a confirmé un bon nombre des principes que j'applique depuis des années. Vous êtes parvenu à formuler et à présenter d'une manière tout à fait appropriée de nombreuses idées qui tournaient dans ma tête depuis que je me suis trouvé confronté au besoin de gagner ma vie, il y a plus de vingt ans maintenant.*

Je travaille en tant que consultant et formateur en informatique. A présent, j'effectue des missions de courte ou moyenne durée. Entre deux, je prends un à plusieurs mois de congé. Cette façon de travailler me permet de me livrer à quelques-unes des activités de loisir que vous suggérez dans votre livre et à d'autres encore auxquelles vous n'avez pas pensé. Je ne pourrais pas imaginer de vivre autrement. Je suis reconnaissant à la révolution informatique de m'avoir permis de continuer comme ça ! J'adore voyager. Je viens de passer deux mois au Mexique et en Californie. Mais je me consacre aussi à plein d'autres choses que personne ne semble avoir le temps de faire.

En tout cas, j'ai prévu de me rendre dans votre région et de visiter Edmonton fin août, avant de descendre en canoë la rivière Nahanii. Si vous en avez le temps, je serais heureux de vous inviter à déjeuner ou à dîner pour parler du travail et des loisirs. Seriez-vous disponible à ce moment-là ?

Un grand merci pour avoir écrit un si bon bouquin.

Richard Procter

Comme je travaillais à un autre livre, je n'ai pas répondu tout de suite à Richard, du moins pas avant qu'il ne quitte Toronto pour venir à Edmonton. Cependant, le hasard a encore frappé. Alors que je me trouvais avec un ami dans mon café favori, à Edmonton, Richard entra, accompagné d'une cousine, Nancy, et me reconnut à la photo qu'il y avait au dos de mon livre. Richard et Nancy m'invitèrent à dîner quelques jours plus tard.

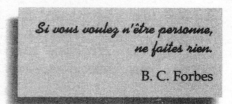

*Si vous voulez n'être personne,
ne faites rien.*

B. C. Forbes

Je pus ainsi me rendre compte à quel point Richard était fin connaisseur en matière de loisirs. Conscient que parfois moins veut dire plus : moins de travail signifie plus de temps pour se faire plaisir. Pour lui, un congé sabbatique au moins une fois par an, est un moyen idéal de profiter pleinement de la vie. L'ennui n'a pas sa place dans sa vie. La dernière fois que j'ai reçu de ses nouvelles, c'était juste avant que j'entreprenne la révision de cet ouvrage. Il était précisément dans une de ses périodes sabbatiques au Moyen Orient, avec une de ses anciennes petites amies australiennes. Son courrier portait un timbre d'Egypte.

Notez que les congés sabbatiques ne sont pas réservés aux riches. Bien que je n'aie pas gagné beaucoup d'argent au fil des années, je n'ai eu besoin de travailler que la moitié du temps depuis que je suis adulte. Avec l'autre moitié, j'ai repris des études à l'université, et je me suis offert toutes sortes de vacances. Ayez suffisamment d'imagination pour concevoir un mode de vie avec peu de besoins matériels et vous pourrez vous aussi vous accorder plus facilement des congés sabbatiques. Et qui sait, votre fraîcheur d'esprit retrouvée pourrait vous conduire à gagner beaucoup plus d'argent que si vous ne vous étiez pas offert cette trêve salutaire.

Quelle chance vous avez d'avoir des problèmes !

Le refus d'accueillir les problèmes peut encore aggraver l'ennui qui règne dans notre vie. Les esprits créatifs considèrent les problèmes les plus complexes comme des occasions de grandir. Nous devrions tous accueillir les problèmes d'abord comme une opportunité d'avoir la satisfaction de les résoudre.

Comment envisagez-vous les problèmes qui se posent à vous ? Considérez-vous toujours un problème important et complexe comme une situation pénible ? Eh bien, c'est dommage, car plus un problème est sérieux, plus il représente un défi stimulant. Et plus le défi est grand, plus on a de satisfaction à le relever. Etre créatif signifie accueillir les problèmes comme des opportunités de progrès. La prochaine fois que vous rencontrez un gros problème, soyez attentif à vos réactions. Si vous avez confiance en vous, vous serez content de cette nouvelle occasion de tester votre inventivité. Si ce problème réveille votre anxiété, souvenez-vous que vous avez comme tout le monde la faculté de lui apporter une réponse originale. En fait, tout problème constitue une occasion idéale de trouver des solutions neuves.

> *Tout problème tient entre ses mains un cadeau. Nous recherchons les problèmes parce que nous avons besoin de leurs cadeaux.*
>
> Richard Bach

Quelqu'un m'ennuie, je pense que c'est moi

On écrit beaucoup de choses sur les problèmes et la façon de les gérer. Ceux-ci peuvent nous apparaître comme la meilleure ou la pire des choses. A ce propos, voici quelques points qui méritent réflexion. Que vous considériez ces points comme positifs, négatifs ou... horribles, n'est qu'une question d'interprétation.

Il se peut que vous rêviez d'une vie sans problème, mais alors elle ne vaudrait pas la peine d'être vécue. Si vous étiez relié à un robot qui ferait tout pour vous, tous vos problèmes seraient résolus. Et pourtant, il est probable que vous regretteriez votre vie actuelle et toutes ses vicissitudes. Pensez-y, chaque fois que le rêve d'une vie sans problèmes vous reprend.

Si vous voulez vous débarrasser d'un problème, il suffit d'en trouver un plus grand. Supposons que vous ayez du mal à décider quoi faire de votre après-midi et, alors que vous vous apprêtez à vous pencher sur ce problème, apparaît un ours énorme et terrible, qui se tourne vers vous l'air menaçant. Le petit problème de votre indécision n'aura pas résisté à celui de l'ours. La prochaine fois que vous rencontrez un problème, imaginez-en un plus sérieux, et votre petit problème aura disparu.

Résoudre un problème en crée souvent d'autres. Cela peut se vérifier de maintes manières. Admettons que notre problème soit de ne pas être marié. Alors nous nous marions... et goûtons tous les problèmes du mariage. Ou bien, supposons que notre garde-robe nous paraisse insuffisante. Une fois ce problème résolu, nous n'avons plus assez de place pour ranger tous nos vêtements, et nous ne savons plus quoi mettre. Ou encore, imaginons qu'un gros lot nous fasse passer de la précarité à l'opulence. Cette nouvelle situation crée toute une série de problèmes, comme d'être soudain encombré d'amis dont nous n'avons rien à faire.

Quant aux problèmes réellement graves, qui concernent des événements pénibles ou des échecs personnels cuisants, ils se révèlent très souvent des opportunités de grandir et de se transformer. De nombreuses personnes confirment que traverser un divorce, perdre sa chemise dans une affaire ou au casino peut ébranler sérieusement notre moral, mais aussi nous sortir de notre torpeur.

Essuyer un revers tel que se voir refuser une promotion attendue peut provoquer un sursaut et réveiller notre imagination endormie. Combien de gens témoignent que leur licenciement est la meilleure chose qui leur soit jamais arrivée. Comme vous le savez maintenant, j'en fais partie ; me retrouver sur le carreau m'a permis de découvrir ce que je voulais vraiment faire de ma vie. Les problèmes sérieux agissent comme des secousses qui ébranlent nos certitudes et nous aident à rompre nos habitudes de pensée.

Prenez le risque de sacrifier votre ennui

Dans ce qui précède, nous nous sommes attachés à montrer que les problèmes cachaient en fait des opportunités ; que plus ils étaient sérieux, plus grande était notre satisfaction de les résoudre. Dans ce cas, pourquoi tant de gens tentent de les éviter comme s'il s'agissait d'une meute de pit bulls enragés. Une des raisons essentielles réside dans leur crainte d'échouer à trouver la solution. Or la meilleure façon de nous débarrasser de l'ennui est de prendre des risques. En nous exposant à l'éventualité d'un échec, c'est notre ennui que nous mettons en péril.

Pour cueillir le fruit de l'arbre, vous devez prendre des risques.

Shirley MacLaine

C'est ce qu'a fait Moe Roseb. Après avoir acheté mon premier livre, Moe m'a appelé de San Diego pour parler du pouvoir de la créativité. Notre conversation a beaucoup tourné autour de la nécessité de prendre des risques dans la vie. A quarante-six ans, ses enfants étant partis de la maison, Moe a décidé de changer complètement de vie et de quitter Toronto pour s'installer en Californie. Il m'a raconté à quel point ses amis, qu'il connaissait pour la plupart depuis longtemps, manquaient de fantaisie. Certains passaient le cap difficile de la quarantaine. Beaucoup ne s'apercevaient pas que Moe et sa femme n'étaient plus les mêmes, bien qu'ils aient tous deux profondément évolué. Moe trouvait que dans l'ensemble la relation avec ses amis stagnait.

Moe en voulait-il à ses amis de cette situation ? Pas du tout. Il a choisi de sacrifier son ennui et de trouver une solution à ce problème. Il est parti pour la Californie, vers un nouvel environnement, une nouvelle vie et de nouveaux amis.

Moe voyait ainsi les choses : "A quarante ans, la plupart de mes amis traversent une crise, moi j'ai décidé de vivre plutôt une nouvelle aventure."

Seuls les nuls ont peur
de passer pour des nuls

D'un côté, les Occidentaux sont obsédés par la réussite, de l'autre, la plupart ont une peur bleue de l'échec et font tout pour l'éviter. Or le désir de réussir et celui d'éviter l'échec sont contradictoires. L'échec est une étape nécessaire pour atteindre la réussite. Il faut souvent faire l'expérience de multiples échecs avant de connaître le succès. Finalement, le chemin de la réussite ressemble à peu près à ceci :

échec échec échec échec échec **réussite**

La route de maints succès est en effet pavée d'échecs, d'échecs, et encore d'échecs. Et pourtant, les gens essayent à tout prix de s'en préserver. La peur de l'échec est liée à d'autres peurs : la peur de passer pour un imbécile, la peur d'être critiqué, la peur de perdre le respect d'autrui, la peur de perdre sa sécurité financière. Mais fuir l'échec revient à fuir la réussite.

> *Si vous voulez doubler votre taux de réussite, il suffit de doubler celui de vos échecs.*
>
> Tom Watson

Nous nous abstenons généralement de prendre des risques car nous craignons de passer pour des nuls si nous échouons. Nous sommes si anxieux d'être aimés que nous renonçons à faire quoi que ce soit qui puisse nous desservir. Eviter le risque est devenu la norme. Ce qui bride énormément notre créativité et notre vitalité. Nous devons prendre le risque de passer pour des imbéciles et de nous tromper, si nous voulons être créatifs et vivre au maximum de nos possibilités.

Si vous vous gardez de prendre des risques par peur de ce que les gens vont penser en cas d'échec, rassurez-vous, sachez que beaucoup de gens penseront du mal de vous de toutes façons. Si vous réussissez, ils seront encore moins indulgents à votre égard. Car plus on réussit, plus on s'expose à être condamné. A vrai dire, la plupart des pensées que nous inspirent les autres se fondent sur la critique. Peu importe que vous réussissiez ou non, vous serez de toute façon mal jugé. Alors quelle importance? Autant prendre le risque ! Au moins aurez-vous éliminé l'ennui, et introduit un changement radical dans votre vie.

Figure 6.2 La pyramide des nuls

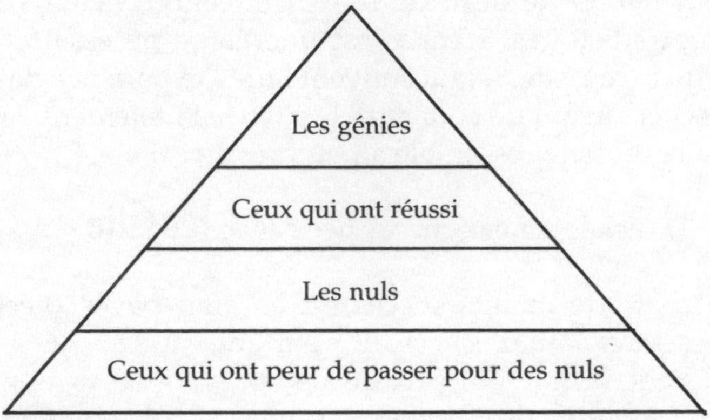

La "pyramide des nuls", figure 6-2, illustre le fait qu'avoir peur de passer pour un nul est pire qu'être effectivement nul. Les génies et les gens qui ont réussi, que ce soit dans leur travail ou dans leurs loisirs, ont surmonté leur peur du ridicule. Ils savent que pour mener à bien leurs entreprises, ils doivent essuyer de nombreux échecs et prendre régulièrement le risque de se tromper.

Prendre le risque de faire des erreurs est essentiel si l'on veut maîtriser sa vie. Se tromper est bien plus favorable sur le plan du développement personnel que d'avoir peur de se tromper. Car réussir dans la vie *nécessite* que l'on fasse des erreurs.

Osez être différent

Etre inventif dans ses loisirs, c'est être capable de penser et de faire des choses inhabituelles. Ainsi vous pouvez créer quelque chose de nouveau et d'intéressant dans votre vie. Cela demande du courage, car on vous critiquera pour avoir l'audace de sortir de la mêlée. Mais si vous gardez un état d'esprit positif, vous parviendrez à ignorer les critiques, ou même à les trouver parfaitement injustifiées.

Oser vivre différemment est le moyen le plus sûr de vaincre l'ennui. Ce n'est pas en restant conformiste que l'on accomplit de grandes choses. Pour réaliser quelque chose de différent dans ce monde, il faut commencer par être soi-même différent. Faites quelque chose qui sorte de l'ordinaire et oubliez le regard des autres.

Einstein, Edison, Mère Teresa, Gandhi, John Kennedy... avaient tous quelque chose en commun : ils se distinguaient de la foule. Aucun d'eux n'était conformiste.

Ne soyez pas une copie, mais plutôt un "original". Réfléchissez à la façon dont vous limitez votre vie en vous efforçant d'être comme les autres. Si vous avez un besoin maladif de toujours vous adapter et de vous faire accepter, vous vous préparez à vivre une vie d'ennui et en plus vous risquez de passer

> *J'aimerais mieux être assis sur une citrouille et l'avoir à moi tout seul, que de m'agglutiner avec d'autres sur un coussin de velours.*
>
> Henry David Thoreau

pour quelqu'un d'ennuyeux. Autrement dit, si vous voulez mener une vie terne, soyez conformiste, si vous voulez une vie intéressante et excitante, osez être différent.

Si vous ressentez de l'ennui, c'est que vous l'avez laissé s'installer dans votre vie. La meilleure façon de le vaincre, c'est de lutter contre lui. N'oubliez pas que si vous vous ennuyez, c'est probablement parce que vous êtes ennuyeux. La seule personne qui puisse vous aider à vaincre cet ennui, c'est vous-même. Vous avez le pouvoir de rendre votre vie intéressante, servez-vous en. C'est un ordre !

CHAPITRE 7

Réveillez votre flamme,
plutôt que de vous réchauffer
à celle d'un autre

La danse de la motivation

Il y a longtemps de cela, un jeune homme rassembla tout son courage et invita une jeune fille à danser. Au bout de quelques minutes, celle-ci lui déclara qu'il dansait "comme un pied", pire "comme on conduit un camion".

Cette expérience était suffisamment traumatisante pour le décourager et lui couper à jamais l'envie de danser. Tout un chacun eût préféré rester chez soi à regarder la télévision, faire tapisserie ou s'ennuyer à regarder les autres danser... Bien au contraire, ce garçon se prit d'une véritable passion pour la danse, et s'y adonna de nombreuses années.

> *Je pourrais danser avec toi jusqu'à ce que les vaches rentrent à l'étable. A la réflexion, j'aimerais mieux danser avec les vaches jusqu'à ce que tu rentres à la maison.*
>
> Groucho Marx

L'art de ne pas travailler

Ce jeune homme a persévéré parce qu'il avait un amour propre et une motivation solides. C'est ainsi qu'il est devenu l'un des grands danseurs de notre temps. A sa mort, en mars 1991, cinq cents écoles de danse ont reçu son nom. Pendant onze années, il a animé une émission de télévision au cours de laquelle toutes sortes de gens ont appris à danser, y compris des "conducteurs de camion". Cet homme s'appelait Arthur Murray. C'est à la force de sa motivation qu'il doit d'être devenu un danseur de talent. Sa confiance dans sa capacité à apprendre et à s'améliorer lui a permis de révéler son véritable potentiel.

L'histoire d'Arthur Murray souligne l'importance de la motivation mais aussi de l'attitude personnelle. L'une ne va pas sans l'autre. On ne peut rien accomplir sans motivation. Si vous voulez réussir vos loisirs, vous devez apprendre la "danse de la motivation".

Etes-vous suffisamment motivé pour lire ce qui suit ?

Une joueuse de tennis motivée

Si vous lisez ce livre, c'est qu'à un moment ou à un autre vous en avez éprouvé la motivation. Peu importe sa nature : vous étiez en proie à l'ennui et n'aviez rien de mieux à faire ; vous appréciez les livres à thème qui stimulent la réflexion; vous êtes un tantinet masochiste et vous aimez lire des livres qui vous barbent ; vous lisez ce genre de livres pour vous endormir la nuit ; ou bien vous vous sentez obligé de lire ce livre qu'un ami vous a offert. Quoi qu'il en soit, quelque chose vous a poussé à ouvrir ce livre et à le lire jusqu'à maintenant.

La motivation, c'est le processus qui provoque en nous l'impulsion d'agir. Un manque de motivation se traduira par une absence d'action. Or pour accomplir quoi que ce soit, il faut bien commencer par agir.

Réveillez votre flamme,
plutôt que de vous réchauffer à celle d'un autre

On sait qu'une attitude négative et une motivation faible constituent des obstacles majeurs à l'épanouissement. Même si le talent et la connaissance constituent des atouts importants, ils ne garantissent pas la réussite. Ils y contribuent disons pour 15 %, les 85 % restants dépendent de la qualité de notre motivation et de notre attitude.

Un chercheur, David McClelland, qui s'est beaucoup intéressé aux liens qui existent entre réussite et motivation, révèle que seuls 10 % de la population américaine se sentent fortement motivés et déterminés à réaliser quelque chose dans leur vie. Ceux qui réussissent en ce monde sont motivés par un désir d'accomplissement. La plupart des gens se croient mus par ce désir, mais bien peu passent réellement à l'action.

McClelland affirme qu'un des signes les plus significatifs du désir d'accomplissement se repère à la tendance qu'ont certaines personnes, à toujours se donner des défis alors que rien ne les y contraint. Les individus dotés d'un fort désir d'accomplissement réfléchiront au moyen de le concrétiser au lieu de se laisser aller à la détente, par exemple.

> *Apprendre, c'est découvrir ce que tu sais déjà. Faire, c'est prouver que tu le sais.*
>
> Richard Bach

Ce qui distingue ceux qui réussissent, c'est qu'ils réfléchissent de manière active et non passive. Les études dont ils font l'objet montrent qu'ils passent même beaucoup de temps à réfléchir. Leur sentiment de s'accomplir ne se fonde pas simplement sur leur action physique, mais aussi sur leur aptitude à la méditation, à la réflexion et à la rêverie.

Ceux qui réussissent réfléchissent au sens de leur accomplissement personnel. Et pour finir, ils réalisent ce qu'ils avaient prévu. C'est toute la différence.

Il n'y a pas de satisfaction sans motivation

Bien qu'une faible minorité d'entre nous se motive suffisamment pour vivre une vie satisfaisante, les psychologues disent que tous les individus sont motivés en permanence. Il semble qu'il y ait là une contradiction. Je connais beaucoup de personnes qui ne peuvent même pas prononcer le mot

L'art de ne pas travailler

"motivation", alors de là à en faire l'expérience...

Ce que ces psychologues veulent dire, c'est que tout ce que nous faisons est le résultat d'une motivation. Cependant, beaucoup de gens sont surtout motivés à faire le minimum, voire rien du tout. C'est ce que j'appelle une *motivation néga-tive*, car elle détermine des comportements qui vont à l'encontre de la réussite.

Parce qu'elles sont victimes de leur propre insécurité et de leurs échecs passés, les personnes qui ont une attitude négative et une motivation médiocre, se contentent de suivre le mouvement. Elles passent leur temps à se plaindre. Elles commencent des choses qu'elles ne finissent pas. Elles répè-tent constamment les mêmes erreurs, et rien autour d'elles ne semble marcher. Le plus triste, c'est qu'elles sont inconscientes de leur négativité.

> *J'apprends de mes erreurs. De sorte que je peux les refaire plus facilement la fois suivante.*
>
> Un sage anonyme

Le besoin de sécurité et la peur de prendre des risques aboutissent généralement à une motivation faible sinon à l'inaction totale. Si la peur peut être parfois un moteur puissant, le plus souvent, elle agit négativement en induisant des comportements contraires à notre satisfaction.

D'autres schémas de pensée négatifs, tel le syndrome de "la-réponse-à-tous-nos-problèmes", ont également une influence néfaste. Ce syndrome correspond au mythe adolescent du "sauveur", auquel nous avons tous adhéré étant jeunes. Je connais malheureusement beaucoup de gens qui poursuivent ce fantasme alors qu'ils ont la cinquantaine voire la soixantaine bien tassée. Les rêves adolescents sont d'ailleurs une spécialité des adultes faiblement motivés qui doutent d'eux-mêmes.

> *Défendez vos limitations, au moins vous serez sûr qu'elles sont les vôtres.*
>
> Richard Bach

Voici quelques-unes des formes que peut prendre le syndrome de "la-réponse-à-tous-nos-problèmes" : "Si seulement je pouvais gagner 20 millions à la loterie, alors je serais heureux" ; "Si seulement je pouvais rencontrer un homme (une femme) plus intéressant(e), alors je ne m'ennuierais plus" ; "Si seulement je pouvais trouver un boulot plus motivant et bien payé, alors je commencerais à vivre"... Les personnes affligées par ce syndrome cherchent en fait une voie facile au bonheur, alors qu'il n'y en a pas. Attendre que surgisse "la-réponse-à-tous-nos-problèmes" est en fait un moyen d'éviter de faire l'effort nécessaire pour que ça marche.

Il existe bien d'autres modes de raisonnement inadaptés qui traduisent une motivation défaillante. Si, par exemple, vous partagez l'une des idées suivantes, vous vous soumettez à des incitations négatives qui ne peuvent que contrarier votre réussite :

- ✓ Je suis le seul à avoir des problèmes pareils. Il n'est pas possible que quelqu'un d'autre soit aussi malheureux que moi.
- ✓ Vous ne pouvez rien m'apprendre que je ne sache déjà.
- ✓ Il faut que tout le monde m'aime. Si quelqu'un ne m'aime pas, je me sens terriblement mal.
- ✓ J'ai le droit d'avoir ce je veux dans la vie et il n'est pas normal que je sois déçu.
- ✓ Le monde devrait être juste, particulièrement envers moi.
- ✓ Les gens sont tellement différents de ce qu'ils devraient être.
- ✓ Je ne peux pas changer, je suis fait comme ça.
- ✓ Je serai toujours influencé par mon enfance. C'est de la faute de mes parents si je suis comme ça.
- ✓ Les pouvoirs publics ne font pas assez pour les gens comme moi.
- ✓ Je suis désavantagé parce que je n'ai pas l'argent, le physique ni les relations qu'il faut.
- ✓ Je suis quelqu'un de brave, bien intentionné avec tout le monde, pourquoi les autres ne sont-ils pas gentils avec moi ?

Entretenir ce genre d'idées, c'est s'exposer à beaucoup de souffrance et de frustration. Car ce sont autant d'excuses pour ne pas se donner les moyens de réussir.

Reprocher au monde de vous être hostile est le meilleur moyen pour qu'il continue de vous être hostile. Même si vous croyez apercevoir la lumière au bout du tunnel, ce ne sera qu'un train qui vient en sens inverse. Vous finirez par

L'art de ne pas travailler

donner raison à ce vieil adage norvégien : "Rien n'est si grave qui ne puisse empirer".

L'exercice suivant a pour but de mieux cerner la cause de votre satisfaction, ou de son absence.

Exercice 7-1. Quelle est la cause de votre satisfaction ?

Prenez quelques minutes pour répondre aux questions suivantes :

- ✓ Souhaitez-vous réussir votre vie ?
- ✓ La satisfaction est-elle pour vous un but à atteindre ?
- ✓ Quand vous éprouvez un sentiment de satisfaction, qui en est la source ?
- ✓ Lorsque vous n'êtes pas content de votre vie, qui blâmez-vous dans votre for intérieur ?
- ✓ Lorsque vous êtes satisfait de ce que vous avez accompli, qui félicitez-vous ?
- ✓ Si vous n'avez pas de satisfaction dans votre vie, qui en est la cause ?

Le but de l'exercice précédent est de vous rappeler qui est le véritable responsable de la satisfaction - ou de son absence - dans votre vie. Si vous avez tendance à blâmer les autres ou les circonstances de ce que vous ressentez, vous vous mettez à la merci des autres et des circonstances. Nous devons ancrer en nous la conviction que c'est nous qui créons la qualité de notre vie, sinon les autres et les événements se ligueront pour nous faire échouer. Il est vain de croire que si la vie était plus facile, nous accomplirions davantage. La vie est ce qu'elle est, et non ce qu'elle devrait être. Le feu brûle, l'eau mouille, et il n'y a pas de satisfaction sans motivation. Si vous voulez que les choses changent, il faut agir.

> *Ma vie est remplie d'obstacles. Le plus grand, c'est moi.*
>
> Jack Parr

Tous, à un moment ou à un autre, nous caressons le secret espoir que nous n'aurons pas à assumer la direction de notre existence. Nous espérons que quelqu'un s'en chargera pour nous. Mais la vie ne marche pas comme ça, et rien n'arrive tout seul.

Tout ce que nous voulons accomplir d'important dépend de nous. Afin de nous motiver positivement pour atteindre nos buts, nous devons trouver le moyen d'éliminer nos schémas de pensée négatifs, pour les remplacer par une vision plus saine des choses. Une fois que l'on a trouvé des raisons positives d'agir, nous sommes sur la voie de l'accomplissement et de la satisfaction.

> *Il n'y a que ce qui est, et ce qui devrait être n'est qu'une vaste fumisterie.*
>
> Lenny Bruce

Se motiver pour grimper la pyramide de Maslow

Plusieurs théories de la motivation ont été développées. La plus célèbre est sans doute celle d'Abraham Maslow. Sa théorie sur la hiérarchie des besoins propose une explication sur ce qui motive l'activité humaine.

La théorie de la hiérarchie des besoins se fonde sur trois hypothèses :

1. Il existe un ordre, une priorité, autrement dit, une *hiérarchie* des besoins, qui dicte notre comportement.
2. Les besoins de rang supérieur ne peuvent s'exprimer que lorsque les besoins de rang inférieur sont satisfaits.
3. Nous sommes motivés par les besoins non satisfaits.

Il existe cinq besoins fondamentaux que les humains s'efforcent de satisfaire. Ces besoins sont, dans l'ordre croissant :

✓ **Les besoins physiologiques**, qui assurent le fonctionnement normal du corps et incluent le besoin de se nourrir, de dormir, d'avoir des rapports sexuels, et de respirer...

✓ **Le besoin de sécurité**, qui tend à nous préserver de la douleur, de la privation, et du danger.

✓ **Le besoin d'appartenance**, qui inclut le besoin d'amour et d'affection, et s'exprime par le désir de nouer des amitiés ainsi qu'une relation privilégiée. En règle générale, ce besoin reflète notre désir d'être accepté par les autres.

✓ **Le besoin de reconnaissance**, qui s'exprime par le désir d'être respecté et d'avoir l'estime de soi-même et celle des autres.

✓ **Le besoin de réalisation de soi**, qui traduit notre désir d'exprimer notre créativité et d'actualiser notre potentiel.

Nos besoins ne sont pas statiques, ils évoluent constam-

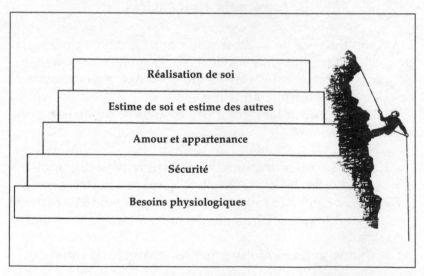

ment. Selon Maslow, dès lors que nos besoins actuels sont satisfaits, d'autres apparaissent, qui nous dominent à leur tour. Il ajoute que tout au long de notre vie, nous désirons quelque chose. (Nul doute que cette théorie fait le délice des publicitaires !).

Réveillez votre flamme,
plutôt que de vous réchauffer à celle d'un autre

Ce n'est qu'à la dernière étape, celle de la réalisation de soi, qu'on est en mesure de profiter pleinement de ses loisirs ; encore que la réalisation ne soit jamais complète. Un état de satisfaction totale aurait vite fait de nous ennuyer (et serait bien sûr un cauchemar pour les publicitaires). Le sentiment de plénitude ne dure pas ; dès l'instant où un désir s'évanouit, un autre le remplace...

Notre aptitude à satisfaire nos besoins dépend avant tout de notre capacité à les identifier. Il est donc essentiel de les reconnaître, ce qui est plus facile à dire qu'à faire. Selon Maslow, nous ne sommes pas nécessairement conscients de nos besoins fondamentaux. Il pense même que la plupart du temps ces besoins restent inconscients, bien qu'ils puissent, moyennant des techniques appropriées et un certain niveau de maturité, parvenir à la conscience.

Quoi qu'il en soit, nous exprimons nos besoins d'une manière ou d'une autre, le plus souvent à notre insu, si bien qu'ils peuvent très bien rester pour nous un mystère tout en étant transparents aux yeux des autres.

Exercice 7-2. Avez-vous besoin de ce test ?

Prendre conscience de ses convictions et de ses comportements, c'est déjà faire un grand pas vers la découverte de ses besoins et de ses motivations. Le test qui suit vous aidera à déterminer où vous vous situez sur la pyramide de Maslow. Bien que cette dernière soit mentionnée dans de nombreuses "études académiques", dans aucune d'elles vous ne trouverez de test équivalent à celui-ci (tout simplement parce qu'il n'est pas "académique" et n'a aucune prétention scientifique, ne prenez donc pas ses résultats à la lettre).

Vous trouverez énumérés ci-dessous des signes caractéristiques de chaque degré de la pyramide de Maslow. Ils vous donneront une idée du profil auquel vous appartenez, ainsi que du chemin qu'il vous reste à parcourir avant d'atteindre la dernière étape où l'on profite pleinement de ses loisirs, c'est-à-dire l'étape de la réalisation de soi.

Tout d'abord, analysez comment vous vous percevez. Ensuite, essayez d'imaginer comment les autres vous perçoivent. Comme il est rare que ces deux perceptions coïncident, demandez à une ou deux de vos connaissances de vous aider à vous évaluer.

1. Besoins physiologiques
- Manifeste un manque d'énergie, se plaint souvent d'être fatigué.
- A peu ou pas d'ambition.
- Néglige sa tenue et son apparence, et roule souvent dans une vieille guimbarde toute cabossée.
- Est souvent malade, souffre d'hypochondrie.
- Reste solitaire, et évite en particulier de se mêler aux groupes.
- A une image très dévalorisée de lui-même et se sent victime de la société.
- Se montre improductif au travail.

2. Besoin de sécurité
- Souffre d'inquiétude chronique, évite de prendre des risques.
- Manifeste une attitude négative, un manque de créativité et de confiance en soi.
- Est atteint du syndrome "le-monde-doit-subvenir-à-mes-besoins".
- A toujours l'impression d'avoir des revenus insuffisants.
- Parle beaucoup d'argent, de plans de retraite et de prévoyance.
- Possède une voiture antique dont la valeur double avec un plein d'essence.
- Porte des vêtements depuis longtemps passés de mode.
- Est peu productif au travail, et se contente de soutenir les syndicats.

3. Besoin d'amour et d'appartenance
- Cherche toujours à faire plaisir et à se faire apprécier par tout le monde. Il a besoin que tout le monde l'aime.
- Porte des vêtements au goût du jour mais ordinaires.
- Fait partie de nombreux clubs et associations.
- Accepte beaucoup trop de responsabilités et d'invitations à dîner.
- Est conformiste et essaie toujours de s'adapter.
- Participe à de nombreuses activités collectives.
- Se montre compétent dans son travail, mais peu créatif.

Réveillez votre flamme,
plutôt que de vous réchauffer à celle d'un autre

4. Besoin narcissique et besoin d'estime

- Se vante de ses récompenses et de ses trophées.
- Aime les sports très compétitifs.
- Est plutôt grande gueule et recherche toujours l'attention des autres.
- Connaît plein de monde.
- Conduit une voiture luxueuse, pour laquelle il s'est endetté jusqu'au cou.
- Se ballade avec un téléphone portable dans les restaurants pour se faire remarquer.

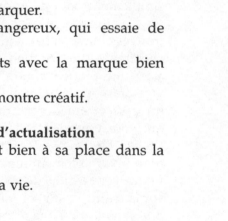

C'est bien ça "se réaliser" ?

- Se révèle un concurrent dangereux, qui essaie de dépasser tout le monde.
- Porte des vêtements voyants avec la marque bien apparente.
- Aime relever des défis et se montre créatif.

5. Besoins de réalisation de soi et d'actualisation

- A confiance en lui et se sent bien à sa place dans la société.
- Se crée son propre but dans la vie.
- Est créatif et indépendant.
- A une vie intérieure riche.
- Se fiche pas mal des signes extérieurs de richesse.
- Se montre ouvert au point de vue des autres.
- S'habille avec élégance mais de manière classique.
- Est sociable mais apprécie l'intimité.
- Ne compte pas sur les biens matériels pour asseoir son image de soi.
- Recherche des amitiés de qualité plutôt qu'en quantité.

Mes complexes d'infériorité ne sont pas aussi bons que les tiens.

Un sage anonyme

Je rappelle que le test ci-dessus

n'a rien de scientifique. Il a seulement pour but de vous amener à vous poser des questions sur vous-même. Je ne tiens pas du tout à ce qu'un lecteur perde sa propre estime parce qu'il s'est retrouvé placé au plus bas de la pyramide de Maslow.

Une fois de plus, on peut toujours tirer quelque chose de positif d'un tel résultat. Car nous devrions constamment être à l'affût des points sur lesquels nous pouvons nous améliorer. Il y aurait de quoi concevoir quelque inquiétude, si vous ne parveniez même pas au premier degré de l'échelle. Mais même dans ce cas, la situation n'est pas désespérée. Vous seriez surpris d'apprendre combien d'entre nous, à certains moments de l'existence, s'estiment si peu qu'ils doivent se hisser sur la pointe des pieds simplement pour atteindre ce premier échelon.

De nombreuses personnes, malgré leur assurance, se sont trouvées paralysées un jour à cause de leur incapacité à repêcher leur estime du fond du trou où elle avait sombré. Si vous avez une piètre opinion de vous-même, il est essentiel que vous fassiez la démarche nécessaire pour sortir de cette impasse et améliorer l'image que vous avez de vous. Tant que vous vous dévaloriserez, vous connaîtrez la frustration et l'échec. Une mauvaise image de soi est un gros handicap, qui rend invariablement malheureux.

Retrouver l'estime de soi demande de porter un autre regard sur la réalité et sur soi-même. Réaliser quelque chose ne peut que rehausser l'image qu'on a de soi. Toutes les réussites, petites ou grandes, que l'on obtient dans ses loisirs peuvent y contribuer. En ayant une meilleure opinion de soi-même, on se sent plus motivé pour atteindre ce qu'on veut dans la vie.

Réveillez votre flamme,
plutôt que de vous réchauffer à celle d'un autre

Etes-vous bien sûr de vouloir
ce que vous voulez ?

Obtenir ce qu'on veut dans la vie exige de faire un effort et
d'agir. Employer vos loisirs à des occupations futiles ou qui
ont peu de sens pour vous, a peu de chances de vous apporter satisfaction. Les loisirs peuvent être l'occasion d'améliorer
votre vie dans la mesure où vous avez identifié vos aspirations et déterminé comment vous pouvez les réaliser.
L'exercice suivant vous demande de répondre à une simple
question.

Exercice 7-3. Une autre question simple ?

Que voulez-vous réellement dans la vie ?

"Les questions les plus simples sont les plus profondes"
écrit Richard Bach dans son livre *Illusions*. La question que je
vous pose est simple mais ses implications profondes, et y
répondre n'est pas si facile.

Imaginons que, sans en être tout
à fait conscient, vous désiriez passer
vos vacances d'été tranquillement à
la maison; que, pour une fois, vous
vouliez vous prélasser au soleil et
profiter de votre intérieur douillet,
en prenant le temps de lire quelques
bons bouquins, et de vous offrir de
temps en temps un bon dîner à l'au-
berge du coin avec votre épouse.

Seulement voilà, vos parents
voudraient que vous les rejoigniez
sur la Côte d'Azur, où ils ont décidé
de passer leurs vacances. Réussir à
vous convaincre leur prouverait
qu'ils ont fait le bon choix, même s'ils
ont parfois quelques raisons d'en douter.

Après dix ans de vacances exo-
tiques, je me suis rendu compte
que tout ce que je voulais, c'était
passer mes vacances peinard au
fond de mon jardin.

Vos amis, Bob et Alice, veulent vous entraîner dans les
Alpes, parce que c'est là qu'ils vont, et qu'ils aimeraient

mieux avoir des copains pour dîner, car ils n'ont pas grand-chose à se dire quand ils sont en tête-à-tête (bien qu'ils soient mariés depuis un an à peine).

Et, naturellement, votre interlocutrice à l'agence de voyage vous suggère d'opter pour une destination lointaine, comme la Martinique, les Bermudes, Puerto Vallarta ou Cuba, où elle vous promet des "vacances inoubliables" (en réalité, elle voudrait surtout augmenter sa commission pour passer, elle, des vacances inoubliables).

Vous choisissez donc de partir quinze jours à Hawaï parce qu'elle a su vous convaincre que vous méritez "des vacances sublimes", que c'est la dernière destination à la mode et qu'il faut qu'on sache que vous êtes dans le coup.

Au bout de deux jours de vacances, vous avez l'impression d'avoir tout vu. Vous vous morfondez toute la journée sur la plage, à regarder les autres vacanciers se morfondre en vous regardant. Vous n'avez emporté qu'un seul bon bouquin que vous avez lu, et il n'y a pas moyen d'en trouver d'autres sur place. Il est de plus impossible de faire un bon repas à l'hôtel où vous séjournez. Le voyage de retour vous fatigue. Vous rentrez déçu de vos vacances. En définitive, vous êtes encore plus fatigué qu'avant votre départ, et vous êtes frustré parce que vous n'avez pas eu les vacances que vous vouliez.

Découvrir ce que nous voulons vraiment est certainement une des choses les plus difficiles dans la vie. Mais si la plupart des gens ne savent pas ce qu'ils veulent, c'est qu'ils n'ont pas pris la peine de se le demander.

Nous préférons définir nos aspirations et notre réussite en fonction des attentes des autres. La norme sociale a pris le pas sur les besoins individuels.

> *La vie progresse de désir en désir et non de satisfaction en satisfaction.*
>
> Samuel Johnson

Nous prenons les désirs des autres pour nos désirs à nous. Notre famille désire notre désir. Nos amis désirent notre désir. Et tant d'autres, journalistes, annonceurs publicitaires, agents de voyage, désirent notre désir. Tous désirent notre désir à tel point que nous perdons complètement de vue ce que *nous* nous désirons.

Pour compliquer encore les choses, le désir est versatile,

aussi changeant qu'une girouette. Des besoins cachés le façonnent, des forces mystérieuses le transforment. Bien souvent, quand nous obtenons l'objet de notre désir, nous n'en voulons plus.

La meilleure façon de ne pas obtenir ce que vous voulez est de ne pas savoir ce que vous voulez. Comment atteindre votre but, si vous ne le connaissez pas ? Il faut sonder votre âme pour tâcher de mieux vous comprendre et découvrir vos véritables aspirations.

Que désirez-vous vraiment ?

Beaucoup de gens ont perdu de vue le véritable sens de leur vie. Ils ont sacrifié l'enfant en eux, qui seul connaît le secret de leur joie et de leur satisfaction. Lorsqu'ils renoncent à leur désir profond, l'existence devient si terne qu'elle perd tout intérêt.

Peut-être avez-vous sacrifié vos rêves d'enfant depuis si longtemps, que vous avez oublié ce qu'ils étaient. Si vous ignorez vos véritables aspirations, il est important de prendre le temps et de faire l'effort de mieux vous connaître. C'est une recherche que vous pouvez tenter seul ou avec l'aide de quelqu'un d'autre.

Tout d'abord, vérifiez que le but que vous poursuivez n'est pas dicté par le désir de vos parents, l'influence de votre meilleur ami, ou encore le poids des conventions. Pour sonder vos aspirations, vous devez d'abord essayer de les identifier par écrit. Les inscrire sur le papier permet de les rendre moins abstraites et de les examiner avec plus d'objectivité.

Notez vos aspirations - telles que vous les percevez - sur une feuille, un tableau noir, ou sur l'écran de votre ordinateur. Puis réfléchissez un moment à ce que vous avez écrit, en vous demandant d'où peut venir tel ou tel désir. Il est en effet très important de savoir s'il s'agit bien là de *votre* désir, ou si celui-ci vous a été suggéré par quelqu'un d'autre.

En faisant la part des souhaits qui vous appartiennent en propre et de ceux qui résultent d'un conditionnement, vous êtes mieux à même de satisfaire vos véritables intérêts. Vous découvrirez peut-être que la plupart de vos objectifs sont le fruit d'influences diverses, qu'ils vous ont été imposés par d'autres, voire par vous-même, mais qu'au fond ce n'est pas ce que vous voulez. Il vous faudra donc remonter plus loin à la source de votre désir. Ne reculez pas devant cette tâche, ou vous risquez de passer le restant de votre vie à satisfaire le désir de quelqu'un d'autre. Et cela ne contribuera certainement pas à rendre votre vie satisfaisante et heureuse.

> *Un souhait ne nous est jamais donné, sans que nous soit donné aussi le pouvoir de le réaliser. Mais il se peut que cela nous demande un effort.*
>
> Richard Bach

Donc écrivez quels sont, d'après vous, vos aspirations, vos besoins et vos objectifs, en pensant à ce que vous aimeriez accomplir et à ce que vous voudriez devenir. Cette prise de conscience vous permettra de choisir les activités les plus propres à vous stimuler.

Créer un arbre de loisirs

Le monde des loisirs est un vaste pays de Cocagne, regorgeant d'opportunités. On y trouve une variété incroyable de gens, de lieux, de choses, d'événements. La vie y déploie ses possibilités infinies pour notre plus grande joie.

Pour choisir de manière créative vos activités de loisirs, il faut d'abord faire le tour de ce qui est disponible et voir où se portent vos préférences. Et parce que la mémoire nous joue souvent des tours, il est important de noter toutes les idées qui vous viennent, avant de sélectionner celles qui vous plaisent vraiment et dans lesquelles vous voulez vous engager.

> *J'essaie tout une fois, même le Limburger Cheese.*
>
> Thomas Edison

Si vous êtes comme la plupart des gens, vous ferez appel à une liste pour y piocher des idées. Or vous inspirer d'une liste risque de vous limiter. Ce n'est en effet pas le meilleur outil pour trouver des idées. Il existe un outil beaucoup plus performant, et particulièrement utile au stade initial d'un projet, pour générer un grand nombre d'idées. Cet outil s'appelle un "arbre à idées". Il s'agit d'un outil à la

Figure 7-1. Un arbre de loisirs

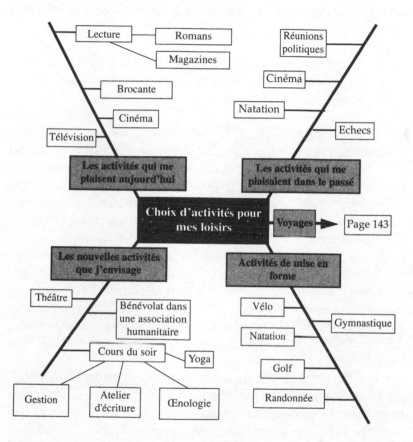

fois simple et puissant. Il est même curieux que la plupart d'entre nous n'apprennent jamais à s'en servir au cours de leurs études. A vrai dire, la première fois que j'en ai entendu parler, c'est par la bouche d'un garçon de café.

On commence un arbre à idées en inscrivant au centre d'une feuille de papier le but, le thème ou l'objectif de cet arbre. Ainsi au centre de la figure 7-1, vous trouverez la mention "Choix d'activités pour mes loisirs".

Une fois que vous avez noté le thème ou l'objectif central de votre arbre à idées, vous tracez plusieurs lignes qui partent du centre et vont jusqu'au bord de la feuille. Sur chacune de ces branches, vous inscrivez un sujet important en relation avec le thème de votre arbre. A chaque branche correspond une rubrique principale notée à proximité du centre du graphique.

Votre arbre doit comprendre au moins trois branches principales pour générer des idées de loisirs en nombre suffisant :

1. Les activités qui vous plaisent aujourd'hui.
2. Les activités qui vous plaisaient dans le passé.
3. Les nouvelles activités que vous envisagez.

Vous tracez ensuite des branches secondaires, partant des premières, où vous indiquez différentes activités en relation avec chaque rubrique principale. Comme indiqué sur la figure 7-1, sur la branche principale : "Les nouvelles activités que j'envisage", vous pouvez ajouter les branches secondaires : "Théâtre", "Bénévolat dans une association humanitaire", "Cours du soir". Vous pouvez tracer encore d'autres ramifications à partir des branches secondaires, où vous indiquerez un troisième niveau d'idées, telles que "Yoga", "Œnologie", "Atelier d'écriture", "Gestion", afin d'élargir l'éventail des "Cours du soir" qui vous intéressent. Vous pouvez même ajouter un quatrième niveau d'idées, telles que : "marketing", "comptabilité" (qui n'est pas montré ici), pour enrichir vos possibilités.

A vous maintenant de démarrer votre "Arbre de loisirs", en vous inspirant du modèle de la figure 7-1. A partir des trois branches principales, essayez de générer le plus grand nombre possible d'activités qui vous plaisent aujourd'hui, qui vous plaisaient dans le passé, ou que vous avez envisagées sans jamais vous l'accorder. Notez chaque idée, aussi farfelue qu'elle vous paraisse. Il est important de ne pas vous censurer. Vous devez obtenir au moins une cinquantaine d'activités, même si cela doit vous prendre deux jours. Quarante-neuf idées, ce n'est pas assez !

Vous pouvez également ajouter d'autres branches principales, s'il y a des formes de loisirs que vous aimeriez plus particulièrement explorer. Par exemple, vous pourriez souhaiter à la fois vous maintenir en forme et voyager pendant vos loisirs. Dans ce cas, comme sur la figure 7-1, vous pouvez créer deux branches principales correspondant aux

Réveillez votre flamme,
plutôt que de vous réchauffer à celle d'un autre

"Activités de mise en forme" et aux "Voyages". Notez que si vous manquez de place, vous pouvez prolonger votre arbre sur une autre page, comme nous l'avons fait ici pour le thème des "Voyages".

Une même idée peut très bien apparaître dans plusieurs catégories différentes. En fait, cela indique qu'il s'agit sans doute d'une activité prioritaire pour vous. Ainsi, dans la figure 7-1, la "Natation" apparaît à la fois dans "Les activités qui me plai-

> *La vie est un banquet, où la plupart des hommes, par sottise, crèvent de faim.*
>
> Un sage anonyme

Figure 7-2. Un arbre de loisirs personnalisé

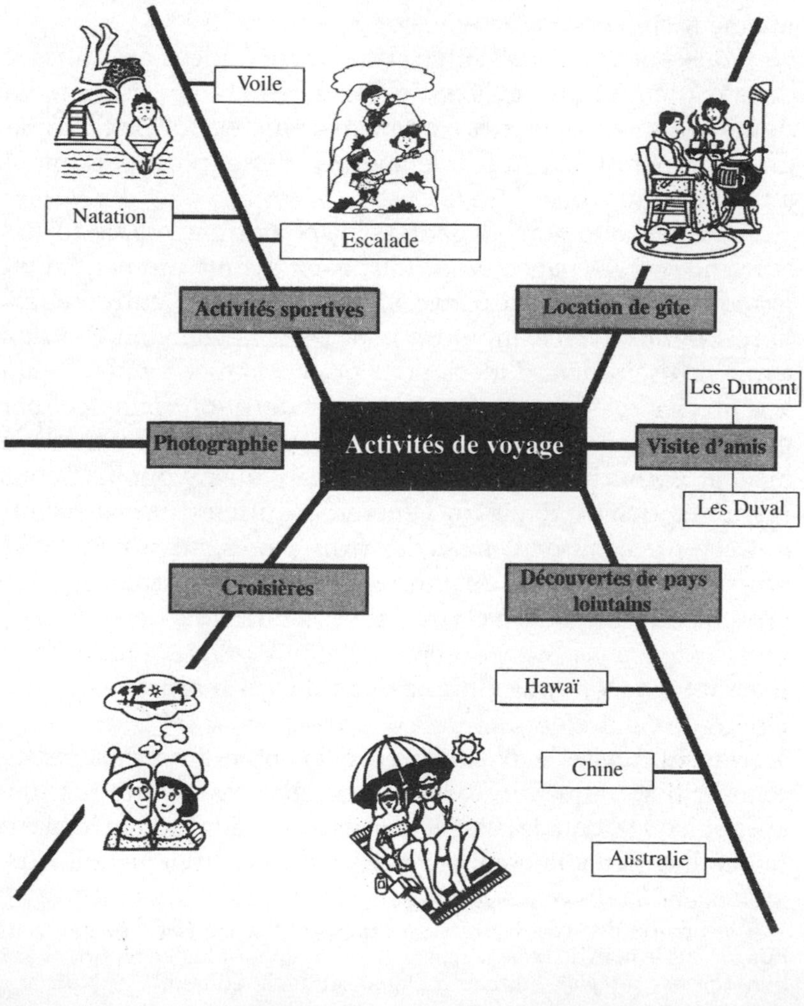

saient dans le passé", "Les activités de mise en forme" et les "Voyages". S'il s'agissait de votre arbre de loisirs, la natation devrait faire partie des activités à pratiquer en priorité.

Examinons les avantages d'un arbre de loisirs pour faire fleurir les idées. Premièrement, c'est un outil compact ; vous pouvez énumérer de nombreuses idées sur une seule page, et si nécessaire déployer certaines branches de votre arbre sur d'autres pages. Deuxièmement, les idées sont classées par rubriques et donc plus faciles à grouper. De plus, vous pouvez vous inspirer de vos idées actuelles pour en générer beaucoup de nouvelles. Autre avantage, l'arbre à idées est utilisable à long terme. Vous pouvez le mettre de côté, y revenir de temps à autre et le compléter. En le mettant à jour régulièrement, vous êtes sûr d'avoir à votre disposition une manne inépuisable d'activités de loisirs.

Vous pouvez agrémenter votre arbre à idées en utilisant de la couleur et des images, cela facilite la mémorisation. La figure 7-2 montre un arbre de loisirs plus élaboré, accompagné d'illustrations, qui a le mérite d'être plus parlant et attractif qu'une liste.

Une fois que vous avez développé votre arbre de loisirs sur cinq ou six pages, vous disposez à tout moment d'un grand choix d'activités auxquelles consacrer votre temps libre. Si vous avez le moindre goût pour la vie, vous devriez avoir suffisamment d'idées pour vous occuper pendant cinq à sept vies. Si vous n'avez pas écrit de quoi vous occuper pour au moins deux existences, c'est que vous avez choisi la facilité. Retournez à votre arbre et appliquez-vous ! Si vous éprouvez des difficultés à générer des idées, inspirez-vous des activités énumérées sur les trois pages suivantes. Votre arbre de loisirs devrait devenir suffisamment touffu pour que vous ne soyez jamais à court d'idées pour vous occuper.[7]

Exercice 7-4. Ne vous éloignez pas de votre arbre

Trouver les activités les plus adaptées à vos loisirs est une affaire personnelle. Vous risquez de négliger de nombreuses activités que vous avez pratiquées dans le passé et que vous avez aujourd'hui oubliées.

La liste qui suit comprend deux cents activités de loisirs

---

[7] La technique de "l'arbre à idées" exposée ici a été élaborée par Tony Buzan sous le nom de *Mind Mapping*. Pour en savoir plus, se reporter à son livre *Une tête bien faite*, Editions d'Organisation, 2e édition 1998. NdE

Réveillez votre flamme,
plutôt que de vous réchauffer à celle d'un autre

parmi lesquelles vous pouvez puiser suivant vos préférences. Parcourez cette liste et notez chaque suggestion de la manière suivante :

1. Les activités qui me plaisent aujourd'hui
2. Les activités qui me plaisaient dans le passé
3. Les nouvelles activités que j'envisage
4. Celles qui ne me plaisent pas du tout

Activités pour votre arbre de loisirs

Jouer d'un instrument
Apprendre à jouer d'un instrument
Marcher
Courir
Avoir une activité bénévole
Préparer un bon repas
Apprendre à cuisiner
Créer une nouvelle recette
Voir des amis
Reprendre contact avec d'anciens amis
Vous faire de nouveaux amis
Faire de la randonnée
Ecrire à des gens que vous admirez
Faire un sondage
Dormir
Méditer
Faire un tour en ville
Faire une virée à la campagne
Compter les activités de cette liste pour vérifier s'il y en a bien 200
Lire des livres
Ecouter la radio
Regarder la télévision
Ecouter de la musique
Voyager
Aller au cinéma
Tourner un film
Apprendre à vous servir d'un ordinateur
Ecrire un programme informatique
Jouer au tennis
Repeindre votre maison
Apprendre à jouer au golf
Aller à la pêche
Marcher pieds nus dans la mer
Camper
Faire de l'escalade en montagne
Vous engager dans la politique
Faire du vélo
Faire de la moto
Inviter des amis
Inventer un nouveau jeu

Aller à la bibliothèque
Reconstituer votre arbre généalogiqueJouer avec des enfants
Participer à une émission de télévision
Proposer gratuitement vos services
Jouer au billard
Danser seul(e) pour vous détendre
Danser avec un(e) partenaire
Prendre des cours de danse
Restaurer une voiture ancienne
Restaurer un meuble ancien
Rénover votre maison
Nettoyer votre maison
Ecrire un livre
Ecrire votre journal
Créer un dessin animé
Ecrire l'histoire de votre vie
Confectionner une robe ou un chapeau
Essayer de composer une jolie garde-robe à moins de 300 francs
Démarrer une collection de ...
Chercher de l'or
Prendre un bain de soleil
Faire l'amour
Nager
Plonger
Vous initier à la plongée sous-marine
Nager avec un tuba
Aller à l'église
Passer le brevet de pilote
Apprendre la photographie
Composer un album-photo
Déchiffrer un rébus et en inventer dix autres
Découvrir ce qui s'est passé le jour de votre naissance

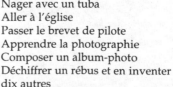

L'art de ne pas travailler

Organiser un vide-greniers
Changer la disposition de votre salon
Prendre un cours de théâtre
  Ecrire une pièce de théâtre
  Jouer au cerf-volant
  Apprendre à marcher à l'envers
  Apprendre à imiter quelqu'un de connu
  Créer un jardin
  Monter à cheval
  Cueillir des fleurs et composer un bouquet
  Ecrire des poèmes
  Ecrire une lettre à un ami
Jouer à qui marchera le plus vite à l'envers
Apprendre à chanter
Composer une chanson
Apprendre un poème
Aller au café philo
Apprendre des citations célèbres
Apprendre une chanson
Observer les étoiles
Contempler un coucher de soleil
Admirer la lune
S'intéresser à d'autres religions
Construire une maison
Dessiner une maison originale
Aller vivre dans un autre pays

  Faire de la voile
  Jouer au bridge
  Construire un bateau
  Assister à des audiences intéressantes au tribunal
  Apprendre comment marche la bourse
  Inventer un piège à souris plus efficace
  Lancer une nouvelle association
  Faire du lèche-vitrines
  Apprendre à réparer votre voiture
Inviter à dîner des gens très variés

Voir combien d'étrangers vous diront bonjour
Vous acheter de nouveaux vêtementsObserver les gens dans la rue
Faire du patin à roulettes
Jouer aux cartes
Téléphoner à un débat télévisé pour exprimer votre opinion
Improviser un dîner aux chandelles avec quelqu'un
Participer à un cours de communication et apprendre à parler en public
Vous inscrire à un cours d'œnologie
Retourner à l'université
Vous initier au ski nautique
Etudier les techniques de santé et de mise en forme
Cueillir des fruits dans un verger
Visiter les curiosités locales
Découvrir un nouveau hobby
Créer un palindrome
Trouver des solutions pour combattre la pollution
Aller au marché aux puces
Faire une petite sieste
Chiner
Grimper à un arbre
Assister aux courses hippiques et parier 50 francs
Jouer le guide touristique pour vous amuser
Lancer un petit journal
Faire du soutien scolaire
Ecrire à un correspondant étranger
Marcher dans la nature
Faire des mots-croisés
Ouvrir un gîte
Construire une piscine
Rêver
Assister à un match sportif
Retourner sur les lieux de votre enfance
Faire du rafting
Faire un tour en montgolfière
Aller dans votre restaurant favori
Essayer un nouveau restaurant

Réveillez votre flamme,
plutôt que de vous réchauffer à celle d'un autre

Vous offrir un massage

Faire un stage de tennis pour améliorer votre jeu

Apprendre de nouveaux tours à votre chien

Assister à une pièce de théâtre

Aller au concert

Faire une retraite dans un monastère

Essayer d'avoir une vraie conversation avec quelqu'un d'important pour vous

Participer à un concours de cuisiniers amateurs

Inventer un nouveau produit

Jouer avec votre animal favori

Exercer votre créativité

Vous porter candidat sur la liste municipale

Visiter un zoo

Fabriquer votre vin

Vous débarrasser de votre téléviseur

Elargir votre vocabulaire

Apprendre à déchiffrer les relevés de compte

Apprendre à mieux jauger les gens

Améliorer votre personnalité

Terminer la soirée en faisant le bilan de votre journée

Organiser une vente de charité

Etudier les nuages

Faire la liste de tout ce que vous avez réussi dans votre vie

Faire une farce à un ami

Imaginer des canulars

Prendre deux fois plus de temps pour manger

Observer et apprendre à reconnaître les oiseaux

Inventer un nouveau jeu

Essayer de ne rien faire

Visiter un musée

Vous inscrire dans un club

Jouer au loto

Jouer au cerf-volant

Sauter à la corde

Provoquer une dispute

Regarder quelqu'un travailler

Vous allonger sur la plage

Laver et faire briller votre voiture

Démarrer un élevage de chihuahuas

Vérifier s'il n'y a pas de répétition dans cette liste

Participer à la lutte contre la délinquance

Apprendre à utiliser l'énergie solaire

Ecrire un livre sur les loisirs

Apprendre l'auto-hypnose

Vous faire lire les lignes de la main

Faire un puzzle

Visiter une exposition d'artisanat

Apprendre un tour de magie

Préparer un mauvais repas pour quelqu'un qui vous barbe

Apprendre l'espagnol, le javanais, etc.

S'occuper d'une personne malade

Philosopher

Dire du mal des politiciens

Allonger cette liste jusqu'à 500 activités pour me surpasser

Les activités qui appartiennent aux catégories 1, 2 et 3 vous intéressent et devraient donc faire partie de votre arbre de loisirs. Tandis que vous ajoutez ces activités à votre arbre, elles peuvent vous inspirer de nouvelles idées que vous inscrirez également. Très rapidement votre arbre de loisirs devrait être suffisamment vaste pour vous préserver de l'ennui pendant un bon bout de temps. Avec toutes ces occupations, vous devriez même avoir du mal à terminer ce livre...

Une fois que vous avez créé votre arbre de loisirs, il est

L'art de ne pas travailler

temps de le mettre en œuvre. Si vous avez de quoi vous occuper pour une vie ou deux, vous devez sélectionner les activités que vous voulez pratiquer en priorité. Un bon moyen de hiérarchiser votre liste est d'imaginer ce que vous feriez s'il ne vous restait qu'un temps limité à vivre.

Exercice 7-5. Plus que six mois pour en profiter

Imaginez que vous n'ayez plus que six mois à vivre. Choisissez dans votre arbre de loisirs les activités que vous voudriez faire absolument pendant ces six mois.

Les activités que vous avez retenues dans l'exercice précédent sont celles qui comptent le plus à vos yeux. Vous devriez les pratiquer immédiatement. Demain ou la semaine prochaine, c'est trop tard. La vie ne dure pas éternellement. Qui sait combien de temps il vous reste à vivre ? En vous concentrant sur vos activités privilégiées, vous ferez ce qui vous motive le plus et ce qui peut vous apporter le plus de satisfaction.

Choisir sa destination

Si vous progressiez dans le sens des aiguilles d'une montre sur l'étrange objet dessiné ci-contre, vous auriez l'impression d'atteindre un niveau supérieur. Mais très vite, vous vous

apercevriez que vous êtes en réalité revenu à votre point de départ. Peu importe l'énergie que vous aurez dépensée pour gravir ces escaliers, vous n'aurez que *l'illusion* de vous élever. Cette activité mécanique vous laissera un sentiment d'insatisfaction.

Telle est l'illusion que procure une occupation à laquelle on se livre sans but et sans désir. Beaucoup de gens confondent une activité machinale avec l'orientation de leur vie. Même s'ils consacrent une énergie substantielle à poursuivre ces "non-buts", cela ne les mène nulle part. Pour avancer, il faut non seulement agir mais aussi se fixer un but. Si nous voulons arriver à une destination nouvelle et valable, il faut d'abord la choisir. Le voyage n'a de sens qu'une fois que nous connaissons sa destination. Avoir une idée précise de celle-ci nous donne ce dont nous manquons le plus souvent : un but. Dès lors que nous avons un but et une direction, nous sommes en mesure d'innover et de créer. Se fixer des buts demande de l'effort et de la discipline. Une fois qu'on les a établis, il faut encore plus d'effort et de discipline pour les atteindre et s'en proposer de nouveaux. En raison de l'effort et de la discipline demandés, beaucoup renoncent à se fixer des objectifs et à évoluer.

Se fixer un but demande d'élaborer un plan d'action. Un plan qui nous indique ce que nous devons faire et par où nous devons passer pour aller là où nous désirons aller, et qui prévoit les activités auxquelles nous devons nous consacrer tandis que nous poursuivons notre objectif.

Si vous avez défini vos objectifs de loisirs, tôt ou tard vos envies évolueront. Vous aurez atteint certains de vos buts et certaines activités auront perdu de leur attrait. Vous devrez donc réviser votre arbre de loisirs et la liste de vos activités favorites. Une révision tous les un ou deux mois est d'ailleurs une excellente idée.

Votre défi est de découvrir, d'accepter et de développer votre véritable personnalité. Pour cela vous devez faire face à la réalité et admettre que tous les buts qui méritent d'être atteints : l'aventure, la paix de l'esprit, l'amour, l'épanouissement spirituel, la satisfaction et le bonheur, ont un prix. Tout ce qui peut rehausser votre existence demande d'agir et de fournir un effort, sinon vous vous exposez à beaucoup de frustration.

Il est plus exaltant de gravir la montagne que de se laisser glisser sur ses pentes assis sur son derrière. Attendre tranquillement que quelqu'un réveille votre enthousiasme ne

> *L'un des signes les plus caractéristiques du génie est sa capacité à allumer sa propre flamme et à n'avoir besoin de personne pour l'alimenter.*
>
> John Foster

marche pas. Allumez vous-même votre flamme, plutôt que de vous réchauffer à celle d'un autre, cela seul rendra cette existence (et les suivantes si vous croyez à la réincarnation) digne d'être vécue.

CHAPITRE 8

L'inertie active ne mène nulle part

Vous êtes en vie, mais êtes-vous vivant ?

Un homme, l'allure triste et le regard vide, entre dans un bar et demande au barman : "Garçon, faites-moi un Zombie". Le barman lui jette un coup d'œil et lui répond : "Vous le faites très bien vous-même, M'sieur."

Beaucoup de gens ressemblent à ce client. Ils passent la majeure partie de leur temps libre d'une manière passive. A force de rester inactifs, ils ne sont ni vraiment vivants ni vraiment morts. Ils errent quelque part entre les deux, tels des zombies.

L'inertie active n'est pas le monopole de quelques bureaucrates, en fait beaucoup le pratiquent durant leurs loisirs, bien que ça ne les mène nulle part. Il n'y a quasiment pas de limites à ce que les gens peuvent inventer pour ne pas avoir à se fatiguer. Le problème, c'est qu'après quarante ou cinquante ans d'ennui, ils errent toujours dans le même tunnel sans fromage, en se demandant quand le scénario de leur vie deviendra un peu plus palpitant.

> *L'action n'apporte pas toujours le bonheur mais il n'y a pas de bonheur sans action.*
>
> Benjamin Disraeli

Ce n'est pas parce qu'on a une voiture que l'on sait nécessairement la conduire. De même, ce n'est pas parce qu'on a des loisirs que l'on sait s'en servir. Au fil des années, les distractions des citadins sont devenues largement passives : regarder des cassettes vidéo, assister à un match de tennis ou de football, écouter la radio... Dans le passé, cette préférence pour des loisirs passifs pouvait s'expliquer : au moment de la révolution industrielle, les énergies actives étaient largement exploitées par le travail manuel. Cette raison n'est plus valable aujourd'hui pour un grand nombre de gens. La part des travailleurs effectuant un travail manuel a fortement diminué. La plupart des métiers n'exigent qu'une faible dépense physique. De plus, les personnes qui exercent encore une activité manuelle, ne travaillent plus de manière aussi intensive qu'auparavant, en raison de la mécanisation des tâches.

> *Les loisirs peuvent se révéler une calamité plutôt qu'une bénédiction, à moins que l'éducation ne nous apprenne que la légèreté n'est pas forcément synonyme de distraction.*
>
> William Bogan

La raison principale pour laquelle les gens privilégient les loisirs passifs n'est rien d'autre que la paresse. La plupart cherchent le moyen le plus facile d'occuper leur temps libre. Même dans les années 30, alors que les travailleurs accomplissaient des tâches plus physiques, les loisirs étaient plus actifs qu'aujourd'hui. On lisait, on sortait pour aller au cinéma ou pour aller danser. L'Occident est devenu une civilisation de "spectateurs" plutôt qu'une civilisation "d'acteurs". Les gens passent dix fois plus de temps à regarder la télévision qu'à aucune autre activité. Lorsqu'ils se décident à sortir, ils ne sont pas nécessairement plus actifs. Les statistiques révèlent qu'après la maison et le lieu de travail, les centres commerciaux constituent le premier pôle d'attraction et lieu de loisirs. Des études ont montré que 90 % des Américains d'aujourd'hui sont passifs et réactifs. Au lieu de se consacrer à des loisirs dynamiques, ils choisissent au contraire les plus immobiles.

Mais quel est l'inconvénient des loisirs passifs me direz-vous ? La qualité de nos loisirs dépend du sentiment d'accomplissement qu'ils nous procurent grâce à des activités comportant un défi et un but.

Les "activités passives" nous donnent rarement, sinon

jamais, l'enthousiasme apte à dissiper l'ennui. Ces activités se caractérisent par une absence de défi ou d'objectif, une faible stimulation, la monotonie et l'absence de nouveauté. Bien que ces loisirs prévisibles et sans risque nous sécurisent, nous en tirons peu de satisfaction et d'épanouissement. Si des activités plus dynamiques ne viennent pas les compléter, nos loisirs resteront de qualité médiocre. Voici quelques exemples de loisirs passifs :

- ✓ regarder la télévision
- ✓ se saouler ou se droguer
- ✓ grignoter n'importe quoi
- ✓ se promener en voiture
- ✓ faire du lèche-vitrines
- ✓ dépenser de l'argent
- ✓ parier au jeu
- ✓ assister à un match sportif

Je ne veux pas dire qu'il faut bannir toute forme de loisirs passifs. Il y a des moments où ils sont particulièrement bienvenus. Par exemple, s'abandonner à la paresse peut nous faire le plus grand bien. Les loisirs passifs ne posent pas de problèmes, tant qu'on s'y adonne avec modération et qu'on les complète par des loisirs plus toniques.

> *Il n'a rien fait de particulier mais il l'a fait très bien.*
>
> W.S. Gilbert

L'action est indispensable à notre bonheur et à notre santé. Les activités dans lesquelles nous nous investissons à la fois physiquement et mentalement, telles que jouer à la pétanque ou écrire un roman, sont beaucoup plus stimulantes que les activités passives telles que regarder la télévision. Même des occupations comme la rêverie, la méditation ou la réflexion, sont actives par nature - bien plus que de regarder la télévision ! Des études ont montré que les adultes qui restent actifs pendant leur temps libre se portent généralement mieux sur le plan physique et psychologique. Voici quelques suggestions de loisirs plus actifs :

- ✓ écrire
- ✓ lire

L'art de ne pas travailler

J'ai toujours voulu être un artiste à mes heures perdues. Si seulement je pouvais me rappeler si je dois utiliser mon cerveau gauche ou mon cerveau droit...

✓ faire du sport
✓ se promener dans un parc
✓ peindre un tableau
✓ jouer de la musique
✓ suivre des cours

Les loisirs devraient être quelque chose que l'on aime cultiver. Ils nous fournissent l'occasion de connaître le plaisir, la jouissance, la détente, l'épanouissement et la réalisation. Nous trouvons la satisfaction dans la vie à partir du moment où nous sommes capables de mettre à l'épreuve et de développer nos aptitudes et nos talents. Les activités qui comporte un risque et une dépense d'énergie modérés, nous procurent plus de satisfaction que celles qui en sont dépourvues.

Quand le corps obéit à l'esprit

Le conditionnement social nuit souvent à notre liberté de choix. Le plus sûr moyen de vieillir et de devenir inactif consiste à adopter, sans se poser de question, la façon dont la société dans son ensemble envisage la vieillesse. On considère comme allant de soi la représentation qu'en donnent les médias, la télévision, les livres. En conséquence, on s'imagine que devenir vieux signifie renoncer à la plupart de nos activités. Si bien que l'on finit par être gagné par la "vieillerie", en d'autres termes, l'ensemble des mythes relatifs au troisième âge. Ces mythes confortent un mode de vie passif dès que l'on atteint cinquante ou soixante ans ; alors qu'une vie active et énergique est parfaitement possible. Ceux qui participent à des stages de préparation à la retraite s'attendent généralement à accroître leurs loisirs passifs à partir du moment où ils seront à la retraite. Peu envisagent de se lancer dans de nouvelles activités.

L'aptitude à choisir un mode de vie actif illustre, de manière positive cette fois, comment le corps peut obéir à l'esprit. Tant que nous ne souffrons pas d'un sérieux handicap, l'âge ne devrait pas être une excuse pour abandonner toute activité physique. Là encore, il s'agit d'une question d'attitude. C'est en effet l'attitude individuelle qui détermine si l'on va rechercher des loisirs actifs ou non. Ken Dychtwald, dans son livre *The age wave* (la vague de l'âge), se penche sur les défis et les opportunités auxquels est confrontée une Amérique vieillissante. Dychtwald anime un stage sur le thème de l'âge. Lorsqu'il demande aux participants ce qu'ils considèrent comme le facteur le plus important pour bien vivre sa vieillesse, la réponse est unanime : une attitude positive. Dychtwald cite le cas d'un grand nombre de personnes âgées de soixante, soixante-dix, voire quatre-vingts ans, qui courent des marathons, jouent au tennis, nagent et font du vélo, jusqu'à huit heures par jour, parfois quotidiennement. Malheureusement, ces personnes énergiques sont encore une minorité. La plupart des gens se laissent aller avec l'âge. Ce comportement répond à un conditionnement plutôt qu'à une nécessité. En dernière analyse, on peut le mettre sur le compte de la paresse. Aux Etats-Unis, les retraités marchent en moyenne 40 kilomètres par an, et même ceux du Canada, qui marchent 120 kilomètres, semblent paresseux comparés aux Danois qui marchent 450 kilomètres par an.

> *Qu'est-ce que l'esprit ?*
> *Matière à réfléchir*
> *Qu'est-ce que la matière ?*
> *Une vue de l'esprit.*
>
> T.H. Key

Regarder la télévision peut être mortel

Regarder la télévision est le premier passe-temps des Américains. Selon les statistiques, ils passeraient jusqu'à 40 % de leur temps libre devant leur poste de télévision ! Il ne faut donc pas s'étonner qu'ils ne soient plus disponibles pour faire du sport, sortir avec des amis ou admirer un coucher de soleil. Sur les quarante heures hebdomadaires de temps libre dont dispose un Américain âgé de dix-huit à soixante-cinq

L'art de ne pas travailler

ans, il en passe seize devant la télévision, alors qu'il n'en passe que deux à lire, quatre à parler avec des parents, amis ou connaissances. Le plus intéressant, c'est que sur une liste groupant vingt-deux activités de loisirs, la télévision arrive seulement en dix-septième position, et la lecture en neuvième position, en termes de satisfaction. On pourrait donc se demander pourquoi les gens optent massivement pour un loisir qui les satisfait si peu. Tout simplement parce que c'est la solution de facilité. Mais bien entendu, vu le faible bénéfice qu'ils en tirent, la voie facile se révèle périlleuse et décevante à long terme.

> *Si un homme regarde trois matches de foot d'affilée, il devrait être déclaré mort cliniquement.*
>
> Herma Bombeck

Tout comme l'abus de travail, l'excès de télévision est une forme de dépendance dangereuse. C'est le propos du livre de Mary Winn, *The Plug-in drug*, dont le titre même assimile la télévision à une drogue. S'il est incontestable que la télévision joue un rôle éducatif et informatif, la dépendance qu'elle crée entraîne beaucoup d'effets négatifs. Elle peut même pousser votre famille au meurtre. Ainsi un journal rapporte qu'en décembre 1990, en Floride, plusieurs membres d'une même famille ont avoué avoir tenté de tuer plusieurs fois leur père avant d'y parvenir. Ils ont fini par l'abattre d'un coup de fusil, parce qu'il était devenu un lamentable rouspéteur qui passait tout son temps libre avachi sur un divan devant la télévision. Sa fille a déclaré : "Dès qu'il rentrait du travail,

> *Je trouve la télévision très instructive : chaque fois que quelqu'un l'allume, je vais dans la pièce à côté lire un livre.*
>
> Groucho Marx

la première chose qu'il faisait, c'était de s'affaler sur le divan, et d'allumer la télévision. C'est tout ce qu'il faisait, comme s'il n'avait jamais su faire autre chose dans sa vie".

Exercice 8-1. Comment profiter de la télévision ?

Bien que regarder la télévision soit une activité essentiellement passive, il y a néanmoins un moyen de passer toutes les semaines de longues heures devant son écran et de s'épanouir malgré tout pendant ses loisirs. Quel est ce moyen ? (Pour le savoir, reportez-vous à la fin de ce chapitre.)

En-dehors de la passivité inhérente à cette activité, regarder la télévision est nocif pour d'autres raisons. En effet, beaucoup d'émissions et de publicités proposent une vision du monde qui n'a pas grand-chose à voir avec la réalité. Cela déforme la perception que nous en avons et entretient en nous des fantasmes souvent irréalisables.

Si vous passez un nombre d'heures excessif devant le petit écran, réduire ce temps vous permettra d'améliorer la qualité de vos loisirs. Personne ne peut dire quelle est la dose de télévision idéale pour vous et je ne tenterai pas de le faire. Cependant, si vous êtes trop souvent rivé à votre téléviseur, et que vous pensez que votre vie ne ressemble pas à ce qu'elle devrait être, alors vous engager dans des activités plus énergiques et stimulantes est probablement la solution.

La nouvelle association *TV-free America*, basée à Washington, milite pour une Amérique sans TV. Elle s'est fixé pour objectif d'alerter la population sur les méfaits de la dépendance télévisuelle. Cette organisation recommande de remplacer celle-ci par des activités plus productives telles que : pratiquer des sports, observer la vie réelle, participer aux initiatives locales, s'engager dans le volontariat... Il existe même un groupe, les *couch potatoes* (les patates de divan), pour venir en aide aux Américains qui ne peuvent plus se passer de télévision. Les "téléphages" peuvent aussi tenter de s'éloigner de leur téléviseur en se lançant dans les activités suggérées par *L'Institute of Totally Useless Skills* (l'institut des talents totalement inutiles), telles que :

✓ mesurer le poids d'une plume
✓ fabriquer des cocottes en papier
✓ se spécialiser dans le vol acrobatique de crayon.
✓ créer des objets à base de canettes de bière écrasées
✓ apprendre à simuler la surdité.

Toutes vous feront beaucoup plus de bien que la plupart des programmes de télévision.

N'attendez pas trop longtemps avant de satisfaire vos attentes

Personne ne vit sur une île déserte, bien que certains pourraient le laisser penser, à les voir grappiller sans cesse des cacahuètes, des graines, des chips et tout ce qui leur tombe sous la main. Le grignotage est une activité passive dans laquelle beaucoup de gens se montrent très alertes. On se gave de nourriture comme on se gave de télévision, et de préférence en même temps. L'abus combiné de ces deux activités est très nuisible à la santé.

Harold, ce n'est pas en te repassant indéfiniment les cassettes de "Allo, docteur", que tu résoudras tes problèmes.

Beaucoup de gens mangent trop et souffrent d'un excès de poids. Au début des années 60, un peu moins d'un quart de la population américaine était obèse. Or, selon le ministère de la santé, l'obésité touchait plus d'un tiers de la population au début des années 90. Même ceux qu'on penserait *a priori* en bonne santé ne le sont pas réellement. Une étude conduite en 1996 par la fondation des maladies cardio-vasculaires en Ontario, montre que, bien qu'elle passe pour une génération très sportive, la génération des *baby boomers* se porte plutôt moins bien que celle de leurs parents au même âge.

L'excès de poids réduit notre aptitude à apprécier les nombreux plaisirs de la vie. La meilleure façon de grossir est de trouver de bonnes excuses à nos kilos en trop. En voici une pour ceux qui seraient à court d'imagination. Récemment, j'ai entendu l'animateur d'une radio locale affirmer que, selon un médecin, il était normal au-delà de la trentaine de gagner un kilo et demi par an. Ce n'est qu'un exemple parmi tant d'autres, où des gens, en l'occurrence

> *Je me suis mis au régime : j'ai renoncé à l'alcool et aux aliments trop riches, et en quinze jours j'ai perdu deux semaines.*
>
> Joe Lewis

le médecin qui a fait cette déclaration et l'animateur qui l'a reprise, évitent de trop se fatiguer les méninges à réfléchir. Cette affirmation est non seulement ridicule mais dangereuse. Si je m'autorisais à prendre un kilo et demi par an, à soixante-quinze ans je pèserais plus de cent vingts kilos et j'aurais la jolie silhouette d'une barrique. Et si l'on se fie toujours à l'avis de ce médecin, cela voudrait dire que les gens qui affichent un poids confortable de quatre-vingts kilos à quatre-vingt ans, n'en pesaient guère qu'une vingtaine à quarante ans.

Dans un article du *Washington Post*, paru en janvier 1996, on peut lire ceci : "Bien que la plupart des gens prennent du poids avec l'âge, un rapport du ministère de la Santé indique qu'à partir de l'âge adulte la courbe de poids ne suit pas nécessairement celle de l'âge. Les normes de poids indiquées dans le cadre de ces nouvelles recommandations ne font plus apparaître de corrélation significative entre le poids et l'âge. Un responsable aurait même déclaré

Je ne vais quand-même pas mourir de faim juste pour pouvoir vivre un peu plus longtemps.

Irene Peter

que l'on ne devrait pas prendre plus de cinq kilos une fois que l'on a atteint son poids adulte, ce qui est généralement le cas aux alentours de la vingt et unième année."

Nous avons un tas d'arguments à notre disposition pour justifier notre prise de poids. Avec cette avalanche d'excuses, la bataille contre les kilos superflus est perdue d'avance. Même s'il est sans doute inévitable de gagner un kilo ou deux en vieillissant, nous pouvons parfaitement maîtriser notre poids, en faisant du sport et en surveillant notre alimentation. Une fois que l'on a déterminé son poids idéal, on peut parfaitement faire l'effort de s'y maintenir de nombreuses années, comme je l'ai fait. Il appartient à chacun d'entre nous d'avoir cette discipline, si nous voulons nous sentir bien dans notre peau. La meilleure façon d'y parvenir est de rester aussi actif que possible, y compris dans ses loisirs.

Vous dépensez-vous en excuses pour ne pas vous dépenser ?

Plus on est en forme, plus il est facile de se maintenir en bonne condition physique en faisant de l'exercice. Cependant, la santé ne va pas de soi. Rester en forme, et à son poids idéal, demande un entraînement régulier. Une étude effectuée par les chercheurs du *Aerobics Research Institute* (Institut de Recherche Aérobique de Dallas), citée dans le *Journal of the American Medical Association* montre une forte corrélation entre la forme physique et la longévité. Même une pratique sportive modérée peut suffire à améliorer sensiblement la santé. Comparés aux hommes en parfaite condition physique, ceux dont la santé est moins bonne multiplient par trois le risque de mortalité. Chez les femmes, ce risque est multiplié par quatre.

> *Donnez un poisson à votre homme, et il mangera toute la journée. Apprenez-lui à pêcher, et vous en serez débarrassée tout le week-end.*
>
> Zenna Schaffer

Un numéro de 1992 de la *Wellness Letter* (Courrier de la forme), édité par l'université de Californie, rapporte que 18 % des habitants du Montana, et 52 % des habitants du District de Columbia, disent n'avoir pris part à aucune forme d'activité physique dans le mois précédent. Personnellement, je me sens mal dans mes baskets, si je ne prends pas un peu d'exercice pendant plus de deux jours, *a fortiori* pendant un mois. Il y a un certain nombre d'années, j'ai cru que je pourrais continuer à manger comme un ogre sans faire d'exercice. J'ai dû déchanter ! Je me suis rendu compte, alors que la poste s'apprêtait à m'attribuer un code postal individuel en raison de mon gabarit, que l'excès de nourriture et le manque d'entretien physique allait me coûter au minimum une nouvelle garde-robe, sans parler de détails aussi insignifiants que la santé et le bien-être. Depuis quinze ans, je m'entraîne deux fois par jour, au moins deux heures en tout, en pratiquant des sports toniques tels que le tennis, le jogging et le vélo.

Entretenir sa forme par un exercice régulier est à la portée de tout le monde, cependant seul un petit nombre fait cet effort. Bien qu'on sache aujourd'hui que l'activité physique

L'inertie active ne mène nulle part

est nécessaire pour être en bonne santé, vivre longtemps et rester séduisant, une étude hospita-
lière de 1996 sur l'activité physique et la santé, indique qu'au moins 60 % des adultes mènent une vie trop sédentaire et ne font pas assez d'exer-cice. En juillet 1996, *USA Today* écri-vait même que les Américains étaient devenus une "nation paresseuse", seuls 22 % d'entre eux fournissaient l'effort physique minimum nécessai-re, soit une demi-heure par jour d'exercice modéré.

> *Ceux qui ne trouvent pas le temps de prendre de l'exerci-ce, devront trouver celui d'être malade.*
>
> Un sage anonyme.

Ce n'est pas faire du vélo, une fois de temps en temps, à trois kilomètres heure, ou marcher un quart d'heure tout en faisant du lèche-vitrines, qui vous maintiendra en forme. Une étude faite à l'université de Harvard en 1995 montre que seul un effort intensif et soutenu peut y parvenir. Cette étude, qui fait apparaître une relation significative entre entraîne-ment vigoureux et longévité, indique également qu'un par-cours de golf standard ne constitue pas un effort suffisant. De même, jardiner une demi-heure est préférable à ne rien faire, cependant cela ne suffit pas pour se maintenir en bonne santé ; le bénéfice se limite à ça : c'est mieux que rien.

Pour obtenir une forme optimale, l'Académie américaine de médecine du sport recommande de vingt à soixante minutes de sport dit "aérobie", au moins trois fois par semai-ne, par exemple, marcher à six ou huit kilomètres/heure, pendant quarante-cinq minutes d'affilée. La mise en forme ne devient effective que si vous vous engagez dans des acti-vités qui sollicitent le système cardio-vasculaire. Une demi-heure de marche intensive, de course à pied, de randonnée, de natation, de danse, ou de bicyclette, est un minimum. Votre entraînement doit vous faire transpirer pendant au moins vingt minutes pour être efficace.

Il n'est guère surprenant que la plupart des gens soient mal fichus. Selon une association sportive nationale, quatre-vingt-dix millions d'Américains font du sport moins de deux fois par mois. Tous ont de bonnes excuses. Les cinq excuses qui reviennent le plus souvent sont, dans l'ordre :

L'art de ne pas travailler

1. Manque de disponibilité.
2. Manque de discipline.
3. Manque d'intérêt pour une quelconque activité.
4. Manque de partenaire.
5. Manque d'argent pour s'équiper.

A propos d'excuses, voici ce que Mark Twain disait : "Mille excuses mais pas une seule bonne raison". Si vous utilisez une seule des excuses citées plus haut, n'oubliez pas que ce ne sont pas des raisons. Les excuses sont faites pour les gens qui ne veulent pas se prendre en charge ; examinons-les de plus près.

Si j'avais su que j'allais vivre aussi long-temps, j'aurais davantage pris soin de moi.

Pour ce qui est du "manque de disponibilité", c'est généralement un problème de gestion du temps, que l'on peut résoudre en s'organisant autrement. Par exemple, en prenant conscience du nombre d'heures que l'on perd quotidiennement à regarder la télévision et que l'on peut remplacer par de l'exercice. La deuxième excuse, "manque de discipline", signifie en clair "paresse". Vous devez agir, car personne ne peut le faire pour vous. Il faut beaucoup d'effort et d'entraînement pour surmonter la paresse ou le manque de discipline.

Le "manque d'intérêt pour une quelconque activité" est la plus creuse des excuses que l'on puisse trouver. Il suffit de faire appel à son imagination, il y a mille et une manières de prendre de l'exercice. Si vous ne trouvez aucune activité intéressante, ce n'est pas qu'elles sont toutes ennuyeuses, mais que *vous* êtes ennuyeux. L'excuse du "manque de partenaire" est elle aussi une piètre excuse. Car il est très facile de contourner ce problème, en se livrant aux multiples sports que l'on peut faire seul. Il en existe un grand nombre. Et si vous ne pouvez rien faire seul, parce que la solitude vous fait peur, je vous renvoie au chapitre 10, consacré à ce sujet.

Recourir à l'excuse que l'on "manque d'argent" pour s'offrir un équipement dénote surtout un manque de jugeote ! Contrairement à ce que les publicitaires voudraient nous faire croire, le sport ne requiert aucun équipement coûteux et il y a plein d'activités que vous pouvez faire, qui ne vous coûteront pratiquement rien. De plus, si vous vivez comme moi sous un climat peu clément, là encore, faites preuve d'imagination, et songez à toutes les activités qui peuvent se pratiquer à l'intérieur. Les tenues ou combinaisons dernier cri ne sont pas essentielles, à moins que vous pensiez participer à une revue de mode en faisant votre jogging ou en jouant au ballon dans un parc. Les magazines suggèrent que s'habiller à la dernière mode est un moyen important de s'affirmer. Si c'est votre opinion, ce n'est pas d'un nouvel équipement dont vous avez besoin, mais plutôt de retrouver confiance en vous. Les autres excuses auxquelles les gens ont recours pour ne pas faire d'exercice sont généralement :

- ✓ Je suis trop vieux pour m'y mettre.
- ✓ Il fait trop froid dehors.
- ✓ J'ai vingt ans et je n'en ai pas besoin.
- ✓ Je ne veux pas risquer de me faire mal.

Ceux qui ont recours à ce genre d'arguments ne dupent qu'eux-mêmes. Car ce ne sont jamais que des excuses pour ne pas s'avouer sa paresse. La seule solution consiste à bannir les excuses une fois pour toutes.

Si vous pensez par exemple que vous êtes trop vieux pour faire de l'exercice, parce que vous entrez dans votre quarantième ou cinquantième année, réfléchissez-y à deux fois. Chaque année, le jour de son anniversaire, un Canadien court autant de kilomètres qu'il a d'années. "La belle affaire, s'il a vingt ans, me direz-vous, mais attendez qu'il ait quarante ou cinquante

> *J'aime les longues promenades, quand elles sont faites par les gens qui m'ennuient.*
>
> Fred Allen

ans, et nous en reparlerons." Eh bien, détrompez-vous, Joe Womersley ne commença à courir que le jour de ses cinquante-deux ans, âge auquel il était passablement enrobé, essoufflé, et gros fumeur.

La première fois que j'ai entendu parlé de Joe Womersley, c'était sur la radio CBC, dans une émission du matin. Nous étions en septembre 1994, Joe venait d'avoir soixante-neuf ans et s'apprêtait à courir ses soixante-neuf kilomètres. De même, en septembre 1995, au matin de son soixante-dixième anniversaire, il était prêt à avaler les soixante-dix kilomètres qui l'attendaient. Lors d'un marathon de 57 kilomètres, sur l'île de Baffin, en 1994, Joe courut plus de 83 kilomètres parce qu'il trouvait que 57, c'était tout juste bon pour les "mauviettes". Démontrer que l'on peut courir de longs marathons et rester en forme à tout âge, est sa passion. Depuis l'âge de cinquante-deux ans, Joe a pris part à plus de 120 marathons.

Lorsqu'on a un emploi régulier, l'excuse la plus commode consiste à se dire que l'on est trop fatigué en rentrant du travail pour faire de l'exercice. Mais c'est souvent lorsqu'on en a le moins envie, qu'on en a le plus besoin. Car ce manque d'envie est davantage l'expression d'une fatigue mentale, que l'exercice physique a précisément pour effet d'alléger. Le plus difficile, c'est de se faire violence au début pour sortir et tenir bon les dix premières minutes. Après quoi, c'est tout juste si l'on sent passer la demi-heure ou l'heure qui suit. En fait, après dix ou vingt minutes d'exercice, cela peut même devenir si agréable, que l'on continue bien au-delà de ce qu'on avait prévu.

Cela s'explique très bien : en faisant de l'exercice, notre corps libère dans le sang des hormones, appelées endorphines, qui créent une sensation d'ivresse et d'euphorie. Cette ivresse naturelle aide à éliminer la sensation de lassitude. Et l'on constate avec surprise que l'exercice physique dissipe l'ennui qui nous avait d'abord retenu d'en faire.

Si la télévision, le canapé et le réfrigérateur sont devenus vos trois meilleurs compagnons, il est temps de faire quelque chose. La première chose à faire est d'établir un programme de remise en forme et de vous y tenir. Faire du sport vous aidera à préserver votre forme et votre santé et vous rendra de bonne humeur et plus dynamique pour entreprendre de nouvelles activités. Les individus en bonne santé s'adonnent plus volontiers à des loisirs actifs, tandis que les gens de santé médiocre préfèrent les loisirs passifs. S'exercer régulièrement et soigner sa forme a une profonde influence sur notre bien-être. Les capacités physiques se maintiennent beaucoup plus longtemps si on les entretient régulièrement par des exercices pratiqués de préférence en plein air. Car elles auraient plutôt tendance à s'user quand on se s'en sert pas. Le vieillissement est un processus qu'on ne peut stopper, mais qu'on peut certainement ralentir en pratiquant un exercice physique. Le tout est de bien vouloir s'y mettre.

Les grands esprits posent des questions idiotes

Nous entretenons régulièrement nos maisons, nos voitures, nos vélos ; certains entretiennent même leur corps, mais peu songent à entretenir leur esprit. Notre condition mentale est pourtant aussi précieuse que notre condition physique. Beaucoup de gens se maintiennent en forme physiquement, mais leur forme mentale laisse à désirer. Ainsi, ils exercent rarement leur aptitude à la pensée critique et créative. Ce que nous appelons "penser" dans nos sociétés se résume souvent à dégurgiter des faits passés et des chiffres empruntés aux médias ou entendus dans la bouche de quelqu'un d'autre.

> *Les grands esprits ont des buts, les autres des souhaits.*
>
> Washington Irving

Enfants, nous posions plein de questions "idiotes". Nous étions curieux de tout. Le monde ne cessait de nous émerveiller. Devenus adultes, nous pouvons conserver notre fraîcheur d'esprit au contact du neuf et du mystérieux. Nous devrions poser au moins une question idiote par jour. Ce monde nous donne tant de prodiges à admirer et tant de mystères à contempler. La nature peut nous offrir de quoi nous interroger jusqu'à la fin de nos jours. En réalité, nous savons peu de choses (contrairement à ce que nous croyons souvent) en regard de tout ce qui reste à apprendre. En fait, les idiots ont réponse à tout, alors que les grands esprits posent des questions idiotes. Avec toute cette matière pour nourrir notre curiosité et notre réflexion, notre cerveau n'a aucune raison de se rouiller. Si aujourd'hui, plus rien ne vous étonne, voici quelques "questions idiotes" (ou quelques mys-

L'art de ne pas travailler

tères à contempler) au cas où vous seriez en panne d'inspiration :

✓ Existe-t-il un autre mot pour *thesaurus*?
✓ Comment la vertu, qui désignait à l'origine ce qu'il y a de plus masculin a-t-elle fini par désigner ce qu'il y a de plus féminin ?
✓ Pourquoi nos doigts de pied poussent-ils devant et non derrière ?
✓ Pourquoi les vaches ne bronchent-elles pas quand le fermier leur pique leur lait ?
✓ Pourquoi cette question est-elle idiote ?

Une autre manière d'entretenir son esprit consiste à suivre des cours du soir, comme ceux proposés par les instituts de formation permanente et les universités. Etudier est une des activités les plus gratifiantes qui soient, que l'on ait un emploi ou pas. Un des cours les plus passionnants qu'il m'ait été donné de suivre est un cours d'œnologie. Quel délice ! Dans quel autre cours pouvez-vous goûter du vin pendant une demi-heure et apprendre quelque chose de nouveau par la même occasion ?

> *Les universités regorgent de connaissances : les nouveaux venus en apportent un peu, et les anciens n'en retirent aucune, si bien qu'elles s'accumulent.*
>
> Lawrence Lowell

Entre autres bénéfices, prendre des cours :

✓ procure fierté et confiance en soi ;
✓ crée un contexte idéal pour se faire de nouveaux amis ;
✓ favorise le développement personnel et la connaissance de soi ;
✓ entretient la vitalité intellectuelle ;
✓ facilite le retour au travail, lorsqu'on est au chômage ;
✓ développe une plus grande aptitude à faire face au changement.

Un esprit créatif est avant tout un esprit actif : il est curieux et pose beaucoup de questions. C'est ce questionnement intense qui garde son esprit en éveil et lui permet d'évoluer - en s'interrogeant, par exemple, sur le bien fondé des valeurs, des idées et des usages de son temps. Le grand philosophe Socrate encourageait ses étudiants à tout remettre en question, y compris ce qu'il leur enseignait. Nous devons exercer nos facultés intellectuelles. De même que les aptitudes corporelles, elles ne s'usent que si l'on ne s'en sert pas !

Soyez un voyageur plutôt qu'un touriste

Voyager, intelligemment, élargit et renouvelle notre manière de voir la vie. Rencontrer d'autres personnes, d'autres coutumes, d'autres paysages, d'autres environnements et d'autres manières de vivre enrichit notre propre existence. L'important, c'est de voyager activement. Lorsque j'ai visité les Antilles, j'ai été très surpris de voir autant de gens, affalés sur la plage, l'air blasé. J'étais d'autant plus perplexe que la plupart avaient fait tout ce chemin dans le but évident de se distraire. A part ma compagne et une famille allemande, personne ne semblait s'amuser ni s'étonner de rien. Chacun semblait passer ses huit ou quinze jours de vacances à regarder les autres s'ennuyer à l'unisson.

Si vous le pouvez, évitez les voyages organisés qui vous transportent d'un lieu à l'autre. C'est une façon de voyager trop passive. Voyager peut offrir bien plus que cela. Mieux vaut être un voyageur plutôt qu'un touriste. C'est ainsi que l'entend un de mes amis, Jim MacKenzie, dont le métier d'enseignant lui permet de prendre un congé sabbatique tous les quatre ou cinq ans.

Le touriste est passif et demande que tout soit organisé pour lui. Il s'offre le voyage standard d'une ou deux semaines. Cette formule lui impose des horaires fixes et l'obligation de suivre un groupe. Jim, quand il voyage, préfère l'aventure, il choisit lui-même sa destination et n'est lié à aucun horaire. Il n'a pas à se rallier à l'avis d'un groupe, il prend tout son temps pour explorer les sites qui lui plaisent et profiter du pays qu'il visite. Parce qu'elles laissent la place à l'improvisation, ses vacances comportent plus de surprises et d'intérêt.

L'art de ne pas travailler

Si vous voulez vraiment apprendre quelque chose sur le pays que vous visitez, allez là où les touristes ne vont pas. Parlez à ses habitants, si vous connaissez leur langue. Intéressez-vous à leur vision du monde. Prenez de nombreuses photos et notez tous les détails et événements qui vous ont frappé dans votre "journal de bord". De plus, en vous écartant des sentiers battus, vous avez plus de chances de tomber sur d'excellents restaurants typiques délaissés des touristes. Découvrez où vont manger les gens du cru, et vous ferez un repas inoubliable.

Si vous cherchez une destination originale, consultez les guides *Lonely Planet*, aujourd'hui disponibles en français. Tony Wheeler, grand voyageur, auteur et éditeur du *Lonely Planet*, recommande notamment les destinations suivantes : Hanoi, Mexico, Calcutta, Nagasaki et Belfast. Elles n'ont peut-être pas grande réputation, mais selon Wheeler, elles ont beaucoup à offrir. Il dit par exemple de Calcutta : "On ne s'y ennuie jamais, et cette ville possède une vitalité contagieuse".

Une autre façon active de voyager consiste à s'engager dans le bénévolat. Cela peut être une expérience amusante et très gratifiante. Vous n'avez pas besoin d'aller très loin pour cela, il existe de nombreuses possibilités dans votre pays. Vous pouvez offrir vos services à des organisations où vos aptitudes ou vos compétences seront les bienvenues. Cette aventure vous donnera la satisfaction de contribuer à un projet ou d'apporter votre aide à des gens moins favorisés que vous.

Ne négligez pas l'endroit où vous vivez car il ne se compare à aucun autre. Toute ville a des charmes uniques que beaucoup de ses habitants ignorent ou ne savent pas apprécier. Explorez votre ville et laissez-la vous dévoiler ce qu'elle a d'original et de fascinant. Prenez le temps de découvrir ses restaurants et ses cuisines du monde, ses couchers de soleil, ses voies piétonnes, ses promenades, ses jardins, ses parcs, son architecture, ses devantures et ses différents quartiers. Vous pourriez bien vous apercevoir que le paradis se trouve à deux pas de chez vous... ou dans votre arrière-cour.

Essayez la lecture, l'écriture, ou bien...

Deux autres activités de loisirs peuvent ajouter énormément à la qualité de vos loisirs : lire et écrire. En fait, relativement peu de gens se consacrent réellement à l'une ou à l'autre. On constate malheureusement un déclin général de la lecture, à la fois en quantité et en qualité (sans doute y aura-t-il quelques beaux esprits pour me juger en partie responsable, à cause de la qualité de mes livres ...). Bien qu'en Amérique ou au Canada, par exemple, il se vende beaucoup de livres (des best-sellers essentielle-

> *Celui qui ne lit pas de bons livres n'a aucun avantage sur celui qui ne sait pas lire.*
>
> Mark Twain

ment), ceux-ci servent plus souvent de mobilier décoratif, voire de cale-porte, que d'objet de lecture. Tom Peters estime que sur les cinq millions de personnes qui ont acheté son livre, *In search of excellence* (en quête de l'excellence), un million n'ont même pas pris la peine de l'ouvrir, et seules cent mille l'ont lu jusqu'au bout.

N'importe quelle librairie recèle des trésors. Et toutes les bibliothèques publiques sont de véritables mines d'or. Lire des livres achetés en librairie ou empruntés en bibliothèque est un plaisir à la fois actif et fructueux, que chacun devrait rechercher. Pourtant j'ai lu quelque part qu'aux Etats-Unis, les diplômés lisent en moyenne un livre par an, une fois leurs études terminées.

> *Employez votre temps à vous améliorer grâce aux écrits des autres, ainsi vous apprendrez facilement ce qui leur a demandé beaucoup de travail.*
>
> Socrate

Seuls 3 % de la population américaine possèdent une carte de bibliothèque, et seuls 20 % de la population consacrent une partie de leurs loisirs à la lecture.

Pourquoi cette proportion est-elle si faible ? C'est une question que je me suis souvent posée. La plupart des gens pourraient être illettrés que cela ne ferait guère de différence tant ils lisent peu. Apparemment, ils trouvent que lire des livres est trop difficile. Le "paradoxe de la vie facile", évoqué au chapitre 6, s'applique ici : faire ce qui leur paraît difficile leur donnerait plus de satisfaction.

La lecture est le moyen le plus rapide d'acquérir sagesse et connaissance sur le monde où nous vivons. Si vous voulez emprunter la voie la plus courte pour réussir dans quelque domaine que ce soit, alors lisez l'œuvre des grands philosophes. C'est le moyen le plus facile (et le moins onéreux, ajouterais-je) d'acquérir le savoir nécessaire pour connaître le succès au travail comme au jeu.

Ecrire demande un peu plus d'effort. Rédiger une lettre ou un livre vous permet d'exprimer vos idées et votre créativité. Ecrire des lettres est quelque chose que nous pourrions tous faire plus souvent. Si vous aimez recevoir des lettres, alors écrivez-en et vous en recevrez plus souvent. Ajoutez-y une touche personnelle, citation, dessin, quoi que ce soit qui rende vos lettres différentes. Leurs destinataires seront agréablement surpris par ces missives originales.

> *Quand on n'a aucun talent particulier, on devient écrivain.*
>
> Balzac

Il est plus difficile d'écrire un livre qu'une lettre, je vous l'accorde. Mais ce n'est pas parce qu'une chose est difficile qu'il ne faut pas la faire. Je rencontre régulièrement des gens qui me disent qu'ils "rêvent" d'écrire un livre mais qui se trouvent un tas d'excuses pour ne jamais s'y atteler. Vous voulez écrire un livre ? Alors faites-le. Si je peux le faire, vous le pouvez. (Dois-je préciser que j'ai raté ma première année de lettres à l'université, et que j'ai dû m'y reprendre à trois fois pour avoir l'examen. Cela ne m'empêche pas d'écrire des bouquins.) Commencez par y consacrer au moins un quart d'heure par jour. (C'est comme ça que j'ai démarré ce livre.) Même si vous vous contentez de ce minimum, vous n'en aurez pas moins fait avancer votre projet.

Lorsque vous aurez terminé votre livre, publiez-le à vos frais si vous croyez en lui. Beaucoup de livres, qui sont devenus des best-sellers, ont été publiés par leurs auteurs. Mais ne faites pas de cet objectif la condition de votre réussite. Si une seule personne, autre que vous, a eu plaisir à lire votre livre, c'est un succès ! Et tout lecteur supplémentaire une prime en plus.

J'ai hâte de grandir, comme ça je pourrais faire comme les grandes personnes et ne lire qu'un livre par an.

Il me semble qu'il faut être illettré ou paresseux pour n'avoir aucun goût pour la lecture et l'écriture. Bien sûr, je peux me tromper. Il se peut que vous ne soyez ni l'un ni l'autre et que vous n'aimiez ni lire ni écrire. Dans ce cas, il ne vous reste plus qu'à choisir une autre activité parmi l'infinie variété qu'offrent les loisirs.

L'action vaut tous les discours

Dès l'instant où l'on comprend que la qualité de nos loisirs dépend de notre attitude et de notre motivation, nous sommes en mesure de créer les événements et les situations favorables à notre épanouissement. William Shakespeare a dit que "l'action vaut tous les discours". Avoir la volonté d'agir, c'est déjà vaincre l'inertie qui empêche la plupart d'entre nous de s'investir activement dans les loisirs. Pour vivre de manière intense et créative, il faut dépasser cette inertie. De plus, s'engager résolument dans l'action est un excellent antidote à la dépression et au stress.

Dans la vie, il existe deux sortes de gens : ceux qui y participent, et ceux qui se contentent de la regarder ; autrement dit, les acteurs et les spectateurs. Certaines personnes passent le plus clair de leur temps à provoquer les événements, d'autres le passent à le regarder s'écouler. Un jour, il est trop tard, et ils se demandent encore ce qui a bien pu se passer.

S'abrutir pendant des heures devant la télévision est le plus sûr moyen de sombrer dans l'ennui et de se sentir fatigué, physiquement et intellectuellement. Tuer le temps ne sert qu'à hâter sa propre mort. Si vos loisirs ne se partagent pas de manière équilibrée entre activités "passives et actives", ils vous laisseront insatisfait. Le meilleur remède à l'ennui est de vous découvrir de nouvelles passions. Les activités les plus satisfaisantes sont celles qui comportent un défi et qui proposent un but. Lorsqu'on s'y adonne, on oublie le temps et même l'endroit où l'on est tant elles nous absorbent.

Sois tout au plaisir d'agir et laisse-les dire.

Baltasar Gracian

Il existe forcément plusieurs domaines qui vous passionnent - peut-être est-ce l'alpinisme ou la randonnée en montagne, le jardinage, le ski nautique, l'équitation, la collection d'orchidées, que sais-je ? Une seule chose compte, que cette activité suscite en vous l'enthousiasme indispensable pour vous y engager à fond. Si vous aimez ce que vous faites, vous serez plus tonique, plus présent et plus rayonnant.

Exercice 8-2. Mesurez vos passions

Revenez à votre arbre de loisirs ou à la liste des activités que vous envisagez d'essayer, et accordez à chacune d'elles une "note de passion" en fonction de l'enthousiasme qu'elle suscite en vous : de 1 (passion quasi nulle) à 5 (passion brûlante).

Lorsque vous aurez évalué votre envie pour chacune des activités envisagées, promettez-vous de pratiquer celles dont la cote de passion atteint au moins 4. Celles qui obtiennent moins de quatre points ne vous stimuleront pas assez pour entretenir votre motivation.

Aiguillonné par votre enthousiasme, vous n'aurez aucun mal à vous absorber dans ces activités. Peut-être faudra-t-il au contraire réfréner l'ardeur que vous y mettrez. La passion, l'enthousiasme, le désir, sont les seuls ingrédients nécessaires pour vous investir dans des occupations qui vous procureront à la fois un sentiment de satisfaction et d'accomplissement. Dès l'instant où vous êtes prêt à entreprendre des activités qui représentent un défi, vous ne pouvez pas faire autrement que d'apprendre et de grandir.

Réponse à l'exercice 8-1 : Pendant que vous vous livrez à des activités saines et enrichissantes devant la télévision, assurez-vous qu'elle est bien débranchée.

CHAPITRE 9

Vivre le moment présent

Maintenant est seulement maintenant

Dans le cadre d'un sondage, d'une portée hautement philo-sophique, sur les rapports qu'entretiennent le tennis et le sexe, une revue consacrée au tennis mondial, le *World Tennis Magazine*, a interviewé 500 joueurs.
54 % ont répondu qu'ils jouaient au tennis en pensant au sexe. Qu'est-ce que cela signifie ? Cela peut vouloir dire beaucoup de choses. Peut-être qu'ils s'ennuient en jouant au tennis, ou peut-être qu'ils jouent avec des partenaires très "sexy". Et pourquoi pas une explication plus freudienne :

> *Le jour est infini pour qui sait en jouir et en user.*
>
> Goethe

ils sont si obsédés par le sexe qu'ils ne pensent qu'à ça, qu'ils jouent au tennis, mangent, recousent un bouton, ou montent à cheval !

Pour ma part, je dirais simplement que ces joueurs de tennis ont du mal à vivre le moment présent. Ils "s'absen-tent", peu importe ce qu'ils font. Les enquêteurs n'ont pas pensé à les interroger là-dessus, mais je suis sûr qu'ils pen-sent au tennis en faisant l'amour (nous laisserons à une revue

consacrée au sexe mondial le soin de réaliser cette enquête).
Il serait également intéressant d'effectuer un sondage parmi
les musiciens pour savoir combien pensent au sexe en inter-
prétant une symphonie...

Comme ces joueurs de tennis, la plupart d'entre nous ne
vivent pas le moment présent. Nous sommes tellement préoccupés par le passé ou l'avenir, que nous passons à côté des
moments les plus précieux de la vie. L'idée de vivre dans le
présent n'est pas une idée bien nouvelle, mais rares sont ceux
qui la mettent en pratique.

Nous marchons la plupart du temps comme des som-
nambules, indifférents à ce qui se passe autour de nous.
Certains philosophes disent même que nous vivons dans l'in-
conscience la plupart du temps.

Si vous voulez faire partie de la minorité consciente, rappelez-vous que maintenant - et seulement maintenant - est
maintenant. Vivre le moment présent est essentiel, car c'est le
seul qui nous appartienne vraiment. Il n'est pas d'autre expérience que celle du moment présent. Etre dans le présent
signifie accepter que l'on ne peut jamais vivre le passé ou le
futur. **Et c'est tout !** Que vous le croyiez ou non, le *présent* est
tout ce que la vie vous offrira jamais.

Maîtriser l'instant

Dans certaines cultures, un "moment" peut durer un après-midi
entier, les activités ont un début et une fin naturels qui ne sont pas
dictés par la montre. Une conversation
ne se déroule pas dans un temps limité
à quinze ou trente minutes, elle commence quand elle commence, elle finit
quand elle finit. Malheureusement,
beaucoup d'Occidentaux ne sont plus
capables de parler tranquillement avec
un parent, un ami, un voisin ; cela
impliquerait un "flou" qui n'a pas sa
place dans notre emploi du temps.

> *Perdues, hier, quelque part
> entre l'aube et le crépuscule,
> deux heures en or, chacune ser-
> tie de soixante minutes pré-
> cieuses. Pas de récompense, elles
> ont disparu à jamais.*
>
> Horace Mann

L'inertie active ne mène nulle part

Vivre "maintenant" n'est rien de plus que de savourer l'instant présent pour ce qu'il est. C'est ce que Mij Relge, un très bon ami, a su faire. A l'âge de quarante-trois ans, Mij a quitté son poste de professeur à l'université pour se lancer dans une recherche spirituelle et se réaliser en tant que personne. Par curiosité, je lui ai demandé ce qu'il faisait de son temps libre et quels étaient ses projets pour l'avenir. A l'époque, il avait cessé de travailler depuis deux ans. Mij m'a fait cette réponse, digne d'un maître Zen, montrant qu'une vie sans emploi ne lui posait pas de problème : "Je m'occupe à maîtriser l'instant".

Maîtriser l'instant est essentiel pour profiter de ses loisirs et apprécier sa liberté. La qualité de nos loisirs dépend de notre capacité à nous absorber totalement dans une activité. Alors seulement, nous tirons un véritable plaisir de ce que nous faisons - quoi que ce soit : jouer aux échecs, parler à un ami, barboter dans un ruisseau, admirer un coucher de soleil... Vivre ses loisirs au présent se traduit par une attention intense ainsi qu'une sensation d'être en harmonie avec le monde.

Cette attitude est un des fondements de la sagesse Zen. L'histoire qui suit illustre l'importance de maîtriser l'instant : Un disciple Zen interroge son maître :

- Maître, qu'est-ce qu'être Zen ?
- Etre Zen, c'est balayer le sol quand tu balayes le sol, manger quand tu manges, et dormir quand tu dors.
- Maître, c'est donc si simple !
- Bien sûr, mais si peu de gens le font.

Il est vrai que très peu vivent le moment présent. C'est regrettable, car ainsi nous passons à côté de nombreuses opportunités. L'attention au moment est une attitude que nous pouvons essayer d'acquérir pour notre plus grand bénéfice. La capacité à être dans le moment présent et à nous concentrer sur ce que nous sommes en train de faire, est un aspect important de la créativité, que ce soit dans notre travail ou dans nos loisirs. Pour

> *Le temps est le moyen que choisit la nature pour empêcher que les choses n'arrivent toutes en même temps.*
>
> Un sage anonyme

maîtriser l'instant, nous devons apprendre à faire une seule chose à la fois, et non deux ou trois. Avoir une activité physique et penser à autre chose en même temps, sont deux occupations contradictoires. Nous ne sommes pas libres de prendre part à l'activité que nous avons choisie, si nous pensons à autre chose. Dans nos loisirs, nous avons souvent du mal à choisir une activité et à nous y tenir jusqu'à ce qu'il soit temps d'arrêter. Toute action, toute tâche qui mérite d'être accomplie, devrait recevoir toute notre attention.

La capacité à faire l'expérience de l'ici et maintenant est une des caractéristiques de la créativité. Les gens qui vivent de manière créative sont ceux qui parviennent à s'immerger totalement dans un projet. Leur degré de concentration est tel qu'ils perdent complètement la notion du temps. Leur projet les absorbe entièrement. Ils ne sont jamais distraits par leurs pensées. Quel est leur secret ? Ils jouissent de l'instant présent, pour ce qu'il est et ne s'inquiètent pas de savoir ce qui vient après.

Vous est-il jamais arrivé d'être transporté d'enthousiasme, loin de vos soucis habituels, jusque dans un état d'exaltation totale ? C'est cela *maîtriser l'instant*. C'est un sentiment rare. Deux professeurs de psychologie de l'université de l'Illinois, Howard et Diane Tinsley, notent que les individus qui profitent pleinement de leurs loisirs éprouvent les sentiments suivants :

✓ Une sensation de liberté.
✓ Une absorption totale dans l'activité en cours.
✓ Un oubli de soi.
✓ Une perception accrue des objets et des événements.
✓ Une perte de la notion du temps.
✓ Une conscience accrue des sensations physiques.
✓ Une sensibilité aiguë aux émotions.

Cam Gase, de San Diego en Californie, m'a envoyé la lettre suivante. Cam est manifestement quelqu'un qui sait apprécier l'instant présent.

L'inertie active ne mène nulle part

Cher Ernie,

J'ai beaucoup aimé votre livre. Je l'ai lu alors que j'étais de quart la nuit dernière, de minuit à huit heures du matin. Je suis matelot de deuxième classe sur un navire dans l'Océan Indien. Mon bateau a jeté l'ancre dans un lagon. Cette nuit, j'ai contemplé la pleine lune, et peu de temps après j'ai assisté à un lever de soleil fabuleux. Les gens qui ne travaillent pas se lèvent rarement pour admirer le lever du soleil. J'ai publié à mon compte un livre de citations, et j'en ai retrouvées beaucoup dans votre livre.

Etant marin, j'ai la chance de beaucoup voyager. Il y a quelques années, j'ai emmené ma fiancée à Hong Kong et Bangkok. L'année dernière, nous sommes allés à Londres, à Amsterdam, à Münich, à Venise, en Suisse et à Paris. En janvier, nous partons en croisière aux Caraïbes.

Les gars qui travaillent comme moi sur les bateaux bossent dur, sept jours sur sept, particulièrement pendant les vacances et les week-ends où la paye est plus élevée. Qu'importe, j'ai pris mon jour de congé, et je suis parti à la plage, pour nager, et écrire des lettres. Les copains étaient étonnés que je puisse flemmarder un jour de "prime". Demain, c'est dimanche, et je recommencerai. J'ai tellement de choses à faire pendant mes loisirs, lire, écrire, nager, etc. Je ne regarde pas la télé, mais je regarde quelques films et quelques vidéos.

Votre idée de vivre comme s'il ne nous restait plus que six mois à vivre est une de celles que j'ai retenues alors que j'étudiais la philosophie et l'art Ninja. Vivre l'instant présent y est décrit comme : "Etre là, totalement concentré sur le moment qui s'offre". Le Yoga et le Zen proposent de se concentrer sur un seul objet, comme vous le faites.

J'aime aussi beaucoup la solitude. C'est tout simplement génial, quand je lis un livre avec lequel je suis d'accord sur toute la ligne. Et je suis toujours agréablement surpris quand quelqu'un parvient à dire l'essentiel dans un seul bouquin.

Amicalement,

Cam

Cam a compris que le secret des loisirs est de privilégier les
activités dans lesquelles on maîtrise l'instant. Si vous parvenez à en faire autant, vous
connaîtrez beaucoup de joie
et vous ferez des expé-
riences très épanouissantes.
Maîtriser l'instant, c'est
aussi bien passer l'après-
midi à flâner dans une
bibliothèque sans but précis,
ou écrire une lettre en laissant courir la plume au fil
de votre inspiration. C'est
accomplir quelque chose qui vous fascine au point que vous
perdiez complètement la notion de temps et d'espace. Quand
vous maîtrisez l'instant, rien n'a d'importance, si ce n'est ce
que vous êtes en train de faire, maintenant.

ça doit être génial de se balader en Porsche.

ça doit être génial de buller tout l'après-midi.

Le temps c'est du plaisir

> Si vous n'êtes pas servi dans cinq minutes,
> eh bien, vous serez servi dans huit, neuf ou...
> peut-être douze minutes.
> DETENDEZ-VOUS !
>
> Menu du *Ritz Diner*, à Edmonton

Beaucoup de gens courent comme des fous pour arriver
quelque part, mais il est manifeste qu'ils n'ont pas la moindre
idée de ce qui les fait courir ; ou pire même, de l'endroit où
ils vont. Ils semblent être pressés d'arriver quelque part, pour
y être plus vite et attendre plus longtemps.

Pourquoi se dépêcher de vivre ? Quand avez-vous ouvert
votre cœur à un ami pour la dernière fois ? Vous est-il arrivé de
faire une pause et de vous demander ce qui vous faisait courir
comme ça ? Vous précipitez-vous sur le téléphone dès qu'il
sonne, alors que c'est inutile ? Est-ce que ce serait vraiment
une catastrophe, si vous le laissiez sonner encore une fois ?

La précipitation est une maladie. Ceux qui en sont atteints connaissent d'ailleurs de nombreux problèmes de santé, ainsi qu'un taux de mortalité élevé pour cause d'infarctus. Les gens qui se laissent dévorer par le temps présentent une accélération du rythme cardiaque, de l'hypertension, des problèmes gastriques et des tensions musculaires. A la longue, cette agitation continuelle entraîne une aggravation des troubles, et peut aboutir à une fin précoce.

> *Le temps est notre bien le plus précieux.*
>
> Proverbe français

Vous trouverez ci-dessous différents moyens de ralentir votre rythme et de mieux profiter de la vie.

- ✓ Cessez de vous projeter dans le futur et de vous demander si vous aurez le temps d'achever tout ce que vous avez à faire : si vous l'avez, vous en viendrez à bout, si vous ne l'avez pas, vous terminerez demain.
- ✓ Lorsque vous vous arrêtez pour prendre un café, accordez-vous le temps de le savourer. Buvez-le lentement en vous concentrant sur cet instant, comme si le monde entier s'était arrêté pour vous permettre de l'apprécier.
- ✓ Au volant de votre voiture, levez le pied, même si vous êtes pressé.
- ✓ Accordez-vous une "récréation" d'une demi-heure ou plus par jour, à utiliser de manière impromptue, selon l'envie du moment.
- ✓ Ménagez-vous une heure ou deux de solitude chaque jour, et laissez le répondeur se charger de vos appels.
- ✓ Lorsque vous admirez un coucher de soleil, regardez-le jusqu'à ce que le dernier rayon ait disparu derrière l'horizon.
- ✓ Quand vous parlez avec votre voisin, laissez la conversation avoir un début et une fin naturels plutôt que dictés par la montre.
- ✓ Lorsque vous prenez votre douche le matin, abandonnez-vous à ce moment, jusqu'à ressentir le bien qu'il vous fait.

Notre époque vouée au matérialisme, au stress et à la vitesse, semble n'avoir qu'un seul *credo* : "le temps c'est de l'argent". Quelle barbe ! Je préfère infiniment mesurer mon temps en termes de plaisir. Si au lieu de ce triste mot d'ordre, nous adoptions plutôt la devise : "le temps c'est du plaisir", nous nous porterions tous considérablement mieux...

Au fond, rien n'a d'importance...
et même si ça en a, qu'est-ce que ça change ?

S'inquiéter de choses insignifiantes ou sérieuses est une des activités qui nous dérobent l'instant présent. Des chercheurs de l'université de Pennsylvanie révèlent qu'environ 15 % des Américains passent au moins la moitié de leur journée à s'inquiéter. Le phénomène prend une telle proportion, que certains chercheurs estiment qu'un Américain sur trois souffre de sérieux problèmes psychologiques liés à l'inquiétude. A ce propos, pensez à deux de vos amis : si vous trouvez qu'ils jouissent d'une bonne santé mentale, alors vous devez être celui des trois qui souffre de problèmes psychologiques (je plaisante !).

> *Je suis un vieil homme, et j'ai connu beaucoup de problèmes, dont la plupart ne sont jamais arrivés.*
>
> Mark Twain

Exercice 9-1. Deux jours au sujet desquels il ne faut pas s'inquiéter

Il y a deux jours de la semaine au sujet desquels vous ne devriez pas vous inquiéter. Quels sont-ils ?

La petite histoire qui suit, issue de la sagesse Zen, constitue une bonne introduction au thème de l'inquiétude.

Deux moines, Eanzan et Tekido, marchent le long d'un chemin boueux, lorsqu'ils rencontrent une belle jeune fille qui n'ose pas traverser le chemin de peur de salir ses souliers de soie. Sans dire un mot, Eanzan prend la jeune femme dans ses bras et la dépose de l'autre côté du chemin. Puis les deux moines reprennent leur marche sans échanger une parole jusqu'au soir. Une fois arrivés à destination, Tekido dit à son compagnon : "Tu sais que les moines doivent éviter les femmes, pourquoi as-tu porté cette jeune fille dans tes bras ce matin ?" Eanzan lui répond : "Moi, je l'ai laissée de l'autre côté de la route, comment se fait-il que tu la portes encore ?"

Cette histoire illustre l'importance qu'accorde la philosophie Zen au fait d'avancer dans la vie sans s'encombrer des problèmes du passé. Cependant bien des gens restent obnubilés par des problèmes anciens. L'inquiétude forme la trame de la plupart de nos pensées, à tel point que certaines personnes s'inquiètent même de n'avoir à s'inquiéter de rien.

> *Ce n'est pas ce qu'ils vivent aujourd'hui qui rend les hommes fous. C'est le remords de ce qui a eu lieu hier, et la crainte de ce que leur réserve demain.*
>
> Robert Jones Burdette

Si vous faites partie de ces inquiets chroniques et que vous manquez de sujets d'inquiétude, voici de quoi nourrir votre anxiété. J'ai rédigé cette liste après avoir proposé une soirée, dans mon café préféré, sur le thème de l'obsession et des idées fixes, pour changer un peu de la poésie. Comme toutes les grandes idées, celle-ci ne suscita guère l'enthousiasme.

Quelques sujets d'inquiétudes supplémentaires :

- ✓ Qu'arrivera-t-il si je deviens trop motivé ?
- ✓ Qui me vole mes chaussettes ?
- ✓ Qu'est-ce que je vais bien pouvoir me mettre si on m'invite à l'opéra ?
- ✓ Qui a inventé les chaussettes ?
- ✓ Est-ce que quelqu'un d'autre se réincarnera un jour en moi ?
- ✓ Comment se fait-il que tous les gens bizarres semblent me connaître ?
- ✓ Le chat de mon voisin ne serait-il pas un peu névrosé ?

L'art de ne pas travailler

- ✓ Pourquoi Céline Dion a-t-elle épousé un autre que moi ?
- ✓ Quel genre de voiture devrais-je acheter si je gagne au loto ?
- ✓ Est-ce que je suis vraiment le seul client de ce bar ?
- ✓ Combien de rébus a-t-on inventés ?
- ✓ Suis-je si intelligent que je me gaspille ?
- ✓ Est-ce que les dyslexiques apprécient les palindromes ?
- ✓ Est-ce que le but de ma vie est d'alerter l'humanité ?
- ✓ Qui est cette belle blonde, là-bas ?
- ✓ Est-ce que je préfère vraiment les blondes ?
- ✓ Si j'épouse une blonde, est-ce que je finirai par préférer les brunes ?
- ✓ Pourquoi les gens ne mettent-ils plus de bâches sur leur voiture ?
- ✓ Est-ce qu'un perfectionniste comme moi peut changer de paradigme ?
- ✓ Suis-je le seul à n'avoir jamais changé de paradigme ?
- ✓ Est-ce que quelqu'un va me piquer cette liste et essayer de la revendre à un éditeur pour se faire d'argent ?
- ✓ Est-ce qu'on va m'enfermer pour avoir pondu cette liste ?

La peur, l'anxiété et la culpabilité, tous ces sentiments sont liés à l'inquiétude. A tout moment, au travail ou ailleurs, notre esprit s'égare, essentiellement absorbé par des soucis et des regrets. Si on ne regrette pas ce qui s'est passé hier, on se soucie de ce qui arrivera demain. Ce qui nous amène à la réponse de l'exercice 9-1: les deux jours de la semaine dont vous ne devriez pas vous inquiéter sont hier et demain.

> *Le monde se dirige en laissant les choses suivre leur cours, et non par notre intervention.*
>
> Lao-Tseu

Perdez-vous trop de temps à vous inquiéter au lieu de profiter du moment ?

Etes-vous capable de vous concentrer et d'être présent ici et maintenant ? Passer votre temps rongé par la crainte d'échouer ou de vous tromper, ne peut qu'accroître votre niveau de tension et d'anxiété. Un excès d'inquiétude prédispose au stress, aux migraines, aux bouffées d'angoisse, aux ulcères et autres maux du même acabit. La majorité de nos soucis naissent de l'autosuggestion et sont dans l'ensemble parfaitement vains. La plupart des inquiétudes que nous nous infligeons n'ont pas lieu d'être et peuvent se résumer à ceci.

Le petit tableau qui précède montre que 96 % de l'énergie

Vaines inquiétudes

40 % de nos inquiétudes concernent des événements qui n'arriveront jamais.

30 % de nos inquiétudes concernent des événements qui sont déjà arrivés.

22 % de nos inquiétudes concernent des événements anodins.

 4 % de nos inquiétudes concernent des événements auxquels nous ne pouvons rien.

 4 % de nos inquiétudes concernent des événements réels sur lesquels nous pouvons agir.

dépensée à s'inquiéter l'est pour des choses sur lesquelles nous n'avons pas prise. Autrement dit, c'est autant de temps perdu. En fait, c'est même pire que cela, car s'inquiéter des choses que nous pouvons contrôler ne sert à rien, puisque précisément nous pouvons agir dessus. 100 % de nos inquiétudes sont donc parfaitement vaines. (Maintenant, vous pouvez vous inquiéter de tout le temps que vous avez perdu à vous inquiéter.)

S'inquiéter au sujet d'événements passés ou futurs est une perte d'énergie. Les individus créatifs ont conscience qu'il y a quelque vérité dans la loi de Murphy. Autrement dit, "si une chose peut aller de travers, elle ne manquera pas de le faire".

> *Nous passons la moitié de notre vie à nous demander que faire du temps que nous avons gagné avec tant de peine.*
>
> Will Rogers

Les obstacles sont une certitude dans la vie. Un être créatif n'imagine pas la vie autrement. Il sait qu'il n'y a aucun moyen de les supprimer tous : d'autres apparaîtront régulièrement. En revanche, il sait qu'il peut pratiquement tous les surmonter. Lorsqu'il rencontre un obstacle, il essaiera d'imaginer un moyen de l'éliminer ou de le franchir. S'il ne peut pas passer par-dessus, il tentera de passer par-dessous. S'il ne peut pas passer par-dessous, il essaiera de le contourner. Et s'il est impossible de le contourner, il tentera de passer au travers. Avec tous ces choix, ce n'est pas la peine de s'inquiéter de savoir s'il y a des obstacles ou pas. S'il n'y en a pas, tant mieux. S'il y en a, tant mieux. Car cela veut dire un défi à relever, un problème inédit à résoudre !

La plupart de nos inquiétudes, sinon toutes, ne font que nous priver de l'énergie qui pourrait servir à résoudre nos problèmes. Se dire que finalement, rien n'a d'importance (et même si ça en a, qu'est-ce que ça change ?) est une saine philosophie. Si vous parvenez à l'appliquer à votre vie, vous verrez disparaître la plupart de vos soucis.

Lâcher le contrôle pour gagner la maîtrise

La plupart des gens cherchent constamment à garder le contrôle ; ils se sentent anxieux et insécurisés dès qu'ils ont l'impression de le perdre. Cependant, ce besoin permanent de contrôle peut conduire à l'échec. Une personne créative vous dira que pour vivre pleinement, il faut savoir s'abandonner, autrement dit renoncer au contrôle. Bien entendu, cela va à l'encontre de ce que nous avons appris.

> *Quand vous tenez un éléphant par la patte arrière et qu'il tente de s'échapper, mieux vaut le laisser filer.*
>
> Abraham Lincoln

Si vous êtes déjà monté à cheval, vous avez dû vous rendre compte qu'il est beaucoup plus facile de le conduire dans la direction où il veut aller. De même, il est plus facile de se diriger dans le monde si vous allez dans le même sens que lui. Cela signifie qu'il faut renoncer à vouloir contrôler sans cesse le cours des choses.

Voici une analogie qui illustre bien ce propos. Imaginez que vous êtes sur un radeau, en train de descendre le courant tumultueux d'un fleuve. Brusquement, le radeau chavire, et vous tombez à l'eau. Vous avez deux possibilités : soit vous essayez de garder le contrôle et de lutter contre le courant, et vous avez toute chance de vous retrouver blessé en étant précipité sur un rocher. Soit vous n'essayez pas de résister, au contraire vous laissez faire. Dès l'instant où vous abandonnez le contrôle, vous êtes "porté" par le courant, or l'eau ne se jette pas sur les rochers, elle les contourne.

La vie est comparable à ce fleuve turbulent. Pour s'y frayer un chemin sans trop de bleus ni d'égratignures, nous devons apprendre à aller avec le courant. Autrement dit, abandonner le contrôle et accepter le fait que nous ne pouvons pas agir sur le cours des choses. Le meilleur moyen de maîtriser notre destinée est de cesser de vouloir la contrôler et de nous inquiéter de la manière dont les choses vont tourner. Trop de facteurs qui échappent à notre volonté peuvent ruiner le meilleur des plans.

Les gens qui vivent de manière créative se laissent porter par le courant et se laissent guider par lui. De cette manière, ils reconnaissent l'importance de maîtriser l'instant.

Ne prévoyez pas d'être spontané

Contrairement à la plupart des adultes, une personne créative vit le moment présent et se montre capable de spontanéité. Mark Twain faisait sans doute référence à son propre manque de spontanéité lorsqu'il dit : "Il me faut généralement plus de trois semaines pour préparer un bon discours improvisé".

Selon Abraham Maslow, le célèbre psychologue humaniste dont nous avons déjà parlé, la spontanéité est une qualité que l'on perd trop souvent en grandissant. Il affirme que presque tous les enfants sont capables de composer une chanson, un poème, une danse, un tableau, une pièce ou un jeu, sur l'impulsion du moment, sans intention

J'avais prévu d'être spontané à trois heures cet après-midi, mais je suis complètement débordé. Remettons ça à demain.

ni plan préalables. La majorité des adultes perd cette aptitude. Cependant, Maslow a découvert qu'un petit nombre conservent cette faculté, ou la recouvrent plus tard dans la vie. Il s'agit des individus "réalisés" qui ont, pour reprendre ses termes, "actualisé" leur potentiel. Comme nous l'avons vu au chapitre 7, l'actualisation de soi correspond à l'état de santé mental optimal. Etat que Maslow décrit aussi comme la pleine humanité. Il observe que les personnes actualisées se montrent très spontanées et créatives tout au long de leur vie.

La spontanéité est essentiellement synonyme de créativité. Les gens qui vivent de manière créative ne manifestent pas d'inhibition, et sont capables d'exprimer ce qu'ils ressentent vraiment. Ils peuvent, comme les enfants, "faire les fous". Ils sont aussi capables de suivre l'inspiration du moment et de faire quelque chose qu'ils n'avaient pas du tout prévu. Et ils n'ont également aucun mal à improviser un discours. Là encore, ils se montrent plus proches de l'enfant que de l'être adulte.

A quel point, êtes-vous spontané ? Suivez-vous toujours le programme que vous vous êtes fixé ? Vous conformez-vous à une routine établie ? Ou vous en écartez-vous souvent pour faire quelque chose de complètement différent ? J'ai constaté que lorsque j'agissais de manière spontanée et imprévue, il se passait souvent des choses intéressantes et inattendues, qui ne me seraient jamais arrivées sinon.

Pour rafraîchir votre notion de la spontanéité, observez les enfants. Si vous pouvez retrouver l'enfant en vous, vous retrouverez aussi cette qualité. Etre spontané, c'est être capable de remettre ses projets en question, de tenter une expérience nouvelle sur une inspiration soudaine, parce que cela vous fait plaisir. Mais être spontané ne se prévoit pas, croire le contraire est une lubie de comptable, d'ingénieur à la rigueur. Personne ne peut "programmer la spontanéité", c'est un contresens.

Etre spontané signifie aussi admettre le hasard dans sa vie. Plus vous lui laisserez de place dans la vôtre, plus vos loisirs deviendront intéressants. De même, si vous admettez plus de personnes dans votre monde, et si vous communiquez avec elles en exprimant votre point de vue, particulièrement s'il diffère du leur, c'est une chance d'apprendre quelque chose de nouveau.

La spontanéité ne se programme pas, mais elle peut se "pratiquer". C'est par exemple s'exercer quotidiennement à faire quelque chose que l'on n'avait pas prévu, en suivant l'inspiration du moment. Cela peut être une chose infime, comme de changer d'itinéraire à un moment donné, ou de manger dans un nouveau restaurant, ou d'essayer une distraction inédite. Car vous pouvez rendre vos activités de loisirs beaucoup plus intéressantes en y introduisant la nouveauté.

Vivre heureux pour l'éternité... sans se soucier du lendemain

Un matin, j'ai vu un homme, à moitié clochard, sortir d'un hôtel de troisième zone. Il était seul et n'avait pas perçu ma présence. Et je l'ai entendu s'exclamer avec beaucoup de gaieté : "Bonjour, le Monde, comment vas-tu ce matin ?" Puis, il a regardé autour de lui, la place baignée de soleil, et a ajouté, radieux : "Incroyable, tout bonnement incroyable !"

J'ai regardé cet homme, saisi d'admiration. Il était capable d'exprimer un tel enthousiasme, alors qu'il semblait manquer de la plupart des choses "essentielles" pour lesquelles nous luttons. Il était si heureux de vivre, que je m'attendais presque à le voir léviter. Puis j'ai pensé à tous ces visages renfrognés que j'aurais croisés si je m'étais promené dans le centre-ville ce matin-là. Aurais-je rencontré une seule

> *Nous n'avons pas plus le droit de consommer du bonheur sans en produire, que nous n'avons le droit de consommer de richesses sans en produire.*
>
> George Bernard Shaw

mine aussi réjouie parmi tous ces gens munis d'un travail ? Non, j'aurais vu de nombreux visages reflétant le sérieux qu'affichent généralement les musiciens d'un orchestre symphonique. Et je suis persuadé que si j'avais entendu leurs conversations, elles n'auraient pas été plus gaies.

Abraham Lincoln disait que les gens sont dans l'ensemble aussi heureux qu'ils se disposent à l'être. Je suis sûr que mon "demi-clochard" l'aurait approuvé. Voilà, maintenant vous savez qu'il ne tient qu'à vous. Depuis des siècles, les sages et les mystiques de toutes les traditions religieuses et philosophiques, répètent tous à peu près la même chose et s'accordent pour l'essentiel sur l'origine du bonheur. Mais ils pourraient le crier sur les toits ou le graver sur toutes les pierres, que la plupart des gens ne comprendraient toujours

Mon but dans la vie c'est d'être heureux, de vivre pleinement chaque instant et d'apprendre à faire une seule chose à la fois.

pas. Le bonheur n'est pas à l'extérieur, il est à l'intérieur. Le véritable bonheur consiste à trouver le contentement en soi. Tous les biens de ce monde ne peuvent apporter la joie que des êtres démunis trouvent en eux-mêmes.

Tout le monde veut être heureux. Comme les héros des contes de fée que nous lisions dans notre enfance, nous voudrions "vivre heureux pour l'éternité", et ne connaître que de bons moments.

Mais le bonheur "pour l'éternité" ne peut se vivre qu'au jour le jour. Car le bonheur se vit au présent. Si notre but essentiel est le bonheur, celui-ci nous échappera. C'est en réalisant nos aspirations que nous le trouverons, mais il ne peut être un but en soi.

De même ne vouloir vivre que de bons moments est un leurre. La poursuite du plaisir n'est en général qu'une tentative d'échapper à l'inconfort. L'excès de plaisir sécrète rapidement l'ennui. Si la vie n'était que plaisir et rien d'autre, il n'y aurait pas de bonheur possible.

Le secret du bonheur réside dans l'engagement. C'est vrai dans le monde du travail comme ailleurs. S'engager signifie se lancer corps et âme dans ce qu'on entreprend. Autrement dit, faire une seule chose à la fois, et savoir l'apprécier pleinement.

"Si vous ne trouvez pas le bonheur là où vous êtes, où croyez-vous le trouver ?" demande un sage Zen. Ce qu'il résume plus simplement encore : Où, si ce n'est ici ? Les grands maîtres de la philosophie orientale ont toujours dit : "Le bonheur est la voie". En d'autres termes, ce n'est pas la destination ; le bonheur ne se cherche pas, c'est vous qui le créez. Inutile de partir en quête du bonheur, puisque c'est le pays d'où vous venez.

C'est précisément quand on n'a plus de temps pour ça, qu'il faut songer à se détendre.

Sydney Harris

Il ne faut pas plaisanter avec l'humour

Savoir rire est un immense atout pour profiter de la vie. Beaucoup de gens se croient dotés du sens de l'humour, mais peu en font preuve. Je connais des gens si sérieux qu'ils pourraient faire dérailler un train.

L'acteur George Burns, célèbre pour ses talents comiques, était persuadé qu'il vivrait centenaire. Peu après son quatre-vingt-dixième anniversaire, il commença à prendre les paris pour le centième. S'il a vécu aussi longtemps, c'est en bonne partie grâce à l'attitude qu'il a adoptée toute sa vie. L'humour est ce qui le faisait vivre. Il ne fait aucun doute que son travail a été bénéfique à sa santé. Des études - très sérieuses – révèlent qu'éclater de rire plusieurs fois par jour fait autant de bien à la santé que de courir pendant dix kilomètres.

> *Une journée où l'on n'a pas ri, est une journée perdue.*
>
> Chamfort

Un autre personnage à qui le rire profita beaucoup s'appelle Norman Cousins. Le diagnostic des médecins ne lui laissait aucun espoir : il était atteint d'une maladie incurable en phase terminale. Norman Cousins démentit ce sombre pronostic, en se repassant les films des Marx Brothers et les émissions de la Caméra Cachée. Il rit tellement fort qu'il découragea la maladie et recouvra la santé.

En plus d'être bon pour la santé, l'humour constitue un moyen efficace d'éveiller la créativité. Les gens qui se sont intéressés à la créativité se sont aperçus que les solutions géniales naissent souvent d'un trait d'humour. Si vous vous sentez submergé par le stress et que vous prenez vos problèmes trop au sérieux, la meilleure chose qu'il vous reste à faire est d'ouvrir un recueil de blagues, d'aller voir un ami capable de rire de tout, de faire le fou. Bref, décrochez un peu ; et vous serez étonné de voir combien d'idées créatives et originales vous viendront à l'esprit.

Les gens qui gardent toujours la tête sur les épaules, devraient la perdre de temps en temps. Tout le monde connaît le dicton : "La vie est trop grave pour être prise au sérieux", mais qui s'en souvient ? Nous sommes tous beaucoup trop sérieux la plupart du temps. Et vous, jusqu'à quel point l'êtes-vous ? Trouvez-vous le temps de rire ? de faire le fou ? Si vous vous efforcez d'être toujours raisonnable, vous sabotez votre créativité. Les individus trop sérieux pour s'amuser accouchent rarement d'idées géniales.

Le sérieux est le seul refuge des esprits peu profonds.

Oscar Wilde

Le jeu est au cœur de la créativité. Jouer et s'amuser sont de grands stimulants pour l'esprit. Lorsqu'on s'amuse, on est généralement détendu et enthousiaste. Parfois, il arrive même qu'on dépasse les bornes. Tous ces états participent de la créativité. Savez-vous pourquoi les enfants sont si créatifs ? Parce qu'ils savent rire, s'amuser et être spontanés. Rappelez-vous quand vous étiez enfant, en jouant, vous appreniez. Et sans doute avez-vous plus appris dans les moments de légèreté que dans les moments de sérieux. Essayez de retrouver cet enfant en vous et vous verrez renaître votre créativité. Gardez-le vivant et ne perdez pas contact avec cette part d'insouciance que nous avons tous. Et votre vie ne sera jamais ennuyeuse.

La comédie et le rire ouvrent l'esprit. Le rire nous aide à voir les choses autrement parce qu'il change notre état d'esprit. Lorsque l'esprit est détendu, il se soucie peu d'être exact ou réaliste : je déraisonne, et alors ? Il est bon de "perdre la raison" de temps en temps. Cela permet d'ouvrir la porte à des solutions neuves et créatives. La créativité a besoin du jeu et d'une certaine folie, ce que d'ailleurs la société n'apprécie guère. On vous dira que vous feriez bien de grandir et de devenir "adulte". On ne devrait jamais devenir une "grande personne", car alors on cesse de croître en tant qu'individu. Si vous êtes du genre trop sérieux, apprenez la légèreté. Comme un ami m'a dit un jour : "On ne surestimera jamais assez l'insignifiance de presque toute chose."

Le but ultime est le chemin

Le temps libre n'est pas nécessairement fructueux. Pour avoir une vie satisfaisante, nous devons fournir un effort et réaliser quelque chose qui a un sens. Pour cela, nous devons former un projet, l'initier et le mener à terme.

Les gens qui sont réellement satisfaits de leur vie ne comptent pas sur un apport extérieur pour les rendre heureux. Ils agissent et font en sorte que quelque chose se passe. Les véritables acteurs dans ce monde ne se contentent pas d'attendre que les événements leur tombent dessus. Ils se fixent des buts, puis se donnent les moyens de les atteindre. Mais une fois qu'ils se sont fixé un but, c'est de cheminer vers lui qui compte plus que le fait de l'atteindre. Le voyage est pour eux plus important que la destination.

> *Je préfère la route à l'auberge.*
>
> Miguel de Cervantes

Léon Tolstoï posa ces trois questions :

1. A quel moment faut-il faire attention ? Maintenant.
2. Quelle est la personne la plus digne d'estime ? Celle qui est à présent à vos côtés.
3. Par quoi doit-on commencer ? Par ce qui nous fait du bien.

Par ses réponses, Tolstoï soulignait la puissance que recèle la présence au moment, et l'intérêt de se concentrer sur l'expérience à vivre plutôt que sur son résultat. En appliquant ce principe, nous apprécions à la fois le processus et son aboutissement.

Vivre le moment présent signifie que nous tirons plus de joie et de satisfaction de notre effort que de la réalisation de notre objectif. La satisfaction de réaliser notre but, aussi ambitieux soit-il, est de courte durée. Robert Louis Stevenson a dit : "La qualité du voyage compte plus que l'arrivée". Lorsque le but ultime devient le chemin, notre vie est transformée. Nous laissons libre cours à notre créativité, nos échecs deviennent des succès, et perdre signifie gagner ; le voyage devient la destination.

Si vous voulez faire un beau voyage, apprenez à apprécier ce qui vous entoure : la musique, les gens, les paysages, et toutes les merveilles de ce monde. Ne faites pas comme si elles allaient de soi, car alors vous passerez à côté de la vie. N'oubliez pas qu'un coucher de soleil ne ressemble à aucun autre, de même que chaque flocon de neige est unique. Réveillez-vous et écoutez le chant des oiseaux, humez le parfum des fleurs et sentez la texture des arbres.

Essayez de savourer chaque minute de la journée. Cherchez le côté positif de chaque chose. Commencez et vivez chaque jour avec un objectif en point de mire. Pratiquez consciemment l'idée de jouir et de profiter du moment. Agissez en étant présent, corps et âme, à ce que vous faites. Soyez dans l'instant. Et souvenez qu'il n'y a pas d'autre moment que celui-ci ; et qu'on ne peut vivre qu'un moment à la fois. En fin de compte, vous *êtes* le moment.

CHAPITRE 10

Mieux vaut être seul
que mal accompagné

La clé de la solitude est cachée à l'intérieur

Il y a quelques années, des publicités télévisées montraient le réparateur d'une célèbre marque d'appareils ménagers, sous les traits d'un homme très solitaire, *the Maytag man*. On avait rarement besoin de lui, en raison de la qualité des appareils de ladite marque. Dans une des réclames, on le voyait prendre une chambre d'hôtel et signer sa fiche du nom de sa société. La jeune personne qui l'accueillait lui disait alors quelque chose comme : "Nous veillerons à ce que vous ne vous sentiez pas seul ici." Dans la réalité, cette phrase ne veut rien dire.

> *Celui qui ne trouve aucune satisfaction en lui-même la cherche en vain ailleurs.*
>
> La Rochefoucauld

Personne ne peut empêcher qui que ce soit de se sentir seul (sinon lui-même). De plus, ce n'est pas parce que cet homme fait un métier solitaire qu'il se *sent* esseulé.

Il y a deux manières de vivre la solitude. La première consiste précisément à se sentir seul et à en souffrir, la seconde à savoir en jouir. Autrement dit, découvrir une foule d'occupations délicieuses que seule la solitude permet. Malheureusement la plupart des gens ne connaissent que le revers de la médaille.

Pour la grande majorité, être seul signifie en fait se *sentir* seul. Je connais des gens qui perdent littéralement les pédales s'ils doivent rester seuls plus de dix minutes. Dès l'instant où ils se retrouvent seuls, ils se sentent abandonnés.

La vie citadine : des millions de gens qui se sentent seuls ensemble.

Henry David Thoreau

En réalité, la solitude est une excuse au fait qu'ils s'ennuient quand ils se retrouvent livrés à eux-mêmes. Un de mes amis, qui venait de découvrir les joies de la promena-de à bicyclette, s'en acheta une, qu'il utilisa une seule et unique fois, dans le mois qui suivit, sous prétexte qu'il "n'avait personne pour se promener avec lui". Je le plains sincèrement car il rate une bonne occasion de profiter de son temps libre. Souvent, je tiens à partir seul faire un tour à pied ou en vélo, même quand un ou plusieurs amis se proposent de m'accompagner. Bien sûr, je dois leur expliquer que ce n'est pas parce que leur compagnie m'ennuie, mais que je recherche tout simplement la solitude, pour moi si précieuse. Il y a en effet des moments où je préfè-re ma propre compagnie.

Au contraire d'autres personnes - j'en connais et vous en connaissez sûrement - qui allumeront la télévision ou la radio dès l'instant où elles se retrouvent seules. Elles préféreront regarder des feuilletons insipides ou écouter des débats futiles à la radio, plutôt que d'affronter un moment de silen-ce. Il est tout à fait regrettable que le fait d'aimer la solitude soit considéré comme un comportement asocial. Conditionnés par ce type de préjugé, nous apprenons très tôt à consacrer tout notre temps libre à des activités collectives et préétablies. Nous intégrons des clubs, des équipes, ou toute autre forme d'organisation qui nous garantira que nous serons entourés. Si bien que lorsque nous nous retrouvons seuls à la veille d'un long week-end, sans avoir rien prévu, nous sommes complètement perdus.

Les psychologues disent que la solitude est devenue un problème préoccupant, particulièrement dans les grandes villes. Des études révèlent, par exemple, qu'un quart de la population des villes américaines souffre de "solitude chronique". Pour certains, cette solitude devient si insupportable qu'elle les conduit au suicide. Voici quelques-unes des raisons que les gens avancent pour expliquer leur solitude :

✓ Je manque d'amis.
✓ Je suis célibataire.
✓ Je n'ai personne dans la vie.
✓ Je viens de m'installer dans la région.
✓ Je vis dans une grande ville.
✓ Je n'ai que des relations superficielles.

Leur solitude paraît plus tragique encore lorsqu'on s'aperçoit qu'aucune des raisons avancées n'en est véritablement la cause. Tout au plus peuvent-elles la favoriser, mais certainement pas l'expliquer. Les gens se sentent seuls parce qu'ils se laissent envahir par le sentiment de solitude, qui n'est que le reflet de leur ennui.

Pour vaincre l'ennui, nous devons apprendre à utiliser de manière créative les moments où nous sommes livrés à nous-mêmes. La plupart d'entre nous cherchent à fuir la solitude dans l'excitation de la vie mondaine, aussi creuse soit-elle, pour échapper au vide plus grand encore qu'ils sentent en eux. Nous nous évadons aussi dans la société, parce que la solitude nous fait peur. Nous croyons pouvoir l'éviter, alors que nous pouvons nous sentir plus seuls encore parmi la foule.

Solitude ne veut pas dire isolement. L'incapacité à être seul reflète une insécurité profonde. Les personnes les plus seules au monde sont souvent aussi les plus entourées. Beaucoup sont bourrées de charme, paraissent sûres d'elles-mêmes et pleines de sang-froid. Pourtant, dès l'instant où elles se retrouvent seules, la solitude les sub-

Si c'est ça la solitude, j'en reprendrais bien une petite tranche.

merge. L'absence de sécurité intérieure les pousse à rechercher à chaque seconde la compagnie d'autrui.

La plupart des gens n'ont aucune envie de savoir ce qu'il y a au fond d'eux-mêmes. Certains préfèrent s'adonner à la drogue ou à l'alcool pour maintenir un état d'excitation permanente. D'autres, tournent le bouton de la télévision ou de leur chaîne stéréo pour tromper leur solitude. La folie qui consiste à rechercher à l'extérieur ce qui se trouve à l'intérieur a inspiré aux soufis la parabole que voici :

Un jour, Mulla se trouvait dans la rue, devant le porche de sa maison, en train de chercher fébrilement quelque chose. Un ami passa par là et s'enquit de ce qu'il avait perdu. "Mes clefs", répondit Mulla. Ils se mirent tous les deux à quatre pattes pour essayer de les retrouver. Au bout d'un moment, son ami, las de chercher, s'avisa de lui demander :

"As-tu une idée de l'endroit où elles sont tombées ?
- Oui, je les ai perdues chez-moi.
- Mais pourquoi diable les cherches-tu dans la rue ? -
Parce qu'il y a bien plus de lumière dehors."

Cette parabole n'est pas seulement amusante, elle recèle une vérité profonde. Plutôt que d'affronter la solitude, la plupart des gens se tournent vers l'extérieur, "parce qu'il y a plus de lumière", exactement comme Mulla. Mais de même que ce dernier n'a aucune chance de retrouver ses clés hors de chez lui, celui qui cherche à fuir la solitude à l'extérieur ne trouvera pas la clé qui lui permettrait de bien la vivre. Car cette clé est cachée à l'intérieur. Une fois que l'on comprend d'où vient le sentiment de solitude, cette dernière devient l'occasion de faire plein de choses agréables, qu'on ne saurait faire en compagnie d'autrui.

Aimer la solitude implique de s'aimer soi-même

La peur d'être seul est le signe qu'on ne s'estime pas, que l'on se sent médiocre et sans mérite. Or la vie de quelqu'un qui ne s'aime pas peut ressembler à un cauchemar.

Un grand nombre de gens semblent toujours en quête d'une marque d'estime ou d'approbation d'autrui. Mais même s'ils l'obtiennent, ils ne s'aiment pas d'avantage. Car l'estime des autres et l'estime de soi sont deux choses différentes. Comme on l'a vu dans la hiérarchie des besoins établie par Maslow, on a tous besoin d'être apprécié des autres et de soi-même, mais ces deux besoins ne puisent pas à la même source.

Dans la vie, rien ne remplace le bonheur, or il n'y a pas de bonheur imaginable quand on ne s'estime pas. L'amour de soi ne dépend pas des autres ou de l'environnement, c'est quelque chose que nous seuls pouvons nous donner. Ceux qui ont une piètre estime d'eux-mêmes dépendent de la façon dont ils sont perçus par les autres.

> *Celui qui est capable d'y arriver avec les autres mais pas tout seul, n'est pas capable.*
>
> Clark Moustakas

Ce qui les rend très vulnérables à ce qu'on dit ou pense d'eux. Or les autres sont loin d'être les meilleurs juges, parce qu'eux-mêmes souffrent souvent d'un complexe d'infériorité et sont piégés par le même désir de se faire aimer d'un monde tourné vers l'extérieur, la réussite et l'argent.

Savez-vous goûter la solitude ? Si vous ne savez pas, c'est probablement le signe que vous ne trouvez pas grâce à vos propres yeux. L'autodépréciation peut vous empêcher totalement de profiter des loisirs solitaires. Et puis, si vous ne vous aimez pas, pourquoi d'autres vous aimeraient-ils ?

On peut évaluer l'estime de soi aux efforts que l'on fait pour se faire apprécier. Si vous avez constamment peur de déranger ou d'indisposer les autres, sans doute l'image que vous avez de vous-même n'est-elle pas très reluisante. A l'inverse, si vous avez une bonne opinion de vous-même, vous ne craignez pas de vous affirmer quitte à être en désaccord avec autrui. Si vous avez une haute idée de votre valeur, vous avez sans doute des amis de qualité ayant du caractère, plutôt que des amis en quantité mais superficiels.

Si vous manquez d'estime pour vous-même, il faut trouver le moyen de la renforcer. Celle-ci repose sur votre capacité à vous aimer quoi que les autres pensent de vous. Cela peut vous demander de renoncer à certaines amitiés ou relations qui se montrent trop négatives à votre égard, et qui n'encouragent pas ce changement. Par là, vous faites confiance à votre propre jugement.

Il faut s'aimer soi-même et aimer le monde avant de pouvoir le servir. Avoir du respect pour soi permet de sortir de toutes les impasses. C'est en se réconciliant avec soi-même, qu'on parvient à s'accomplir et à apprécier la solitude. On apprend à se connaître, et par là à connaître l'univers.

Ne vous éloignez pas des gens négatifs : fuyez !

Si vous avez suffisamment de respect pour vous-même, vous éviterez naturellement la compagnie de certaines personnes, même si le prix en est la solitude. Tandis que vous vous efforcez de raviver la passion dans votre vie, ayez soin de vous protéger de ceux qui voudraient l'éteindre. Les individus ennuyeux dont nous parlions au chapitre 6 peuvent l'étouffer quelque peu, mais les gens négatifs représentent une menace bien plus sérieuse pour votre bonheur.

Les gens négatifs se repèrent en particulier à leur manque d'humour. Ils ont de la vie l'idée délicieuse qu'elle est une escroquerie, et que "rien n'est si grave qui ne puisse empirer". De plus, ils chercheront à vous convaincre que le monde est un endroit pourri. Rien ne contrarie plus les gens négatifs et désabusés que les individus positifs qui ont le culot de réussir. Particulièrement agacés par les gens satisfaits et hautement motivés, les êtres négatifs feront tout ce qui est en leur pouvoir pour tirer les autres vers le bas. Dans les soirées, ces tristes personnages mettent de l'animation quand ils s'en vont.

Mieux vaut être seul que mal accompagné

Il est important de repérer et d'éviter les gens susceptibles de pomper votre énergie. Si vous avez des amis ou relations qui ne cessent de gémir et de se plaindre de leur vie, leur négativité finira par saper votre propre énergie. Ne restez pas trop longtemps en compagnie d'une personne qui a une attitude négative, à moins que son état soit temporaire et dû à un problème sérieux. Il est dans votre intérêt d'éviter le plus possible ce type de personne.

La vie est bien plus facile sans excès de bagage. Or les gens négatifs représentent une charge dont vous n'avez pas les moyens de vous encombrer. En avion, des bagages en excès vous coûtent de l'argent. Les gens négatifs vous coûteront bien plus que de l'argent : ils vous coûteront votre temps, votre énergie, et votre bonheur. Ils peuvent même au bout du compte, vous saper complètement le moral. Si vous vous entourez de trop de gens négatifs, au mieux, vous n'atteindrez pas les buts que vous vous êtes fixés.

Je m'apprêtais à acheter un bouquin sur " Le pouvoir de la pensée positive", quand je me suis dit : "à quoi bon !"

Ronnie Shakes

Peut-être connaissez-vous l'histoire de cet ivrogne qui dort au fond d'un ruisseau, où un porc a également fait halte pour se reposer. Passe une dame, qui remarque : "On juge un caractère à ses relations". A ces mots, le porc se dresse vivement sur ses pattes et s'en va. Une autre erreur, que certains commettent parfois, est de s'attarder en compagnie de gens paresseux et négatifs, parce qu'en comparaison ils passent pour des génies. Malheureusement, le reste du monde nous juge, comme cette femme, à nos relations.

Entourez-vous d'hommes et de femmes enthousiastes qui ont une vision positive de la vie. Les gens optimistes ont une joie de vivre et une ardeur irrésistibles. Ils créent, par leur énergie, un champ magnétique que tous ceux qui les approchent ne peuvent manquer de sentir. Vous pouvez apprendre beaucoup à leur contact. Ces personnes ont acquis beaucoup de sagesse et de connaissance à propos de la vie. Le bon sens à lui seul nous dicte de nous entourer de gens hautement motivés, plutôt que de gens qui pompent notre énergie.

Ne commettez pas l'erreur de penser que vous pouvez changer un être négatif et le voir se métamorphoser en un tour de main en une personne optimiste et enjouée. Dans son livre, *One* (Un), Richard Bach écrit : "Personne ne peut résoudre les problèmes de quelqu'un dont le problème est précisément qu'il ne veut pas les résoudre." Au cas où vous l'ignoreriez, les personnes négatives ne changent pas ; ou si elles changent, ce n'est qu'après un temps très long que vous ne pouvez vous permettre de perdre. Au lieu de dépenser votre énergie à essayer de changer quelqu'un malgré lui, utilisez-la plutôt pour vous transformer vous-même et vous améliorer.

Si vous vous sentez l'âme d'un Bon Samaritain prêt à prendre sous son aile un ou deux névrosés, je dois vous avertir de la futilité de cette entreprise. A moins que vous n'ayez les moyens de leur greffer une nouvelle personnalité, tous vos efforts seront vains. Je vais vous raconter une vieille histoire à ce sujet, qui a pour héros un scorpion et une grenouille.

> Un scorpion veut traverser un étang. Il avise une grenouille sympathique et lui dit :
> - Grenouille, je voudrais que vous m'emmeniez de l'autre côté de l'étang. Je ne sais pas nager, et je vous serais très reconnaissant de m'aider.
> - Pas question, je vous connais, Scorpion, si je vous laisse grimper sur mon dos, vous me piquerez de votre dard quand nous serons au milieu de l'étang, et je ne pourrai pas regagner la rive. Je n'ai aucune envie de mourir noyée.
> - Voyons, Grenouille, ne soyez pas sotte. Si je vous pique, je me noierai aussi. Pourquoi ferais-je une chose pareille ?
> La grenouille réfléchit un moment et finit par céder :
> - Vous avez raison, allez-y, grimpez sur mon dos.
> Le scorpion s'exécute, et ils se dirigent vers la rive opposée. Arrivés au milieu de l'étang, le scorpion, qui s'était retenu jusque-là, plante violemment son dard dans le dos de la grenouille.
> Tandis qu'ils commencent tous deux à couler, la grenouille s'écrie : mais qu'est-ce qui vous a pris ? Maintenant nous allons tous les deux mourir.

La réponse du scorpion est celle que l'on entend souvent dans la bouche des gens du même signe :
- C'est plus fort que moi, je n'ai pas pu m'en empêcher.

La morale de cette histoire est que même si leur bonheur,
voire leur survie, est en jeu, les êtres négatifs ne changent pas
de nature. Ils pourraient changer, mais ils continuent de
défendre leur point de vue coûte
que coûte ; et ils ne se contentent
pas de sombrer, mais cherchent à
entraîner les autres avec eux. Le
malheur n'aime pas seulement la
compagnie, il l'exige !

> *Je chérirai toujours les illusions*
> *que je me faisais sur toi.*
>
> Un sage anonyme

Si vous avez affaire à des gens
négatifs, rappelez-vous ce que
George Washington disait : "Mieux vaut être seul que mal
accompagné". D'après mon expérience, il n'y a qu'une seule
manière efficace d'agir avec les personnes négatives : les éliminer de votre vie. Evitez-les pour préserver votre bien-être.
Et lorsque vous les rencontrez, ne vous éloignez pas : **fuyez** !

Evadez-vous en solitaire

Aimer être seul signifie faire la paix avec soi. S'il y a une règle
d'or pour profiter de la solitude, c'est d'apprécier notre
propre compagnie. La solitude nous confronte à nous-même.
Elle permet d'expérimenter le monde et soi d'une manière
unique. Nous prenons goût à ces évasions solitaires, parce
qu'elles nous entraînent vers des sommets plus élevés et des
joies inconnues.

Le jour où nous nous sentons seuls, il y a deux manières
de réagir : la première consiste à nous morfondre. Pleurer,
gémir, dormir ou manger à l'excès, s'apitoyer sur son sort...
tous ces comportements entrent dans cette catégorie. Cette
réaction vient d'une absence d'objectifs pour les moments de
solitude. Cette absence d'objectif nous amène à "voler" trop
bas. L'inaction est la seule cause de notre sentiment de solitude.

L'autre réponse possible est la "solitude créative". Elle fait appel à des objectifs définis pour bien utiliser la solitude. Ces activités planifiées peuvent consister à lire, écrire des lettres, écouter de la musique, étudier, jouer d'un instrument de musique, ou pratiquer un violon d'Ingres quelconque. Lorsque nous agissons selon nos plans, nous renforçons notre sentiment d'identité et de sécurité.

> *Une fois de temps en temps, vous devriez faire une pause et vous rendre à vous-même une petite visite.*
>
> Audrey Giorgi

Exercice 10-2. Evadez-vous en solitaire

La solitude offre l'occasion d'entreprendre des choses qu'il est difficile de faire en présence d'autrui. Retournez à votre arbre de loisirs, et ajoutez-y une branche pour les activités que vous pouvez faire seul. Et maintenant, agrandissez votre arbre en détaillant les activités solitaires que vous envisagez.

Voici un petit échantillon des innombrables activités que vous pouvez pratiquer sans l'aide de personne.

✓ Méditer ou réfléchir.
✓ Lire des livres et des magazines que nous n'avez pas le temps de lire d'habitude.
✓ Voir des gens que vous n'avez pas la possibilité de voir quand vous n'êtes pas seul.
✓ Pratiquer une activité artistique ou créative.
✓ Essayer le bénévolat.
✓ Trouver le temps de rêver vos rêves.
✓ Découvrir un nouveau hobby.
✓ Vous amuser à observer les gens.
✓ Aller au café rencontrer des gens.

> *Une des choses qui manquent le plus à l'Occident est de découvrir la solitude créative.*
>
> Carl Sandburg

✓ Faire du vélo, courir, nager.

✓ Inventer un nouvel appareil ou objet.
✓ Réparer votre voiture.
✓ Transformer votre maison.
✓ Aller vous promener dans un parc.
✓ Marcher sous la pluie.
✓ Faire la sieste.
✓ Ecrire des lettres.
✓ Ecouter de la musique.
✓ Etudier.
✓ Pratiquer un violon d'Ingres.
✓ Vous mettre au jardinage.

Il y a encore bien d'autres activités qui peuvent se pratiquer en solo. Vaincre la solitude demande d'agir et de s'investir. L'inaction et l'isolement mènent tout droit à l'ennui et à la dépression. Etre seul fournit l'occasion de développer sa personnalité et de goûter des loisirs de qualité.

On peut trouver beaucoup d'apaisement en passant une nuit solitaire à la maison et en appréciant pleinement cet espace de tranquillité. La solitude est riche de sens parce qu'elle teste notre aptitude à compter sur nous-même. Etre seul exige plus de responsabilité, car nous ne pouvons plus compter sur notre conjoint ou sur nos amis pour nous prendre en charge. Prendre nos responsabilités signifie être l'auteur de nos expériences, quelles que soient celles que nous avons choisi de vivre.

Il est bon, de temps à autre, de s'éloigner du monde, d'oublier les journaux, la radio et la télévision pendant un jour ou deux. Même si vous n'avez pas spécialement de raison d'être seul, c'est une bonne habitude à prendre. Il est bon aussi de s'éloigner de temps en temps de son travail et de prendre un congé sabbatique. Si vous vous y préparez maintenant, la solitude sera plus facile à vivre le jour où elle s'imposera à vous. Certaines circonstances peuvent altérer les liens amicaux et les structures sociales auxquels nous sommes accoutumés. Une mutation professionnelle, la retraite ou le décès d'un proche, peuvent nous contraindre à la solitude. Se familiariser avec elle nous aide à être prêts pour le jour où nous serons moins entourés.

Une "Journée Créative"
pour célébrer le bonheur d'être seul

La solitude peut être une grande source d'inspiration pour l'artiste et le créateur, une opportunité de se renouveler et de réfléchir. La plupart des peintres, sculpteurs, poètes, écrivains et compositeurs, passent le plus clair de leur temps dans la solitude, parce qu'elle est plus propice au travail de création.

Un des moyens d'entrer en contact avec vous-même est de rencontrer l'artiste ou le créateur qui est en vous, en aménageant, une fois par semaine, une "Journée Créative". Appelez-la comme vous voulez, ce sera une journée spéciale, entièrement dédiée à votre imagination et à vos intérêts personnels. Si vous pensez que vous manquez de talent artistique, cela n'a aucune importance. Ce rendez-vous hebdomadaire a justement pour but de réveiller les dons créatifs que vous avez laissés en sommeil, ou même que vous ignoriez. Pendant les trois ou quatre prochains mois, isolez-vous pour ce rendez-vous hebdomadaire, afin de vous consacrer à une activité que vous avez toujours rêvé de faire, ou que vous avez aimé pratiquer puis abandonnée. Il est important que vous soyez seul, afin d'être à l'abri des éventuelles critiques ou sarcasmes d'autrui. En effet, vous n'avez aucun besoin de ce genre d'encouragements. Et puis, c'est aussi l'occasion de profiter de la solitude.

> *Connaître les autres est la sagesse, se connaître soi-même est l'illumination.*
>
> Lao-Tseu

Si jusqu'à présent vous avez négligé les dons créatifs que vous aviez étant enfant, les redécouvrir embellira votre vie. Vous pouvez écrire un roman, ou un journal, dans lequel vous raconterez votre histoire. Si l'écriture n'est pas faite pour vous, pourquoi ne pas essayer le modelage, ou la restauration de voitures anciennes ? Vous pouvez choisir une activité dite artistique, telle que la peinture, la sculpture, la musique, ou un autre type d'activité telle que la photographie, que les esprits élitistes considèrent généralement comme un "art mineur". Commencez par faire la liste d'une quinzaine d'activités que vous avez toujours voulu pratiquer ou que vous aimeriez essayer. Voici quelques suggestions :

- ✓ Ecrire un livre.
- ✓ Peindre un tableau.
- ✓ Faire la critique d'une dizaine de films.
- ✓ Visiter tous les sites intéressants de votre région.
- ✓ Composer des chansons.
- ✓ Photographier toutes les espèces d'oiseaux de votre région.
- ✓ Essayer les restaurants de votre ville, afin d'en découvrir la richesse et la diversité gastronomique.
- ✓ Assister à un concert ou une pièce de théâtre, et en faire la critique.
- ✓ Apprendre à jouer d'un instrument de musique.

Une fois que vous aurez constitué votre liste, choisissez un objectif suffisamment stimulant pour mobiliser votre énergie et votre intérêt. Vous devez vous tenir à cette activité pendant au moins un trimestre. Pendant ces trois mois ou plus, devenez artiste ou créateur. Lorsque vous exercez cette activité, c'est le processus qui compte et non le résultat. Si, par exemple, vous avez choisi d'écrire un livre, peu importe qu'il soit publié ou non. Ce qui importe, c'est le fait de l'écrire au lieu de seulement y penser.

Une fois que vous aurez pris la plume, ou le pinceau, vous commencerez à découvrir votre créativité et à apprécier aussi la solitude. Votre Journée Créative vous reliera à la créativité qui a toujours existé en vous, mais que vous avez peut-être négligée. Vous découvrirez que vous avez beaucoup plus de dons que vous ne le pensez.

> *La solitude nous rend plus dur avec nous-même et plus tendre avec les autres ; dans les deux cas, elle améliore notre caractère.*
>
> Friedrich Nietzsche

Lorsque vous aurez achevé votre projet, vous éprouverez une grande satisfaction et une nouvelle assurance, mais rien ne vous empêche de célébrer aussi le résultat. Si vous avez choisi d'écrire un livre, vous pouvez prendre le risque de le montrer à des amis ou à des proches. Si vous avez choisi de peindre quelques toiles, qu'est-ce que cela peut faire si certains trouvent qu'elles ressemblent à des "croûtes" ? Quoi qu'en disent les autres, vous ressentirez un formidable sentiment d'accomplissement. Vous aurez découvert en vous des qualités créatives que vous ignoriez. Laisser libre cours à votre imagination, et vous engager à prendre du temps pour vous de manière régulière, vous donnera la confiance et le courage nécessaires pour vivre avec bonheur vos instants de solitude.

Laissez sa chance à la solitude

Beaucoup de gens, lorsqu'ils sont confrontés à la solitude, ne lui laissent aucune chance. Ils allument immédiatement la télévision, ou décident subitement d'aller faire des courses, et d'acheter quelque chose dont ils n'ont aucun besoin (et encore moins les moyens). Et parce qu'ils ne laissent aucune chance à la solitude, ils n'apprendront jamais à l'apprécier.

> *Tout notre mal vient de ne pouvoir être seuls.*
>
> La Bruyère

Lorsque l'on est habitué à vivre avec d'autres, on ne sait plus s'en passer, surtout si l'on est entouré de gens de qualité. Richard Bach, dans son livre *Illusions*, raconte combien cela lui coûtait d'efforts pour se réadapter à la solitude après avoir vécu entouré de gens pendant quelques temps. Il écrit : "Lorsqu'on se retrouve à nouveau seul, on se réhabitue à la solitude, mais rompez-la une seule journée, et il vous faudra à nouveau vous réhabituer".

Alors que j'écrivais ce livre, comme le précédent du reste, il a fallu que je m'habitue à être seul moi aussi. Pendant le premier quart d'heure, j'avais tendance à passer des coups de fil, à mettre la radio pour entendre des gens causer, ou à lire des choses qui n'avaient rien à voir avec mon projet. Il me fallait d'abord accepter le fait d'être seul. Alors seulement, je me mettais à écrire et à apprécier réellement ma solitude.

Lorsque vous vous retrouvez seul, n'essayez pas de fuir au premier signe d'anxiété, il n'y a aucune raison de vous sentir abandonné et coupé du reste du monde. Au lieu de penser que vous êtes "sans personne", prenez conscience au contraire que vous êtes en présence de quelqu'un de très important : vous. Et que l'occasion précieuse vous est donnée de recevoir les récompenses que seule la solitude créative peut offrir.

Nous faisons tous un jour ou l'autre l'expérience du sentiment de solitude. Même ceux qui réussissent le mieux, qu'ils soit mariés ou non, connaissent des périodes où ils sont livrés à eux-mêmes. Les gens qui sont souvent seuls, sans pour autant se sentir abandonnés, sont à l'aise avec eux-mêmes. Ils apprécient leur propre compagnie autant que celle d'autrui. Ils savent aussi que la satisfaction et le bonheur sont possibles dans la vie sans nécessairement la partager avec quelqu'un d'autre.

Lorsque je me retrouve seul, avec tout le confort et les facilités qu'offre la vie moderne - téléphone, radio, ordinateur, livres, magazines, et autres moyens de communication -, il m'arrive de me sentir esseulé pendant un court instant, mais je me rappelle alors que des individus hautement motivés ont vécu de longues périodes dans la réclusion, sans pour autant trouver que leur vie manquait de sens. L'histoire de Sidney Rittenberg, par exemple, suffit à relativiser le sentiment de solitude.

Sidney Rittenberg a passé onze ans dans une geôle chinoise, dans l'isolement le plus complet. Pendant des années, ses gardiens ne lui permettaient même pas de se parler à lui-même. Il n'avait pas le droit d'avoir ne serait-ce qu'un crayon et du papier. Il a dit qu'il gardait toujours à l'esprit qu'il aurait pu se trouver à New York au milieu de dix mille personnes et se sentir encore plus seul que pendant toutes ces années passées en prison. Si Sidney Rittenberg a pu passer onze années dans l'isolement et l'inconfort le plus total et en sortir sain d'esprit, je suppose que nous pouvons supporter quelques heures de solitude.

> *La conversation enrichit la compréhension, mais la solitude est l'école du génie.*
>
> Edward Gibbon

Sidney Rittenberg a fait le choix d'être heureux en sa propre compagnie, et vous pouvez le faire aussi. Si vous êtes célibataire, il est possible que le goût de la solitude soit la clé de votre contentement, mais aussi la meilleure façon de rencontrer quelqu'un d'unique sur votre route. Pouvoir être heureux lorsqu'on est seul démontre un sens aigu de soi-même, une caractéristique généralement appréciée par les gens de qualité.

L'art de ne pas travailler

La solitude est un trésor

Si vous voulez vraiment connaître la joie de ne pas travailler, vous devez apprendre à apprécier le temps que vous passez seul. C'est non seulement l'opportunité d'apprendre et de développer votre personnalité, mais c'est aussi la possibilité de rompre avec le rythme trépidant de la vie quotidienne. Les Hindous ont un dicton puissant : "On ne grandit que lorsqu'on est seul". Un espace de solitude est nécessaire pour apprendre à se connaître, et pour approfondir les questions que l'on se pose.

Génial, toutes les autres feuilles sont parties, je vais enfin pouvoir profiter d'un peu de solitude !

Bien que la solitude signifie parfois la tristesse et le découragement, elle peut aussi être synonyme de contentement et même d'extase. Pour les gens évolués, ceux qui se situent au plus haut niveau de la pyramide de Maslow - celui de la réalisation de soi - la solitude est un trésor. Ils ne fuient pas la solitude mais la recherchent au contraire. Durant leurs loisirs, c'est seuls qu'ils se révèlent les plus productifs et les plus efficaces. Les êtres "réalisés", au sens de Maslow, sont centrés, ce qui signifie qu'ils tirent une grande satisfaction d'eux-mêmes, parce qu'ils savent apprécier la solitude plus que la plupart des gens.

Ces personnes ne ressemblent pas à ces individus misanthropes, solitaires et secrets, et psychologiquement inadaptés. Au contraire, ce sont des individus sains et sociables, qui se lient facilement. Selon Abraham Maslow, ce sont des êtres très indépendants, mais qui néanmoins aiment les gens.

Paradoxalement, une personne "réalisée" peut passer pour quelqu'un de solitaire bien qu'elle aime la compagnie des autres. Elle peut même être la personne la plus sociable et la plus communicative de votre entourage. Elle est à la fois la plus individualiste et la plus amicale et tendre. Elle s'entend bien avec les autres et avec elle-même. Autonome, elle ne cherche pas à impressionner les autres ni à les séduire.

Vivante et créative, elle a développé une aptitude naturelle au bonheur. Elle a appris l'indépendance et sait travailler et se distraire seule. Elle ne fonde pas son identité sur l'appartenance à un ou plusieurs groupes. Elle n'hésite pas à exprimer ses idées et ses aspirations, même si elle doit souvent les défendre contre celles d'autrui.

Bien qu'elle apprécie la compagnie des autres, une personne réalisée n'a pas constamment besoin d'une présence auprès d'elle. Les honneurs, le prestige, les récompenses ne sont pas essentiels pour cet esprit libre. Parce qu'elle est moins vulnérable au regard des autres, elle recherche moins leur approbation et leur affection.

Atteindre la réalisation de soi exige d'aimer la solitude. Autrement dit, savoir que la qualité de notre vie extérieure dépend de la qualité de notre vie intérieure. Le chemin vers la réalisation de soi peut être merveilleux, mystérieux, fascinant. Lorsque nous commençons à passer beaucoup de temps seuls, nos loisirs revêtent alors une dimension spirituelle. Ces espaces de tranquillité nous offrent l'occasion de réfléchir, de méditer et de grandir. Nous découvrons que le bonheur réside en nous-même.

CHAPITRE 11

Vivre comme un prince
pour moins de cent francs par jour

Remettons l'argent à sa place

Ce chapitre concerne l'argent et le rôle qu'il joue dans la satisfaction que l'on tire de ses loisirs. Car il est vrai que l'argent y joue un rôle, mais il est loin d'avoir l'importance qu'on lui attribue généralement.

Il y a deux catégories de personnes qui sont continuellement obsédées par l'argent : celles qui en ont beaucoup et celles qui en ont peu. Dès qu'on aborde le sujet de l'argent, on dirait que tout bon sens dispa-raît. Les psychologues se sont aperçu qu'il suscitait encore plus de fantasmes que la sexua-

> *Trop de gens pensent en termes de sécurité plutôt qu'en termes d'op-portunité. Ils semblent avoir plus peur de la vie que de la mort.*
>
> James Byrnes

lité. Compte tenu de tous les problèmes qu'il nous pose, nous nous porterions mieux si nous pouvions éviter de tomber dans le jeu de l'argent.

Malheureusement, que l'on soit riche ou pauvre, il

L'art de ne pas travailler

semble qu'il soit impossible d'y échapper et que nous devions tous jouer à ce jeu d'une manière ou d'une autre. La nourriture, le logement, l'éducation, les transports, la santé, les vêtements, tous ces besoins nécessitent d'avoir de l'argent. De plus, nous devons tous dans l'ensemble dépenser du temps et de l'énergie pour assurer notre subsistance, ce qui nous empêche de profiter des choses vraiment intéressantes de la vie.

En Amérique, l'argent ne devrait pas représenter un problème aussi grave que le sous-entendent la plupart des gens. En fait, il est facile de jouer au jeu de l'argent si l'on connaît le secret qu'un sage m'a transmis. Il y a en fait deux moyens puissants de gérer son argent. Si vous ne les connaissez pas, je vous les communiquerai un peu plus loin dans ce chapitre.

Ceux qui parviennent à satisfaire leurs besoins élémentaires pourraient alléger leurs soucis financiers en redonnant à l'argent sa juste place. Nos problèmes "économiques" relèvent davantage de nos valeurs et de nos attentes que de l'économie à proprement parler. La plupart d'entre nous peuvent parfaitement subvenir à leurs besoins matériels. En fait, nous n'avons même pas le temps de profiter de ce que nous avons, mais nous voulons toujours plus. Or, si nous ne sommes pas capables aujourd'hui de profiter de ce que nous avons, comment pourrions-nous profiter de plus de choses demain ?

> *Ma fortune ne consiste pas dans l'étendue de mes biens, mais dans la modestie de mes besoins.*
>
> J. Brotherton

La poursuite de l'argent et des biens matériels est en fait une tentative maladroite de combler un manque dans notre vie. Cette quête nuit à ce que nous avons déjà, comme par exemple à nos relations. Le problème vient de ce que nous voulons prouver notre valeur à travers l'argent. Mais en travaillant plus dur pour consommer davantage, nous réduisons le temps que nous pouvons consacrer à profiter de la vie. La quête de biens matériels en cache en fait une autre.

Quand assez n'est jamais assez

Il y a quelques années, le *Wall Street Journal* demanda une étude à l'institut Roper afin de déterminer ce que signifiait le "Rêve américain" dans l'esprit des gens, et si ce rêve leur paraissait réalisable. A une certaine époque, ce rêve se nommait "Liberté". Aujourd'hui, pour la majorité, il s'appelle désormais "Prospérité". On se sent libre à partir du moment où on a accès à l'argent. Autrement dit, l'argent est devenu synonyme de liberté.

On pourrait raisonnablement penser que la plupart des citoyens aisés s'estiment plus satisfaits que les gens défavorisés. Il n'en est rien. Selon cette même étude, seuls 6 % des individus qui gagnent 30 000 francs et plus par mois considèrent qu'ils réalisent leurs aspirations, à comparer aux 5 % qui en gagnent 10 000. Ceux qui gagnent 10 000 francs pensent en général que leur idéal deviendrait accessible avec un revenu moyen de 30 000 francs par mois. Et ceux dont les revenus sont de 30 000 francs par mois, estiment qu'il leur faudrait gagner au moins le double pour réaliser leur "rêve".

> *Rares sont les gens qui possèdent leur fortune, c'est plutôt leur fortune qui les possède.*
>
> Robert Ingersoll

La croissance économique ne rend guère plus heureux les membres de la classe moyenne. Les problèmes dits économiques marquent en fait des problèmes psychologiques. En effet, de nombreux Occidentaux souffrent de carences affectives et psychologiques, parce leur vie relationnelle est insuffisamment riche et satisfaisante et qu'ils n'ont tout simplement pas assez de temps pour profiter de ce qu'ils ont. Les gens les plus favorisés se rendent littéralement malades - jusqu'à mettre leur vie en danger - pour acquérir encore plus d'argent et de biens. Et beaucoup se sentent frustrés et vides une fois leur objectif réalisé.

Le "seuil de pauvreté", tel qu'il est défini dans nos sociétés, correspond souvent à la situation des classes moyenne et supérieure du Tiers-Monde. A une certaine époque, un téléviseur noir et blanc était considéré comme un luxe au sein des classes moyennes occidentales ; luxe bientôt supplanté par le téléviseur couleur. A présent, ce dernier n'est plus un luxe mais une nécessité. Pratiquement toutes les familles qui vivent au-dessous du seuil de pauvreté en ont un. Aujourd'hui, si vous avez deux téléviseurs couleur, vous ne faites pas pour autant partie des "nantis" puisque près de la moitié des foyers en possèdent *au moins* deux.

> *Si je garde ma bonne humeur, je serai bien assez riche.*
>
> Un sage anonyme

En 1957, l'indice de satisfaction des Américains affichait le plus haut niveau jamais atteint. Depuis, cet indice a notablement chuté, dans les années 80 et 90 en particulier, et ce malgré le fait que le nombre de foyers équipés d'un lave-vaisselle ait été multiplié par sept et que le pourcentage de familles possédant deux voitures et plus ait triplé. Dans les années 90, un Américain possède et consomme en moyenne deux fois plus que dans les années 50... mais il se plaint probablement aussi deux fois plus !

Ce n'est ni plus ni moins qu'un problème d'avidité. On veut tout : beaucoup d'argent, une grande maison, deux ou trois voitures, des vacances exotiques aux Caraïbes ou en Orient. Ce besoin de tout avoir explique que les gens se sentent davantage frustrés, alors qu'ils possèdent plus que toutes les générations qui les ont précédés.

Nous nous sommes persuadés que le confort matériel était la clé du bonheur. Dans la plupart des sociétés occidentales, la majorité des individus sont protégés de l'extrême pauvreté, de la faim, de la maladie, des catastrophes naturelles, à un point que leurs ancêtres n'auraient jamais pu imaginer. Pourtant, ils se plaignent des conditions terribles qu'ils doivent supporter si par malheur ils subissent un revers passager ou si un certain nombre d'entre eux se trouvent temporairement sans emploi.

La consommation ostentatoire n'est pas un comportement naturel mais bien un conditionnement. Ce besoin d'accroître constamment nos biens matériels est un produit du capitalisme, de la révolution industrielle, et de la morale du travail. La télévision joue ici un rôle non négligeable. Toutes les incitations dont elle nous bombarde nuisent à notre bien-être. Elles nous entraînent à croire que nous serons des "ratés" ou des "perdants" si nous ne nous précipitons pas sur le dernier gadget à la mode. Nous sommes submergés par un flot d'images qui nous montrent ce à quoi nous devrions ressembler : le "look" que nous devrions avoir, les vêtements et la coiffure que nous devrions porter, la voiture que nous devrions conduire, la maison que nous devrions habiter, et les milliers de choses que nous devrions posséder. Les produits que nous vante la publicité nous promettent le bonheur, le pouvoir et même la satisfaction de soi. Certains d'entre nous finissent par se sentir mal à l'aise de ne pas "coller" à cet idéal qu'on leur projette. Nous ne nous porterions pas plus mal sans ces sollicitations perpétuelles.

> Lorsqu'on vous donne beaucoup d'argent, c'est comme si on vous tendait un sabre de verre par la lame. Mieux vaut le manipuler avec précaution, pendant que vous tentez de deviner à quoi il peut bien servir.
>
> Richard Bach

Des aisselles qui sentent le chèvrefeuille, ou des voitures climatisées, ne sont peut-être pas la clé du bonheur. Le consumérisme n'existe que parce qu'il entretient notre frustration. C'est toujours le prochain achat qui est censé nous rendre heureux. Mais comment le pourrait-il ? Nous n'achèterions plus rien si nous avions trouvé le bonheur. En conséquence, la satisfaction que nous tirons de notre dernière acquisition est nécessairement de courte durée et nous conduit à désirer toujours autre chose. Assez n'est jamais assez.

Plaies d'argent...

En avril 1995, l'agence Reuters rapporta que l'évêque de Liverpool avait demandé au gouvernement britannique de revoir le système des loteries et, si une seule mesure devait être prise, de réduire le montant des gros lots. Cette réaction faisait suite au suicide d'un habitant de Liverpool qui avait cru passer à côté d'un gain d'un montant de 65 millions de francs. Timothy O'Brien, un homme âgé de cinquante et un ans, père de deux enfants, se tua d'un coup de fusil après avoir omis de renouveler sa mise hebdomadaire sur les numéros qu'il pariait depuis plus d'un an. O'Brien se figura qu'il avait raté la chance de sa vie.

> *Il y a des gens qui n'ont de leur fortune que la crainte de la perdre.*
>
> Rivarol

Malheureusement, Timothy O'Brien ignorait que sa vie ne se serait pas forcément améliorée s'il avait gagné. En fait, de nombreux gagnants se portent plutôt moins bien une fois qu'ils ont gagné le gros lot, parce qu'ils se trouvent confrontés à un tas de problèmes inattendus liés au fait qu'ils disposent maintenant de beaucoup d'argent. On peut même être certain que l'argent n'aurait pas fait le bonheur de ce pauvre habitant de Liverpool, ni d'aucun autre individu capable de se suicider à cause de "ce qui aurait pu être". De même qu'il est certain que ce gros lot lui aurait créé des problèmes plus qu'autre chose. Entre parenthèses, l'enquête qui suivit la mort de Timothy O'Brien révéla qu'il n'aurait gagné en fait que cinq cents francs, s'il avait joué ses numéros habituels.

En raison des faux espoirs qu'entretient l'idée de richesse, l'argent fait perdre la tête à beaucoup d'autres gens. Voilà le genre d'illusions dont ils se bercent :

✓ Si j'étais riche, je serais heureux.
✓ Si j'étais riche, je profiterais de mes loisirs.
✓ Si j'étais riche, je serais bien dans ma peau.
✓ Si j'étais riche, on m'aimerait et je trouverais quelqu'un avec qui me marier.

Ceux qui partagent ce genre d'illusions vivent sous l'empire de l'argent et de la peur. Ils pensent que la richesse matérielle est synonyme de sécurité. Il n'en est rien. Car ceux qui fondent leur sécurité sur l'argent ne se satisfont jamais du modeste pécule dont on se contente lorsqu'on est sécurisé. Munis de cette modeste somme, ils ont peur de ne pas pouvoir subvenir à leurs besoins, et s'ils ont plus d'argent, ils ne sont pas heureux, parce qu'ils ont peur de le perdre. Et plus ils en ont, plus ils ont peur.

Une vaste étude réalisée en 1993 par Ed Diener, psychologue de l'université de l'Illinois, confirme ces conclusions. Avoir plus d'argent qu'il n'en faut pour satisfaire aux besoins élémentaires, non seulement ne rend pas plus heureux, mais ne résout pas non plus les problèmes ; bien au contraire cela aurait plutôt tendance à en rajouter. A partir du moment où les besoins fondamentaux sont satisfaits, augmenter ses revenus devient de moins en moins important. Ceux qui reçoivent une augmentation de salaire sont contents un petit moment, puis une fois qu'ils sont habi-

> *Pauvre et content, c'est être riche suffisamment.*
> Shakespeare

tués à leurs nouveaux revenus, ils visent encore plus haut pour satisfaire d'autres envies : ils veulent une maison plus grande, une voiture plus extravagante, des vacances plus luxueuses. Mais cela ne les rend pas plus heureux.

Dès lors que nos revenus dépassent ce dont nous avons besoin pour subvenir à notre existence, cet excédent d'argent a des effets négatifs. En voici quelques-uns :

✓ Les relations amicales et sociales en souffrent.
✓ Le suivi de notre situation financière devient fastidieux et compliqué.
✓ La vie d'une manière générale devient plus compliquée.
✓ La peur d'être volé s'accroît en même temps que nos possessions.
✓ La peur de perdre de l'argent dans de mauvais placements augmente.

Le bon sens populaire dit que l'argent ne fait pas le bonheur. Mais beaucoup ignorent cette sagesse et s'efforcent d'être riches à tout prix. Ils s'accrochent à l'idée que l'argent leur procurera la vie qu'ils désirent. Souvent, les gens accumulent aussi l'argent pour le pouvoir qu'il confère. Mais peu savent utiliser ce pouvoir, et la plupart

Ce n'est pas parce que nous sommes 20 % à posséder 80 % des richesses, que les autres doivent nous regarder de travers.

finissent par avoir des comportements destructeurs, y compris vis-à-vis d'eux-mêmes.

L'argent est démystifié par ceux-là mêmes qui en sont pourvus, mais qui sont pauvres sur le plan humain. Bien qu'ils soient riches, ils ont une mentalité de pauvres. Ils ne savent pas comment dépenser leur argent, ni comment en profiter ; pas plus qu'ils ne savent d'ailleurs le partager avec ceux qui en ont besoin. Dans les pays riches, la charité est le fait des pauvres plutôt que des gens fortunés.

Certaines personnes acquièrent des fortunes par le labeur, les héritages, la chance, ou des moyens moins avouables. La plupart connaissent alors la déception, et sombrent même parfois dans la dépression. C'est ainsi que beaucoup de gens aisés, qui ont tout le confort matériel qu'ils désirent, mènent pourtant une vie de désespoir silencieux, qu'ils laissent parfois éclater avec violence. Ils souffrent d'une douleur persistante, ils savent que quelque chose leur manque ; qu'il y a dans leur vie un vide qu'ils n'arrivent pas à combler. Peu importe la quantité de mets exotiques et de vins fins, le nombre de cylindrées de leur voiture et de mètres carrés de leur maison, la quantité de meubles luxueux qu'ils y engouffrent, le trou ne cesse de s'agrandir, et plus il se creuse, plus la douleur devient insupportable.

L'argent n'est peut-être pas le placement le plus "sûr"

Que l'on travaille ou non, l'argent est nécessaire à notre survie. Il permet aussi d'améliorer la qualité des loisirs. Malheureusement, pour beaucoup de personnes, l'argent devient une fin en soi, ce qui les expose à la déception et à l'insatisfaction.

Exercice 11-1. Qu'est-ce que la sécurité pour vous ?

Essayez de répondre honnêtement à ces deux questions : A quel degré de sécurité aspirez-vous ? De combien d'argent et de biens matériels pensez-vous qu'il faut disposer pour mener une vie heureuse et satisfaisante ?

Une lectrice, Lisa Mallet, m'a envoyé la lettre suivante, dont la dernière partie se réfère à l'argent.

Cher Mr. Zelinski,

Je viens de terminer la lecture de votre livre : **L'art de ne pas travailler.** *C'est l'ouvrage le plus utile qu'il m'ait été donné de lire depuis longtemps. J'en ai entendu parler par hasard, alors que j'écoutais la radio avec mon mari. Le thème de l'émission était : "Etes-vous victime du stress ?"*

Voilà deux ans que je n'ai plus de travail. Votre livre m'a aidée à faire face à quelques-uns des problèmes et des tourments qu'entraîne le chômage. Par exemple, je me sentais coupable d'avoir quitté mon dernier emploi. Mais lorsque j'examine froidement la situation aujourd'hui, je reconnais que l'endroit où je travaillais ressemble à ce milieu invivable que vous décrivez dans votre livre. De plus, j'avais souvent des migraines. Au cours des deux dernières années, cette société a d'ailleurs licencié toutes les personnes avec lesquelles j'ai travaillé. Malgré tout, je me sentais coupable de l'avoir quittée, et angoissée à l'idée de ne plus retrouver de travail.

J'ignore ce que me réserve l'avenir, mais mon attitude vis-à-vis du travail a changé. Je ne sais pas encore ce que je vais faire pour gagner ma vie, mais en tout cas je profite pleinement de mes loisirs. Quand les gens me demandent ce que je fais, je leur réponds simplement que je profite de l'instant présent, plutôt que de dire que je ne fais rien. Je vais nager tous les jours avec mon mari. Je me suis aussi inscrite à un cours de poterie ; c'est très délassant et agréable, et j'ai bien l'intention de continuer. C'est un passe-temps formidable.

Il faut que je vous avoue quelque chose, c'est que je n'ai pas réellement besoin de travailler. Je dispose d'une rente. Elle ne m'apporte pas beaucoup d'argent mais elle suffit amplement à payer le logement et la nourriture. Mon mari est à la retraite et reçoit une pension. En fait, j'ai toujours eu peur de manquer d'argent pour ma retraite. Cependant, je pense qu'en faisant un peu attention, je pourrai certainement m'en sortir. Mon mari et moi avons réduit notre train de vie et nous vivons dans la limite de nos moyens. Cela est certainement préférable à travailler dans une ambiance détestable. J'ai pu aussi me rendre compte de la mauvaise influence que l'argent peut avoir sur certaines personnes. Plusieurs membres de ma famille nagent dans l'opulence, et tous, exceptée ma mère, sont manipulateurs et mesquins.

Je vous remercie encore pour votre livre. Il m'a aidée et m'a ouvert les yeux sur beaucoup de "bagages" dont je m'encombrais inutilement.

Cordialement,

Lisa Mallet

La société nous incite à croire que nous devrions nous constituer un "bas de laine" pour assurer notre retraite et nous prémunir contre les imprévus. Or les problèmes d'argent commencent dès lors qu'on fait de celui-ci la condition de notre sécurité. La sécurité ne s'achète pas plus que l'amour ou l'amitié, quoi qu'en disent les conseillers financiers dans les colonnes des journaux.

Faire reposer sa sécurité sur des bases matérielles présente de nombreuses limites : un millionnaire peut très bien mourir d'un accident de voiture, sa santé est aussi fragile que celle d'un homme moins favorisé. Une guerre peut éclater qui affectera le riche comme le pauvre. Sans parler de la vulnérabilité des fortunes à l'effondrement des édifices financiers.

> *Un million de dollars n'apporte pas nécessairement le bonheur. Un homme qui possède dix millions de dollars n'est pas plus heureux qu'un homme qui en possède neuf.*
>
> Un sage anonyme

Fonder sa sécurité sur "les signes extérieurs de richesse" est illusoire. Ceux qui luttent pour assurer leur sécurité font partie des gens les plus fragiles, tandis que ceux qui s'en soucient le moins, sont les plus solides. Les gens qui souffrent d'une insécurité intérieure cherchent à évacuer ce sentiment pénible en amassant une grande quantité d'argent pour protéger leur ego. Les gens qui aspirent à la sécurité sont par définition très vulnérables, car celle-ci dépend de quelque chose d'extérieur à eux-mêmes : argent, conjoint, maison, voiture, prestige... S'ils perdent tout ce qu'ils ont, ils perdent leur identité, parce qu'ils se trouvent dépossédés de ce sur quoi elle repose.

Il est intéressant de noter qu'à l'origine, la sécurité faisait référence à la sécurité intérieure et à elle seule. Le mot "sécurité" dérive en effet du latin *securus* qui signifie "assurance, absence de crainte". La vraie sécurité repose sur l'être intérieur et créateur.

Si vous jouissez de la santé et de la capacité à prendre soin de vous-même, la meilleure sécurité sur laquelle vous puissiez compter est la sécurité intérieure. Autrement dit, la confiance dans vos propres ressources pour gérer et faire face à toutes les situations que vous pouvez rencontrer. Si vous possédez cette assurance, vous vous sentez solide, vous savez ce que signifie "l'absence de crainte". Vous ne passez pas votre

J'aime l'argent pour sa valeur intrinsèque, mais à chaque fois il me fait perdre toute retenue.

temps à vous inquiéter de votre sécurité matérielle. L'aptitude à trouver des solutions créatives et originales pour gagner sa vie est la meilleure des garanties. Votre identité repose sur l'être et non sur l'avoir. Si vous perdez vos biens, vous conservez le centre de votre être, et le cours de votre vie n'est pas interrompu.

Si l'argent rend les gens heureux, alors pourquoi... ?

Bien que souvent les gens ignorent ce qu'ils attendent exactement de la vie, ils sont persuadés que l'argent peut le leur donner. C'est que la plupart ne disent pas la vérité au sujet de l'argent, des mauvais usages ou des abus auxquels il donne lieu, car il est rare qu'on en use intelligemment. Les gens prêtent un tas de vertus à l'argent, qui pour la plupart sont complètement absurdes ; à commencer par l'idée qu'il les rendra heureux.

Mais essayons plutôt de voir l'argent pour ce qu'il est. Certes, il est important pour notre survie, mais savoir combien il nous en faut pour être heureux est une autre histoire. Dans certaines formations destinées aux futurs cadres et dirigeants, des intervenants parlent avec feu de la réussite des millionnaires et suggèrent par là que les autres sont des perdants. A vrai dire, je peux trouver un tas de raisons pour démontrer que la plupart des gens qui disposent de moyens modestes ont plus de chances de réussir leur vie que bien des millionnaires dont les tribulations s'étalent dans les journaux.

> *Lorsqu'un homme dit que l'argent peut tout, il est clair qu'il n'en a pas.*
>
> Ed Howe

Dans notre société, l'argent est certes synonyme de pouvoir, de statut social et de sécurité, mais il n'y a rien dans ses qualités intrinsèques qui soit propre à nous rendre heureux. Afin de vous faire une meilleure idée de ces qualités, je vous propose un petit test.

Exercice 11.2 Vous aimez l'argent, mais serez-vous payé de retour ?

Prenez l'argent que vous avez sur vous ou près de vous en ce moment. Touchez-le : quelle sensation offre-t-il au toucher, est-il chaud, est-il froid ? Vous noterez qu'il est plutôt froid (ce n'est pas lui qui vous tiendra chaud la nuit). Parlez-lui, et voyez ce qui se passe. Il ne répond pas. Aussi grand que soit votre amour pour lui, il ne vous le rendra pas.

> *Beaucoup de gens méprisent l'argent, mais peu savent s'en séparer.*
>
> La Rochefoucauld

L'argent n'est qu'une facilité dans la vie. Dans quelle mesure l'argent peut-il améliorer celle-ci ? Cela dépend de notre capacité à l'utiliser intelligemment plutôt que de notre capacité à l'accumuler.

Michael Phillips, ancien vice-président d'une banque, estime que trop de gens s'identifient à leur argent. Dans son livre, *The seven laws of money* (les sept lois de l'argent), il propose sept idées intéressantes à propos de l'argent :

- ✓ L'argent fixe et maintient ses propres règles.
- ✓ L'argent apparaît lorsque vous faites ce qu'il faut au moment où il faut.
- ✓ L'argent est un rêve et peut être aussi décevant qu'un mirage.
- ✓ L'argent est souvent un cauchemar.
- ✓ Vous ne pouvez jamais vraiment donner de l'argent comme un cadeau.
- ✓ Vous ne pouvez jamais vraiment recevoir de l'argent comme un cadeau.
- ✓ Il existe de nombreux mondes fascinants d'où l'argent est absent.

L'argent a de multiples usages. Il ne viendrait à l'idée de personne de nier le rôle important qu'il joue dans la société et dans les affaires. Mais rien ne nous empêche de remettre en cause le mythe qui assimile son accumulation au bonheur. C'est juste une question de vigilance.

Si l'argent rend les gens heureux, pouvez-vous m'expliquer pourquoi...

- ✓ Une étude effectuée par un psychologue de l'Université de l'Illinois, Ed Diener, a montré qu'un tiers des Américains les plus fortunés ne sont pas aussi satisfaits de leur vie que l'Américain moyen.
- ✓ Un sondage indique que la proportion de gens insatisfaits de leurs salaires est plus forte parmi ceux qui gagnent plus de 30 000 francs par mois que parmi ceux qui en gagnent moins de 30 000.
- ✓ Ivan Boesky, qui a amassé plus de 100 millions de dollars grâce à des délits d'initiés commis à la bourse de Wall Street, n'a pas cessé ses opérations après avoir gagné 2 ou 5 millions de dollars, mais a préféré continuer jusqu'à se faire pincer.
- ✓ Les membres d'une famille que je connais m'ont déclaré qu'ils seraient tellement plus heureux s'ils gagnaient un gros lot à la loterie nationale, bien qu'ils appartiennent aux cent plus grosses fortunes des Etats-Unis.

L'art de ne pas travailler

- ✓ Plusieurs gros gagnants à la loterie ont éprouvé le besoin de former un groupe de soutien pour aider leurs semblables à faire face au "jackpot blues", un cas de dépression grave qu'ils n'avaient jamais connu avant de gagner leur lot.
- ✓ Tant de joueurs de football, de tennis ou de base-ball, de haut niveau, malgré les cachets faramineux qu'ils reçoivent, connaissent des problèmes de drogue et d'alcool.
- ✓ Les médecins américains, une des catégories professionnelles les plus favorisées, enregistrent les taux de divorce, de suicide et d'alcoolisme les plus élevés du pays.
- ✓ Les pauvres donnent plus facilement de l'argent pour les associations caritatives que les riches.
- ✓ Tant de gens fortunés ont maille à partir avec la justice.
- ✓ Et enfin, pourquoi tant de gens aisés consultent des psychiatres et des thérapeutes.

Les symptômes énumérés ci-dessus ne font que souligner encore une fois que l'argent n'est pas un gage de bonheur. Benjamin Franklin a lui aussi exprimé l'absurdité de faire dépendre son bonheur de l'argent. Il écrit : "L'argent n'a encore jamais rendu un homme heureux et ne le fera jamais. Rien dans sa nature n'est propre à procurer le bonheur. Plus un homme en a, et plus il en veut. Au lieu de combler un vide, il le crée."

Exercice 11-3. Quel est l'objectif le plus facile à atteindre ?

La plupart des gens voudraient être riches *et* heureux. Quel est l'objectif le plus facile à atteindre : l'argent ou le bonheur? (La réponse se trouve à la fin de ce chapitre).

J'ai personnellement une théorie au sujet du bonheur que l'on gagne en ayant plus d'argent. Une fois que nos besoins élémentaires sont satisfaits, l'argent ne nous rend ni plus heureux ni moins heureux. Si nous sommes satisfaits de notre sort et que nous gérons bien nos problèmes avec 10 000 francs par mois, nous serons tout aussi satisfaits et aptes à gérer nos problèmes avec le double, voire davantage. Si nous sommes mécontents de notre sort et que nous gérons mal nos problèmes avec 10 000 francs par mois, alors ce ne sont pas 50 000 francs qui nous rendront plus heureux ou qui régleront nos problèmes. Nous serons d'éternels insatisfaits, qui n'arrivent pas à faire face à leurs difficultés. Nous serons toujours aussi névrosés, la seule différence, c'est que vivrons sur un plus grand pied.

> *Avoir beaucoup d'argent ne change rien. La fortune ne fait qu'amplifier les choses : les crétins deviennent encore plus crétins, les gens aimables deviennent encore plus aimables.*
>
> Ben Narasin

Etre indépendant financièrement avec 3000 francs par mois

Inutile de rouler sur l'or pour se la couler douce... Comme nous l'avons vu dans le premier chapitre, ce qui compte c'est d'adopter la bonne attitude. Après, rien ne vous empêche, par exemple, de mener la belle vie avec de l'argent emprunté, en vous inspirant de l'idée proposée par Jerry Gillies dans son livre, *Moneylove* (l'amour de l'argent), qui consiste à considérer l'argent emprunté comme un revenu. Si vous jugez ce parti trop radical, et que vous voulez vivre bien avec votre propre argent, alors vous devez devenir indépendant financièrement. Conquérir une véritable indépendance financière et vivre confortablement sans trop se fatiguer, est plus facile qu'on le croit souvent. Et cela n'a rien à voir avec la fortune.

Pour réaliser cet objectif, il est important d'abord de définir ce que représente pour vous l'indépendance financière. Vous verrez qu'il est possible de devenir indépendant financièrement sans accroître pour autant vos revenus. Tout ce qu'il s'agit de faire, c'est de réviser la conception que vous vous faites de l'indépendance financière.

Exercice 11-4. Qu'est-ce que l'indépendance financière pour vous ?

Parmi les critères ci-dessous, quels sont ceux que vous jugez indispensables pour assurer votre indépendance financière ?
- ✓ Gagner le gros lot.
- ✓ Avoir une bonne retraite ainsi qu'une bonne retraite complémentaire.
- ✓ Faire un gros héritage.
- ✓ Etre marié à quelqu'un de riche.
- ✓ Louer les services d'un conseiller financier pour guider vos investissements.

Les résultats d'une enquête montrent que les préoccupations majeures des gens juste avant la retraite sont, par ordre d'importance : les finances, la santé, la présence d'un conjoint ou d'amis avec qui partager sa retraite. Il est intéressant de noter que peu après leur départ à la retraite, la santé devient la priorité essentielle, et les finances se trouvent reléguées à la troisième place. Apparemment la notion d'indépendance financière a évolué entre temps, bien que le niveau de revenu escompté n'ait pas changé.

Les résultats de cette enquête montrent que les retraités peuvent se contenter de beaucoup moins d'argent qu'ils ne le supposaient. Cette étude fait apparaître également le fait qu'aucun des facteurs énumérés ci-dessus n'est indispensable à l'indépendance financière.

> *Tâchons d'être heureux et de vivre dans la limite de nos moyens, même si nous devons emprunter pour cela.*
>
> Artemus Ward

Ainsi Joseph Dominguez subvient à ses besoins avec un revenu que l'on situe généralement au-dessous du seuil de pauvreté. D'après lui, beaucoup plus de gens pourraient être indépendants financièrement s'ils le voulaient. L'indépendance financière n'a rien à voir avec le fait d'être millionnaire. Elle est réalisable à partir de 3 000 francs par mois, voire moins. Comment ? L'indépendance financière consiste simplement à ne pas avoir plus d'argent qui sorte que d'argent qui rentre. Si vous avez un revenu net de 3 000 francs par mois et que vous dépensez 2 999 francs, vous êtes indépendant financièrement.

Dominguez a vécu des années avec cette somme. En 1969, à l'âge de vingt-neuf ans, il s'est mis à la retraite en assurant son indépendance financière. Auparavant, Dominguez était agent de change à Wall Street. A l'époque il était effaré de voir tant de gens malheureux malgré leur niveau de vie élevé.

Il décida finalement qu'il ne voulait plus travailler dans ce milieu. Il a élaboré un plan de financement personnel en simplifiant beaucoup son mode de vie. Il mène une existence confortable, qui ne lui coûte que 3 000 francs par mois, qu'il tire des économies qu'il a investies en bons du trésor. Ses besoins sont si modestes qu'il a pu donner à des associations tout l'argent que lui rapportent en plus les stages de formation qu'il anime depuis les années 80, sur le thème : Transformer votre relation à l'argent et assurer votre indépendance financière.

Une théorie avec laquelle travailler ou s'amuser

Un journaliste, Dominique LaCasse, m'a un jour appelé du Vernon, pour m'interviewer dans le cadre d'un article qu'il écrivait pour la revue BC *Business magazine*. LaCasse et sa femme, Terri, travaillaient tous deux pour le journal *Ottawa Citizen*, lorsqu'ils décidèrent d'abandonner leur profession (qui leur rapportait plus de 50 000 francs par mois), pour partir s'installer en Colombie britannique,

> *Tout bien considéré, je trouve qu'il est plus difficile de veiller sur son argent que de le gagner.*
>
> Montaigne

sans trop savoir comment ils gagneraient leur vie une fois sur place. Leur décision était motivée par le désir de mener une vie plus saine. Je cite les trois premiers paragraphes de son article paru en mars 1994 dans le mensuel *BC Business magazine*.

Est-ce la faute aux *margaritas*, ou à ces *nuits ourlées* de **L'art de ne pas travailler** le livre séduisant mais dangereux de ce conseil en "non-carrière" d'Edmonton, Ernie Zelinski. Quoi qu'il en soit, l'idée avait germé dans nos esprits alors que nous déjeunions au restaurant Mexicali Rosa à Ottawa. Nos vies étaient sur le point de basculer.

C'était un des premiers dimanches ensoleillés, après un hiver long et glacial. Ma femme Terri et moi, stressés et débordés, avions exceptionnellement choisi de nous retrouver pour déjeuner loin du bureau, histoire de profiter de cette embellie. Quelque part entre les *tacos*, les *enchiladas* et une paire de *margaritas* géantes, nous réalisâmes que nous n'étions plus heureux, que nos rêves nous avaient abandonnés et que notre vie était devenue une machine perpétuellement hypothéquée par le travail.

Au moment du café, nous avions décidé de quitter notre boulot lucratif au journal *Ottawa Citizen* et de nous faire la malle, avec nos deux jeunes enfants, pour une vie plus simple et plus agréable, dans une petite ville de Colombie Britannique. Nous étions prêts à "dégringoler l'échelle sociale" et à rejoindre le flot grossissant d'hommes d'affaires et autres professionnels surmenés, qui choisissent de dire adieu à leur patron et à leur agenda électronique pour retrouver la liberté et l'air pur. Nous allions bientôt découvrir que nous étions loin d'être les seuls à penser comme cela en Colombie Britannique, la mecque canadienne de la "vie naturelle" et une province dont la croissance démographique exceptionnelle doit beaucoup aux Occidentaux épuisés qui souhaitent changer de vie...

Ces deux journalistes ont opéré un changement radical afin de mieux maîtriser leur existence et d'avoir l'opportunité de vivre là où ils le désiraient. Leur décision impliquait une perte substantielle de revenus et beaucoup d'incertitudes. Cependant, renoncer à un excédent d'argent conduit dans bien des cas à un mode de vie plus satisfaisant et plus détendu, en un mot plus gratifiant.

Vivre comme un prince pour moins de cent francs par jour

Les raisons d'être heureux dans son travail ou dans ses loisirs ne sont guère différentes. Elles sont liées en grande partie à la satisfaction qu'on en tire. Or celle-ci n'a rien à voir avec l'argent : elle dépend avant tout de la qualité de notre motivation et du résultat de nos activités.

> *L'argent ne fait pas le bonheur, mais il en achète l'illusion.*
>
> Un sage anonyme

Il existe une théorie de la motivation, presque aussi connue que la théorie de Maslow sur la hiérarchie des besoins ; il s'agit de "la théorie des deux facteurs", conçue par Frederick Herzberg. Comme celle de Maslow, la théorie de Herzberg est née de l'étude de la motivation professionnelle. Herzberg n'a jamais étendu sa théorie aux loisirs, je vais le faire pour lui, car ses principes me semblent parfaitement applicables à ce domaine.

Après avoir interrogé de nombreux travailleurs appartenant à différents corps de métier, Herzberg a constaté que les facteurs d'insatisfaction professionnelle étaient très différents des facteurs de satisfaction. Ce qui l'a amené à la conclusion qu'il existait deux classes de facteurs bien distincts qui affectent la motivation et la satisfaction professionnelles.

Comme indiqué sur la figure 11.1, il existe un niveau neutre, où les gens ne se disent ni satisfaits ni insatisfaits. L'insatisfaction résulte de facteurs liés à *l'économie* : niveau de revenus, sécurité de l'emploi, conditions de travail, statut. Si ces critères sont convenablement remplis, ils ne génèrent pas en eux-mêmes la satisfaction, mais un simple état de neutralité.

De tous les moyens que j'ai imaginés pour être reconnu, celui-ci est certainement le plus original et le plus fou.

Ce sont les *facteurs de motivation*, ou *facteurs moteurs*, qui déterminent la satisfaction professionnelle : reconnaissance, accomplissement, développement personnel, responsabilité. On les appelle facteurs de motivation, parce qu'ils concernent la qualité du travail lui-même et sont donc directement responsables de la satisfaction professionnelle, qui influe à son tour sur le niveau de performance.

Mais revenons à la question de l'argent. Sur le plan professionnel, l'argent joue un rôle déterminant pour éliminer l'insatisfaction. Pour un charpentier qui se retrouve sans travail, sans argent et sans domicile, l'argent est évidemment très important. Gagner de quoi louer même un petit appartement fera beaucoup pour rendre sa vie plus confortable. Cependant, une fois qu'il gagnera assez d'argent pour avoir un toit, ce n'est pas le fait de tirer plus d'argent de son travail, même éventuellement de quoi s'acheter un manoir, qui lui apportera plus de satisfaction professionnelle. L'insatisfaction aura disparu, on est au point neutre. A moins que son travail ne comporte des facteurs de motivation, notre charpentier ne tirera pas de satisfaction de son travail, quel que soit le montant de son revenu.

Les principes de la théorie de Herzberg s'appliquent de la même façon à nos loisirs. L'argent ne représente qu'une condition économique, et rien de plus. Sans autre incitation, tout ce qu'on peut espérer, même avec un million de francs à consacrer à ses loisirs, c'est d'arriver à un état neutre. Si nous voulons créer les conditions de satisfaction de nos loisirs, nous devons introduire au moins un ou deux facteurs motivants dans nos activités.

Une des sources essentielles du contentement est l'opportunité d'accomplir des tâches difficiles. Plus grand est le défi, plus grande est la satisfaction qu'on en tire. Par exemple, arrêter de fumer est une chose que les gens jugent très difficile. Beaucoup d'anciens fumeurs vous diront que c'est la chose la plus difficile qu'ils aient jamais faite. Mais ils vous diront aussi que c'est la chose dont ils sont le plus fiers, parce qu'elle représentait pour eux un exploit.

Une tâche qu'il m'a été difficile d'accomplir a été d'écrire

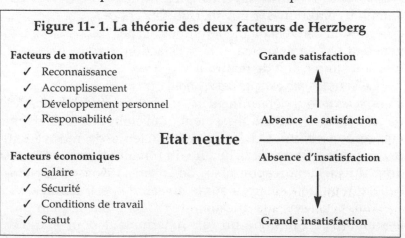

Figure 11- 1. La théorie des deux facteurs de Herzberg

et de publier moi-même mon premier livre. Le publier à compte d'auteur représentait une sacrée gageure, car les grandes maisons d'éditions m'avaient dit qu'il n'y avait pas de marché pour un tel ouvrage. Mon manque d'expérience dans l'édition et la commercialisation d'un livre n'arrangeait rien évidemment. De plus, il fallait que j'emprunte de l'argent pour réaliser ce projet. Malgré tout, j'ai pris le risque. Et, Dieu merci, ce livre a eu un grand succès ; il a même fait partie des meilleures ventes des ouvrages hors fiction jamais réalisées sur le marché américain. Parce que j'ai tenté ma chance et accepté dans un premier temps la difficulté et l'inconfort, ma vie est devenue beaucoup plus facile. Pour réaliser cette tâche difficile, j'y ai intégré des éléments moteurs : accomplissement, responsabilité, croissance et reconnaissance. Cette réalisation, qui avait énormément de sens pour moi, m'a donné une satisfaction extraordinaire.

A votre tour, si vous voulez tirer un parti exceptionnel de vos loisirs, veillez à ce que vos activités incluent les facteurs de motivation définis par Herzberg. Opter pour une activité gratuite, telle que le bénévolat dans une association humanitaire, peut vous apporter plus de joie que de dépenser 20 000 francs dans une nouvelle garde-robe. Apporter de l'aide ou des soins aux autres procure un sentiment d'accomplissement, de responsabilité, de développement personnel et de reconnaissance. Il en résulte une fierté que rien ne pourrait acheter.

Appréciez ce que vous avez, et vous serez riche

A la mort de son père en 1971, Jean-Claude Duvalier (Bébé Doc) hérita de la charge de gouverner Haïti. Chassé du pouvoir par la population en 1986, Bébé Doc et sa femme, Michèle, non contents d'avoir rempli un avion cargo d'Air Haïti du produit de leur pillage, se débarrassèrent des grands-parents de

> *Lorsque vos problèmes vous paraissent insurmontables, regardez autour de vous ceux qu'affrontent les autres. Peut-être trouverez-vous alors que vous avez de la chance.*
>
> Ann Landers

Michèle ainsi que de neuf autres passagers pour accroître encore leur butin. Le couple s'enfuit vers la Côte d'Azur, où il mena grand train, dépensant des millions de dollars par an. Bébé Doc et sa femme divorcèrent en 1990. Resté seul, Bébé Doc dilapida tout ce qui subsistait de sa fortune, jusqu'à se retrouver récemment expulsé de sa luxueuse villa.

Il semble que des gens comme Bébé Doc auront toujours des problèmes d'argent quel que soit le montant de leur fortune. Trouver l'équilibre en ce domaine n'est certes pas la chose la plus facile au monde. Gagner de l'argent est le moyen le plus courant de s'assurer confort, sécurité et statut social. Conditionnés à penser que l'aisance matérielle est le gage d'une vie meilleure, nous acceptons peu à peu, et de notre plein gré, des responsabilités et des contraintes financières, dont il devient très difficile de se dégager ensuite. Beaucoup de gens s'évertuent à vivre au-dessus de leurs moyens, alors qu'ils pourraient réduire substantiellement leurs dépenses avec un tout petit peu plus de prudence. Il est surprenant de voir combien nos besoins sont modestes lorsque nous exploitons nos ressources personnelles.

Si vous avez des problèmes financiers, c'est le moment de faire appel à votre imagination pour les résoudre d'une manière créative. Comme tous les problèmes, celui-ci doit être replacé dans une juste perspective. Si, par exemple, vous avez accumulé des dettes, vos créanciers ne parviendront à vous intimider que si vous les laissez faire. On ne met pas quelqu'un en prison parce qu'il doit beaucoup d'argent. A l'époque où j'étais fauché, aux prises avec un huissier qui me réclamait le remboursement d'un emprunt, j'avais mis au point une série de parades. Ma trouvaille favorite, lorsqu'il se présentait au téléphone, consistait à ne plus dire un mot ; je cognais le récepteur contre le bureau jusqu'à ce qu'il raccroche. Il ne tarda pas à renvoyer le dossier à mes créanciers. Lorsque je fus de nouveau en mesure de payer, je repris mes versements à hauteur de ce que je pouvais rembourser, sans plus avoir à subir un tel harcèlement.

> *Seigneur, apprends-moi à apprécier ce que j'ai, avant que le temps ne m'oblige à apprécier ce que j'avais.*
>
> Susan Lenzkes

Il est temps maintenant de vous livrer le secret des deux moyens puissants (et également efficaces) de gérer son argent. Le premier consiste à dépenser moins que ce que vous gagnez. Si vous l'avez essayé et que vous n'y êtes pas arrivé, alors le deuxième est fait pour vous : il suffit de gagner plus que ce que vous dépensez. Le jeu de l'argent se résume à ça. Adoptez un seul de ces grands principes, et vous n'aurez plus de problèmes d'argent.

Quand on doit travailler si dur pour gagner de l'argent, pourquoi devrait-on encore s'imposer l'épreuve de ne pas le dépenser ?

Don Herold

Si vous n'êtes jamais assez riche, quelle que soit la quantité d'argent que vous gagnez, c'est probablement que vous le jetez par les fenêtres. Dans ce cas, il est important de comprendre pourquoi l'argent vous brûle les doigts, et d'apprendre à mieux le gérer. Ainsi, vous vous apercevrez que vous pouvez réduire vos dépenses et votre train de vie sans avoir la sensation de vous priver. Essayez d'éliminer peu à peu les dépenses inutiles, et vous serez surpris du peu de choses dont vous avez réellement besoin.

A l'opposé des gens qui n'arrivent pas à garder leur argent, on trouve les avares, qui eux ne peuvent pas s'en séparer. Ces derniers sont incapables de profiter de leur fortune, quel qu'en soit le montant. L'avarice est une maladie. L'argent

Après avoir dépensé de l'argent dans son sommeil, Hermon, l'avare, perdit la raison et alla se pendre.

Lucilius

n'a qu'une vocation : être dépensé. Quel serait l'intérêt d'amasser de l'argent, si l'on ne sait pas s'en servir ? Savoir profiter de l'abondance est indispensable pour tirer satisfaction de ce que l'argent peut offrir. Imaginez une manière amusante et originale d'utiliser votre argent. Si vous manquez d'idées, passez-moi un coup de fil, j'en ai plein. Je n'aurai aucun mal à vous aider à dépenser votre argent, vous n'en aurez jamais trop pour moi ! J'ai quelques propositions fascinantes à vous faire qui vous libéreront à jamais de l'avarice.

Remettre l'argent à sa place, c'est comprendre que "plus" n'est pas nécessairement synonyme de "mieux". Définir le bien-être en termes de capital n'est pas un bon investissement à long terme. En 1996, le psychologue Edward Diener, a montré que les gagnants à la loterie ne se trouvaient guère plus satisfaits un an après leur bonne fortune qu'ils ne l'étaient auparavant.

> *J'ai l'intention de dépenser 90 % de mon argent à m'offrir de l'alcool, des femmes et du bon temps, et les 10 % restants dans des choses déraisonnables.*
>
> Tug McGraw

Réussir à gagner beaucoup d'argent ne rend pas heureux. Et travailler dur dans ce seul but n'est qu'un acte de folie. Que votre but soit l'argent ou le bonheur, vouloir s'en saisir est le meilleur moyen de le faire fuir. Comme nous l'avons vu, dès l'instant où vous cessez d'être obsédé par le gain, pour profiter de ce que vous faites, vous êtes récompensé au-delà de toute espérance par le plaisir que vous tirez de votre travail. Paradoxalement, vous pouvez même vous mettre à gagner beaucoup d'argent à partir du moment où vous renoncez à cette obsession.

L'argent ne devrait être que le reflet de votre énergie créatrice et de votre sécurité intérieure. Utiliser cette énergie dans votre travail en poursuivant un projet personnel vous apportera la prospérité dont vous avez besoin. Plus vous serez prêt à prendre des risques et à écouter votre vocation, et plus, à terme, l'argent viendra à vous. En outre, vous aurez besoin de moins d'argent pour être heureux parce que vous serez comblé par la réalisation qui vous tient à cœur. Gagner beaucoup d'argent grâce à votre travail n'est qu'un plus. Et, bien que vous puissiez vous en passer, vous pouvez aussi célébrer ce cadeau supplémentaire.

D'où l'intérêt de remettre l'argent à sa place. L'insatisfaction peut gâcher la plus belle des existences. Peut-être avez-vous déjà la vie belle, sans parvenir à l'apprécier. Si vous avez de quoi vous nourrir, vous loger et vous vêtir, gagner plus d'argent n'est pas la solution à votre problème. Vous comparer à ceux qui en ont plus que vous ne fera qu'alimenter votre frustration, car vous trouverez toujours quelqu'un de mieux loti que vous.

Des activités qui ne coûtent rien et rapportent beaucoup

En Occident, on croit souvent que la qualité des loisirs dépend de l'argent qu'on peut y consacrer. Cette croyance est particulièrement répandue en Amérique. Il n'est qu'à voir les vitrines de Madison Avenue, tout ce qu'elles nous suggèrent de faire de nos loisirs repose sur la consommation ostentatoire, et un train de vie effréné. On encourage la création de temps libre que dans la mesure où il

Cœur content vaut mieux que bourse pleine.

Proverbe italien

est l'occasion d'acquérir plus de "choses". Or nous avons vu que mettre l'accent sur l'acquisition de biens matériels ne nous apporte ni satisfaction ni sécurité. Parmi les choses qui nous sont le plus "chères", beaucoup ne coûtent rien ou presque. En fait, quelques-unes des meilleures choses de la vie sont gratuites !

Il n'y a aucune raison pour que les loisirs pèsent lourdement sur notre budget et sur l'environnement. Souvenons-nous que les activités les moins polluantes sont aussi les moins onéreuses. Se promener, regarder un coucher de soleil, méditer, avoir des conversations enrichissantes, marcher pieds nus dans un ruisseau, courir dans un parc, sont autant d'activités qui ne coûtent pas un centime et laissent la nature intacte. Non seulement elles ne coûtent rien, mais elles font tant de bien qu'elles nous rapportent beaucoup.

Les loisirs agréables ne sont pas ceux que les publicitaires voudraient nous vendre. Les vacances, par exemple, n'exigent pas beaucoup d'argent. Inutile d'aller loin pour vous évader. Avant de vous envoler à l'autre bout du monde voir si l'herbe y est plus verte, explorez les merveilles que recèle votre jardin ou votre région. Parfois, c'est de notre côté de la barrière que l'herbe est plus verte. Je ne dis pas qu'il ne faut pas voyager dans le monde, je prétends simplement qu'il n'est pas nécessaire de choisir une destination exotique pour passer des vacances très agréables. Voici une lettre qui aborde à nouveau le thème de l'argent. Elle m'a été envoyée par Dennis Anstett de Calgary.

L'art de ne pas travailler

Cher Monsieur,

Je viens juste de refermer **L'art de ne pas travailler** et j'ai eu envie de vous envoyer ce petit mot. J'ai trouvé passionnant de lire - et de souligner - tous les conseils de bon sens que ce livre contient. Permettez-moi de vous féliciter. Je pense que ceux-ci aideront beaucoup de gens à dépasser le slogan que "plus on a, mieux c'est".

Mes beaux-parents se sont mis à la retraite aux alentours de la quarantaine. C'était il y a vingt ans. Ils étaient plutôt en avance sur leur temps. Ils disent maintenant qu'ils ont vingt ans d'ancienneté dans le secteur des loisirs. Seulement le gouvernement et la grande entreprise n'encouragent pas beaucoup ce genre de mentalité, et c'est bien dommage.

J'ai perdu dix-neuf ans de carrière dans une compression de personnel. Au début, j'ai vécu un cauchemar, qui peu à peu a pris l'allure d'un rêve. Après une période de transition, qui a bien duré un an, ma femme et moi avons décidé de quitter définitivement le monde du travail. Nous ne laisserons jamais plus quiconque décider de notre vie.

Nous nous sommes dit que nous avions bien assez de "choses" comme ça ; et que nous étions fatigués de cette course perpétuelle. Avec les 10 000 francs par mois dont nous disposons, nous menons une vie simple et décontractée. Pour le plaisir, je me suis lancé dans l'aventure d'écrire un livre. Quelle satisfaction ! Au départ, je n'aurais jamais pensé le publier, mais de fil en aiguille... Bref, j'ai le plaisir de vous envoyer ci-joint un exemplaire de mon "best-seller" publié à compte d'auteur : The 17 % plan - Investing in mutual funds wisely (Le plan à 17 % ou comment investir sagement dans un fond commun de placement).

Bien que ce livre parle d'argent et de la manière de l'accumuler, vous remarquerez que sa philosophie rejoint la vôtre. Personne n'a jamais dit qu'il fallait attendre d'avoir soixante-cinq ans pour utiliser ses économies et "se retirer". On se dit souvent avec ma femme que nous ne serons pas les plus argentés du cimetière, mais aujourd'hui nous ne manquons de rien. Nous avons du temps, le luxe le plus précieux qui soit. C'est

Vivre comme un prince pour moins de cent francs par jour

plutôt réconfortant de penser que beaucoup d'autres per-
sonnes partagent le même point de vue, même si la majorité
semble aller à contresens.

Bien sincèrement,

Dennis Anstett

Notre monde matérialiste semble avoir oublié les joies simples. Avoir des loisirs de qualité, c'est bien plus que de se ruiner pour s'offrir des hôtels quatre étoiles, des voyages exotiques, ou des articles de marque. En fait, plus nos besoins sont modestes, plus grande est notre liberté. Adopter un mode de vie simple peut devenir un plaisir en soi. Une façon de devenir riche consiste à prendre conscience de ce que nous avons déjà. Les bouddhistes disent : "Désirez ce que vous avez, et vous aurez toujours tout ce que vous désirez". Bien souvent nous sommes inconscients des richesses que nous possédons, alors que celles-ci feraient figure de trésors aux yeux de bien des habitants du Tiers-Monde. Livres, disques, amis, violons d'Ingres, jeux et distractions oubliés, attendent d'être redécouverts pour peu que nous ouvrions les yeux.

> *L'homme dont les plaisirs sont les plus modestes, celui-là est le plus riche.*
>
> Henry David Thoreau

Apprenez à dissocier le plaisir que vous pouvez tirer de vos loisirs, de l'argent que vous y consacrez. Réviser vos valeurs et vos conceptions dans ce domaine vous apportera plus de sécurité que toutes les économies que vous pourriez réaliser. Quel que soit le montant de vos richesses, celles dont vous combleront vos loisirs sont incomparables ; elles s'appellent : connaissance, expérience, talent et créativité.

Réponse à l'exercice 11-3 : Il semble que l'argent soit plus facile à obtenir que le bonheur ; quelqu'un a très justement fait observer qu'il n'existait pas de névrosés heureux, mais qu'il en existait beaucoup de riches...

CHAPITRE 12

La fin ne fait que commencer

Avant la fin, ce n'est pas la fin

Peut-être avez-vous remarqué que ce chapitre est le dernier et que le livre est sur le point de se terminer. Cela peut ressembler à une fin, mais dans ce cas, la fin ne fait que commencer. Un yogi, Yogi Berra, a dit cette phrase remarquable à propos d'une partie de base-ball : "Avant la fin, ce n'est pas la fin". C'est ainsi que vous devriez envisager votre vie, quel que soit votre âge. Que vous soyez un jeune adolescent ou un vieillard chenu, ne faites pas comme tous ces gens qui se comportent comme si leur vie s'était arrêtée bien avant son terme. Peut-être connaissez-vous l'histoire de cette vieille dame de quatre-vingt-cinq ans, qui va voir le médecin à cause d'une douleur au genou droit. Le docteur l'examine et déclare : "Voyons, Madame, qu'espérez-vous ? Après tout, ce genou a quand même quatre-vingt-cinq ans". Mais la dame, pas le moins du monde impressionnée par les préjugés de ce médecin, lui répond : "Permettez-moi de ne pas être d'accord avec vous, docteur, mais mon âge ne peut pas être la cause : mon genou gauche a quatre-vingt-cinq ans lui aussi et il se porte très bien".

> *Voici un test simple pour savoir si votre mission sur terre est terminée : si vous êtes vivant, c'est qu'elle ne l'est pas.*
>
> Richard Bach

L'art de ne pas travailler

Atteindre le sommet de la montagne signifie garder le rythme.

Tout le monde - y compris les médecins - entretient des idées préconçues au sujet de l'âge et de ses conséquences. "L'homme est stupide, il prie pour vivre longtemps, mais il redoute la vieillesse", ironise un proverbe chinois. Si nous nous laissons influencer par le "spectre de l'âge", nous risquons de provoquer ce que nous redoutons le plus. A force d'entretenir des idées fausses, celles-ci finiront par devenir réalité. Si l'âge devient une excuse pour cesser toute activité, et pour nous retirer prématurément, alors nous avons raison de le redouter. Changer notre regard est la clé d'une vieillesse sereine. Quels que soient notre âge et le temps qu'il nous reste à vivre, nous devrions toujours rechercher l'épanouissement et la réalisation.

Dans son numéro d'août 1989, le magazine *The Writer* rapportait qu'une ancienne journaliste du Massachusetts âgée de quatre-vingt-quinze ans, Jane Goyer, venait de publier son premier livre chez l'éditeur Harper & Row. Celui-ci déclarait qu'il avait accepté ce livre, non pas à cause de l'âge vénérable de son auteur, mais parce qu'il était tout bonnement excellent, et bourré d'idées nouvelles et originales. L'éditeur trouvait ce "nouvel" écrivain si prometteur, qu'il lui proposa de signer pour un second livre. "J'ai toujours eu un faible pour les auteurs pleins d'avenir, voyez-vous."

Jane Goyer prouve, s'il était besoin, que les jeunes n'ont pas le monopole du succès, dans le domaine de l'édition comme ailleurs. L'énergie et la créativité ne sont pas un privilège réservé à la jeunesse. Voici d'autres exemples de personnes qui sont restées très actives "malgré" leur grand âge :

- ✓ A quatre-vingt-quatorze ans, Bertrand Russel militait activement pour la paix dans le monde.
- ✓ A quatre-vingts ans passés, Mère Teresa se dépensait plus que jamais auprès des pauvres au sein des Missionnaires de la Charité.

La fin ne fait que commencer

✓ A quatre-vingt-dix ans, Picasso était toujours un créateur prolifique et produisait de nombreux dessins et gravures.

✓ A quatre-vingt-dix ans, Linus Pauling, qui reçut à la fois le prix Nobel de Chimie et celui de la Paix, inventait de nouveaux moyens de nous faire avaler des mégadoses de vitamines.

✓ Luella Tyra avait quatre-vingt-douze ans en 1984, quand elle prit part à une compétition nationale de natation, dans cinq catégories, en Californie.

✓ Lloyd Lambert, à quatre-vingt-sept ans, était un skieur émérite et s'occupait d'un club de "Ski pour les soixante-dix ans et plus". Ce club comptait 3286 adhérents, dont un qui skiait allègrement vers ses quatre-vingt-dix-sept ans.

✓ A quatre-vingts ans et des poussières, Maggie Kuhn était l'ardent porte-parole des "Panthères Grises", une association de seniors qu'elle avait fondée avec d'autres, une quinzaine d'années auparavant.

✓ Buckminster Fuller, après sa quatre-vingtième année, défendait activement son projet pour un monde nouveau.

✓ Harvey Hunter, citoyen d'Edmonton, a fêté récemment son cent quatrième anniversaire. (Lorsqu'on lui a demandé le secret de sa longévité, celui-ci a répondu : "Continuer à respirer").

✓ Harvey s'est engagé dans le volontariat à quatre-vingt-dix ans et s'est inscrit à l'université à quatre-vingt-onze. Il poursuit ses activités bénévoles une fois par semaine.

Toutes ces personnes peuvent paraître remarquables, et c'est vrai qu'en un sens, elles le sont. Cependant, elles ne sont pas exceptionnelles. Des centaines de milliers de gens, à soixante-dix, quatre-vingts, quatre-vingt-dix ans et plus, ont un formidable appétit de vivre et font preuve d'une énergie, d'un enthousiasme et d'une vigueur physique étonnants. Pour certaines "têtes grises", atteindre le sommet de la montagne signifie garder le rythme.

Pourquoi les êtres créatifs
ne retombent-ils pas en enfance ?

Après avoir publié un article sur la manière créative de vivre la vieillesse, j'ai reçu beaucoup d'appels de lecteurs et de lectrices. L'une d'elles, June Robertson, était à six mois de son quatre-vingt-dixième anniversaire. Sa voix vibrait d'une énergie et d'un enthousiasme que j'ai rarement rencontrés plus d'une minute chez beaucoup de jeunes gens que je connais.

June Robertson m'a appris des choses très intéressantes à son sujet. Après la mort de son mari, il y a de nombreuses années, elle ne s'est pas remariée. Ses revenus ont parfois sombré sous la ligne de flottaison ; elle n'en a pas moins réussi à voyager en Russie, en Afrique, en Europe et en Inde. Elle a dû remettre un périple en Chine pour cause de maladie, mais elle a toujours l'intention de s'y rendre.

June s'est mise à parler en public vers l'âge de soixante-dix ans. Elle ne savait pas qu'elle avait des talents de communication avant de participer à une émission radiophonique. Les animateurs étaient si enchantés de sa prestation qu'ils lui ont demandé d'animer l'émission pendant une semaine. Elle recevait l'équivalent de cent francs par jour, et trouvait ça très amusant. Elle aurait même continué pour rien. A soixante-dix-huit ans, toujours pour satisfaire son goût de l'aventure, June est montée à bord d'une montgolfière.

> *Lorsque je serai grand, je voudrais être un petit garçon.*
>
> Joseph Heller

Avis aux "*junkies* de la télévision" : quand j'ai mentionné la télévision, June m'a dit qu'elle la regardait très rarement. Elle l'appelle d'ailleurs "cette boîte stupide". Cela dit, June a une drogue : les livres. Je serais tenté de dire que si l'on doit se droguer à quelque chose, c'est plutôt un bon choix.

Lorsque j'ai demandé à June quel conseil elle pourrait donner pour profiter pleinement de la vieillesse, elle m'a dit que la première des choses était de garder bon moral. (Remarquez qu'il s'agit, là encore, d'une question d'attitude,

La fin ne fait que commencer

le premier principe cité dans ce livre.) Puis elle a ajouté : "Nous devons vivre magnifiquement, joyeusement, et dangereusement".

Les *seniors* qui, comme June, mordent la vie à pleines dents, sont très conscients d'être vivants. Ils ont développé des qualités particulières.

Exercice 12-1. Des qualités vitales

Pendant quelques minutes, pensez à des personnes âgées de soixante ans et plus, qui sont toujours pétillantes, actives et pleines d'entrain. Essayez ensuite de repérer leurs principales qualités.

Un des traits les plus frappants qui caractérisent ces personnes, c'est qu'elles ont gardé intact leur émerveillement devant la vie. Elles sont capables de se réjouir chaque fois qu'elles voient un arc-en-ciel, un coucher de soleil, une pleine lune. Voici quelques-unes des autres qualités que les participants de mes stages mentionnent à propos des vieillards "toujours verts" qu'ils connaissent :

✓ Créatif
✓ Spontané
✓ Plein d'humour
✓ Espiègle
✓ Energique
✓ Amical
✓ Curieux
✓ Rieur
✓ Un peu fou
✓ Capable d'excentricités
✓ Aventureux
✓ Adaptable
✓ Joyeux

> *Les seuls êtres qui soient vraiment heureux sont les enfants et la minorité des gens créatifs.*
>
> Jean Caldwell

Exercice 12-2. Qui d'autre est plus qualifié ?

Quel autre groupe d'âge possède la plupart de ces qualités, sinon toutes ?

Les enfants bien sûr ! Les gens âgés qui vivent de maniè-re créative ressemblent aux enfants par bien des côtés. Ils s'adaptent facilement au change-ment. Optimistes et aventureux, ils sont toujours prêts à se lancer dans de nouvelles activités, telles que jouer d'un instrument de musique, parler en public, se mettre au tennis ou à la planche à voile. Les per-sonnes âgées qui ont gardé intact leur enthousiasme, s'efforcent de vivre pleinement chaque instant. Comme les jeunes enfants, elles entrent dans le moment et s'y absorbent à l'exclusion de tout le reste. Elles savent jouer, rire, être spontanées, et expri-mer leur joie de vivre. Les gens qui se montrent actifs et heu-reux dans leur grand âge n'ont pas besoin de retomber en enfance, parce qu'ils ne l'ont jamais vraiment quittée.

> *Pour l'ignorant, le vieil âge est un hiver ; pour le sage, c'est une moisson.*
>
> Proverbe juif

Le monde intérieur des loisirs

Bien qu'il soit important de conserver les qualités de l'enfan-ce pour bien vieillir, plus nous prenons de l'âge, et plus nos activités devraient se tourner vers l'intérieur. Bien vieillir, ce n'est pas exactement "s'efforcer de rester jeune". Avec le temps, nos forces physiques décli-nent, quels que soient nos efforts pour les entretenir. Mais notre forme mentale peut non seule-ment se maintenir, mais se déve-lopper. Notre évolution personnel-le contribue à rendre la vie plus enrichissante grâce à la sagesse et à l'expérience acquises avec le temps.

> *Il ne suffit pas de vieillir, il reste encore à être...*
>
> Robert Browning

Si vous entrez dans la soixantaine, l'heure de partir à la retraite est proche. Ne prenez pas pour autant le mot "retrai-te" au pied de la lettre. Car ceux qui ainsi se "retirent", pré-cipitent leur fin, traînant, désœuvrés, d'un fauteuil à l'autre.

On devrait dire plutôt "reconversion" ou "désengagement de la vie professionnelle". Quel que soit le terme choisi, il devrait indiquer que nous recherchons d'autres formes personnelles d'évolution, à la fois sur le plan intérieur et extérieur, pour cette nouvelle époque de notre vie.

Il me semble utile de citer à nouveau l'importante étude de Morris Schnore de l'université d'Ontario (mentionnée au chapitre 5), en particulier, la constatation qu'une bonne adaptation à la retraite ne dépend pas tant de la santé, des ressources matérielles ou du niveau d'instruction, comme on pourrait le penser. Bien que la santé joue un rôle, les revenus et le niveau socioculturel n'ont qu'une part mineure dans la capacité à bien vivre la retraite. En revanche, des attentes réalistes, un regard positif sur sa situation, la confiance en ses propres ressources et une existence davantage tournée vers la vie intérieure, sont les facteurs principaux qui déterminent la satisfaction que l'on tire de la retraite.

Ce n'est qu'en développant une orientation intérieure qu'on peut se construire un "monde intérieur de loisirs". Se tourner vers l'intérieur peut paraître superflu lorsqu'on a quinze ou vingt ans, mais plus on vieillit, plus cela devient un ingrédient essentiel de l'épanouissement. Cet élément est en relation avec le domaine spirituel, l'une des composantes de la roue de la vie (évoquée au chapitre 4), mais aussi la plus oubliée et la plus négligée, pour ne pas dire la plus reniée, dans un monde avant tout préoccupé des choses matérielles. Or développer notre dimension spirituelle exige un état de conscience bien plus élevé que celui que nous mobilisons dans le sport, la distraction ou le travail. Communiquer avec notre moi supérieur et intime suffirait en soi à remplir une longue existence.

Ecouter et suivre votre voix intérieure vous donne une force et une confiance bien plus grandes que n'importe quelle conquête extérieure. Le moyen d'échapper à la solitude et à la dépression est de retrouver le contact avec votre être spirituel. Ainsi vous verrez s'enrichir votre vie intérieure. Le développement de soi est un processus mystérieux, en même temps que merveilleux et fascinant. Vous poser des questions sur vous-même vous aidera à vous déterminer, ce qui vous ouvrira une plus grande liberté. Votre vie gagnera en rayonnement par sa richesse et sa qualité.

Les bons principes

Tout au long de ce livre, nous avons dégagé un certain nombre de principes permettant d'atteindre la satisfaction dans les loisirs. Vous trouverez résumés ci-dessous ceux que j'estime les plus importants.

✓ Tout est une question d'attitude, analysez la vôtre : est-elle positive ou négative ?

✓ Ne vous éloignez pas des gens négatifs, fuyez !

✓ Concentrez-vous sur vos besoins et vos objectifs.

✓ Posez-vous la question : "Suis-je assez attentif ?"

✓ Veillez à satisfaire ces trois besoins fondamentaux : structure, but et intégration.

✓ Créez votre arbre de loisirs.

✓ Equilibrez loisirs actifs et passifs.

✓ Rappelez-vous que l'argent ne fait ni le bonheur ni le malheur.

✓ N'oubliez pas le Paradoxe de la vie facile.

✓ Ne vous contentez jamais d'une seule idée, servez-vous de votre imagination.

✓ Recherchez la reconnaissance, la responsabilité, le développement et l'accomplissement personnels.

✓ Si vous vous ennuyez, rappelez-vous qui en est la cause.

✓ Vivez l'instant présent.

✓ Souvenez-vous que le but est le chemin.

✓ Laissez s'exprimer votre spontanéité.

✓ Osez être différent.

✓ Prenez des risques.

✓ Rappelez-vous que la solitude nécessite la sécurité intérieure.

✓ Riez et offrez-vous des moments de folie.

✓ N'oubliez pas que les meilleures choses de la vie sont gratuites.

✓ Cultivez votre forme.

✓ Pratiquez des activités variées.

✓ Ne vous gavez pas de télévision.

✓ Exercez votre vitalité intellectuelle.

✓ Accordez-vous le droit à la paresse.

✓ Développez votre monde intérieur et votre être spirituel.

De même qu'il ne suffit pas d'avoir un cheval pour aimer l'équitation, avoir des connaissances en matière de loisirs ne veut pas dire que vous saurez en profiter. Dans toute entreprise qui vaut la peine d'être tentée, il faut d'abord développer sa motivation. Autrement dit, être prêt à faire ce qu'il faut pour atteindre la satisfaction.

> *Seul celui qui se trouve bien avec lui-même peut apprécier le don de l'oisiveté.*
>
> Henry Greber

Beaucoup de gens ne sont pas prêts à mener une vie de loisirs, car ils ne mesurent pas le degré d'implication que cela suppose pour réussir. La lettre qui suit m'a été envoyée, en janvier 1993, par Lynn Bolstad, une lectrice de Toronto. Celle-ci raconte à quel point elle n'était pas préparée à " affronter " une vie de loisirs.

Cher Ernie,

*Après avoir lu **L'art de ne pas travailler** je crois que je peux vous appeler Ernie.*

Tout d'abord, je tiens à vous remercier d'avoir écrit un livre aussi formidable. Moi qui n'ai jamais cru aux livres de "recettes", j'ai trouvé le vôtre très pertinent et très utile.

Il y a six mois, j'ai accepté de partir en préretraite (à moins de cinquante-cinq ans) et de quitter l'entreprise pour laquelle je travaillais depuis trente-sept ans. Rien ne m'avait préparée au choc qui a suivi : je ne savais plus qui j'étais, j'avais peur de l'avenir et j'éprouvais un sentiment d'impuissance. Moi qui jusque-là étais quelqu'un de si structuré, je me sentais complètement déboussolée.

J'ai donc décidé de m'accorder un peu de temps pour y voir plus clair et réfléchir à ce que j'allais faire. Je suis partie passer sept semaines au bord de la mer, simplement à marcher, à lire, bref à prendre le temps de vivre. Ce fut le meilleur des remèdes.

Dans mon métier, j'ai toujours été en contact avec des associations. Je leur consacre à présent plus de temps, et je me suis inscrite à un club de retraités. Et voilà qu'on me propose de travailler à temps partiel dans une de ces associations (j'ai le trac, mais l'idée me plaît bien).

Votre livre m'a aidée à me fixer des objectifs pour ma nouvelle vie. J'ai l'intention de le lire et de le relire, car je sais qu'il y aura des moments où je perdrai confiance. Et j'ai aussi l'intention de l'offrir à plusieurs de mes connaissances.

Dans cinq minutes, je sors faire du patin à roulettes avec un ami...

Quel bonheur de ne pas travailler !

Amitiés,

Lynn Bolstad

Lynn Bolstad a compris que les loisirs, comme toute chose qui vaut la peine d'être cultivée, demandent de s'impliquer vraiment. Identifier la nature de notre problème et voir ce qu'il faudrait faire pour y remédier est une chose. Presque tout le monde y parvient. Là où la plupart des gens échouent, c'est à mettre cette solution en œuvre. La connaissance du problème et de sa solution devient parfaitement inutile si elle n'est pas suivie d'action.

Un vieux proverbe dit que la parole est de peu de valeur, parce que l'offre est bien supérieure à la demande. Beaucoup de gens parlent de tous les beaux projets qu'ils vont réaliser, mais le plus souvent ils s'arrêtent avant même d'avoir commencé. Agir, c'est "s'engager". Beaucoup de gens se servent de ce mot sans bien savoir ce qu'il signifie. Ils l'utilisent, parce qu'il sonne bien, mais cela n'a rien à voir avec l'engagement. La plupart disent qu'ils sont motivés par le désir de réussir, mais leur comportement démontre le contraire. Dès qu'ils comprennent qu'atteindre leur but demande du temps, de l'énergie et des sacrifices, ils abandonnent.

> *Lorsque tout est dit, on n'a encore rien fait.*
>
> Un sage anonyme

Voici un moyen très simple de voir dans quelle mesure vous vous engagez à réaliser vos buts : lorsque vous dites que vous allez faire une chose, la faites-vous ? Ce test s'applique à des projets apparemment aussi anodins que le fait d'appeler une personne que vous aviez prévu de contacter. Si vous ne réalisez pas les petites choses, comment pourriez-

La fin ne fait que commencer

vous accomplir les grandes ? Si l'engagement vous fait défaut, à long terme, vous ne connaîtrez pas beaucoup de satisfaction.

Vos actes sont les meilleurs témoins de votre engagement. La force de celui-ci traduit votre volonté d'atteindre les buts que vous vous êtes fixés, quels que soient les obstacles que vous rencontrez. Si un mur vous barre la route, vous tenterez de passer par dessus, de le contourner ou de passer au travers, et si ça ne marche pas, vous tenterez de le brûler ou de le faire sauter. Vous trouverez le moyen de passer outre.

Les loisirs offrent des possibilités infinies d'évolution et de satisfaction. Aussi, lorsque vous êtes loin de votre travail, engagez-vous totalement dans ce que vous avez choisi de faire. Si après avoir lu ce livre, vous trouvez que vous avez encore trop de temps libre, voici d'autres suggestions :

✓ Chaque fois que c'est possible, allez faire vos courses à pied plutôt qu'en voiture.

✓ Aidez les autres au lieu de vous faire aider.

✓ Attardez-vous devant un coucher de soleil, au lieu d'y jeter un simple coup d'œil.

✓ Apprenez à passer plus de temps seul afin d'expérimenter les plaisirs de la solitude.

✓ Lisez un bon livre plutôt que de regarder la télévision.

✓ Choisissez des activités qui représentent pour vous un défi plutôt que la facilité.

✓ Recherchez les échanges avec des personnes originales, qui bousculeront peut-être vos croyances et vous amèneront à remettre en question vos certitudes.

✓ Organisez une soirée réunissant beaucoup de gens intéressants (comme moi par exemple).

Je deviens tellement bon à ça, que je devrais peut-être donner des cours de relaxation.

> *Il n'y a rien de brillant ou d'extraordinaire dans mon itinéraire, excepté peut-être une chose : je fais ce que j'estime devoir être fait. Et quand j'ai décidé de faire quelque chose, j'agis.*
>
> Theodore Roosevelt

"On récolte ce qu'on sème". En d'autres termes, l'univers nous renvoie ce que nous y avons mis. Récolter satisfaction et récompense demande d'agir sans ménager sa peine. Ne faites pas comme la plupart des gens qui ne savent pas mettre leurs paroles en acte. Avoir une attitude positive et enthousiaste est une condition indispensable pour s'engager dans l'action et connaître une vie féconde. A propos de l'engagement, rappelons-nous cette parole de sagesse bouddhiste : "Savoir et ne pas faire, ce n'est pas savoir".

La vie commence à votre loisir

Si ce livre pouvait contribuer à vous donner autant de joie et de satisfaction dans vos loisirs que j'en ai eu à l'écrire, je serais comblé. Le fait que vous l'ayez lu témoigne déjà de votre souhait de tirer le meilleur parti possible de vos loisirs.

Il s'agit maintenant de mettre en pratique ce que vous avez appris. Votre désir de changer et d'agir vous y aideront. Il faut aimer le monde avant de pouvoir le servir, et rechercher l'épanouissement et non la perfection. C'est vous qui créez le monde tel que vous le percevez. Il ne tient qu'à vous de profiter de tout ce que vous entreprenez, et de remplir vos moments de liberté de façon à ce que l'anxiété, l'ennui et la morosité n'y aient plus place. Elargissez vos intérêts au maximum ; la variété est en soi une récompense à l'effort de l'intégrer à votre vie.

Lorsque vous sentez faiblir votre enthousiasme, il faut trouver le moyen de le ranimer au plus vite. La routine et le besoin de sécurité peuvent vous enfermer dans une vie terne et indifférente, tandis que le choix de faire toujours de nouvelles découvertes entretient la fraîcheur et la stimulation. Soyez attentif à provoquer l'inattendu, les rencontres et les situations inédites. Invitez donc le hasard et sachez prendre des risques. Profitez des personnes intéressantes, des mets intéressants, des lieux intéressants, des spectacles intéressants, des livres intéressants...

> *Si seulement j'avais bu plus de champagne.*
>
> Dernières paroles de John Maynard Keynes.

Et n'oubliez pas la simplicité. Les plus grandes joies ne viennent pas nécessairement d'événements extraordinaires. Une chose très banale peut nous procurer un plaisir intense.

Il est inutile de rechercher le bonheur dans les loisirs. Lorsque vous êtes né, vous avez reçu trois présents : le don de l'amour, celui du rire, et celui de la vie. Utilisez-les, et le bonheur vous suivra partout où vous irez.

Rappelez-vous aussi que votre attitude est déterminante. En façonnant votre propre attitude, vous façonnez votre vie. "Comme on fait son lit on se couche", dit-on. En d'autres termes, vous êtes l'artisan de votre satisfaction, de votre

> *On ne vit qu'une fois. Mais si on le fait bien, cela suffit.*
>
> Fred Allen

enthousiasme, et de votre motivation à vivre pleinement.

Le loisir est un trésor à cultiver et à chérir à toutes les saisons de la vie. A ceux qui ne perçoivent pas à quel point ce trésor est précieux, je poserai cette question : avez-vous souvent entendu parler de gens qui, sur leur lit de mort, ont regretté de ne pas avoir assez travaillé ? Je suis prêt à parier que non. En toute probabilité, s'il y a quelque chose que vous regretterez de ne pas avoir fait dans votre vie, ce sera quelque chose que vous auriez pu faire pendant vos loisirs. Il y a une bonne raison à cela : les moments les plus précieux viennent de *la joie de ne pas travailler* !

La vie commence à votre loisir... Bon voyage !

Lettres de lecteurs en réaction aux premières éditions

Introduction

Cette nouvelle section comprend certaines des lettres les plus intéressantes qu'il m'ait été donné de recevoir depuis la publication de la troisième édition de *L'art de ne pas travailler* en 1997. J'ai toujours été surpris de constater à quel point mon ouvrage avait influencé nombre de personnes de différentes façons. Quelques lecteurs m'ont fait savoir comment, après l'avoir lu, ils avaient trouvé un meilleur équilibre entre leur travail et leur vie personnelle; d'autres m'ont raconté comment ils avaient quitté leur emploi, et d'autres, enfin, m'ont expliqué comment, après avoir occupé un emploi fastidieux qu'ils conservaient simplement pour des considérations pécuniaires, ils s'en sont inspirés pour trouver une occupation qu'ils aimaient vraiment.

Ce n'est pas sans embarras que je dois admettre un fait : certains lecteurs vivent selon les principes de *L'art de ne pas travailler* de meilleure manière que je ne réussis à le faire moi-même. Même si je ne m'éreinte pas au travail ni ne fais de longues heures, j'avoue que, dernièrement, je n'ai pu prendre d'année sabbatique – parfois prolongée – comme quelques-uns l'ont fait. De toute évidence, ils peuvent se vanter de m'avoir appris quelque chose.

De toute façon, j'espère que ces lettres vous permettront de mener une vie plus intéressante et plus joyeuse. La plupart des gens disparaissent en regrettant toutes les choses qu'ils n'ont pu réaliser dans leur existence. La manière la plus facile d'en arriver à ce

> *Parfois, vous vous demandez comment vous avez réussi à gravir cette montagne, mais parfois vous vous dites :*
> *"Comment pourrais-je bien redescendre ?"*
>
> Joan Manley

constat est de vous joindre à la chorale communautaire au lieu de chanter vos propres refrains. Comme vous pourrez le constater, la majorité des personnes qui témoignent dans les pages suivantes chantent des chansons de leur propre composition et s'en portent fort bien.

L'angoisse existentielle d'un lecteur français

Après avoir lu *L'art de ne pas travailler*, Michaël Roche, un Français originaire de l'Isère, m'a envoyé la lettre qui suit.

Cher Ernie,

Votre livre, L'art de ne pas travailler, *est un petit trésor. Je l'ai découvert par hasard dans une librairie et je dois avouer que ce fut une heureuse rencontre.*

Je suis un étudiant de 22 ans, et la perspective de me retrouver bientôt dans le monde du travail constitue pour moi une véritable angoisse existentielle. Voilà bien des années, j'ai pris conscience que je n'étais pas fait pour travailler. Passer quarante heures par semaine dans un bureau pendant quarante ans n'est pour moi qu'une perte de temps. Il s'agit d'une opinion difficile à faire accepter, car le regard des autres est impitoyable. Avoir du temps libre ne me cause aucun souci. J'ai beaucoup de choses à faire. Je connais de nombreuses activités intéressantes et fascinantes, mais une vie consacrée à travailler ne permet pas d'avoir assez de temps pour les pratiquer. Que l'on me comprenne bien : je ne refuse pas de travailler. Je ne fais que refuser un certain mode de vie que certaines personnes (ma famille, mes amis, mes professeurs, mes voisins, mes patrons potentiels, etc.) essaient de m'imposer. Votre livre est rassurant sur cette question. Je me rends compte que je ne suis pas le seul être humain à penser ainsi. Quel soulagement !

Au cours des mois à venir, je devrai décider que faire de ma vie. Si je choisis de la mener à MA manière, il y aura des pleurs, des grincements de dents et de l'incompréhension, mais merci

> *Nous travaillons pour devenir quelqu'un et non pour acquérir des biens.*
>
> Elbert Hubbard

tout de même. Par contre, si je suis la voie de la facilité, je risque de passer le reste de mon existence à satisfaire les aspirations de quelqu'un d'autre. Cette voie est synonyme de renonciation, de résignation, de compromis, de frustration, de regrets et de remords. Malheureusement, c'est la route la plus simple à suivre et celle que la société me prépare.

J'aurai besoin de beaucoup de courage, et votre livre m'aidera énormément.

Merci d'exister, monsieur Zelinski, et merci encore pour ce bouquin formidable.

Veuillez excuser mon anglais de collège.

Michaël Roche

Les réflexions d'un lecteur britannique

Patrick Cooper-Duffy, un Anglais de Totton (Hants), m'a écrit ce qui suit en novembre 1999.

Cher Ernie,

Merci pour L'art de ne pas travailler. Je l'ai lu et relu et l'ai recommandé à mes amis. J'en fais actuellement une recension dont je vous enverrai copie, une fois finie. J'aime beaucoup le mélange de petits dessins et d'illustrations. J'aime aussi les commentaires de vos lecteurs.

Je possède une formation en infirmerie psychiatrique. Il est possible que tous ces gens qui se sont suicidés à la suite d'un congédiement seraient encore de ce monde s'ils avaient lu votre livre et si vos idées étaient plus répandues. Je vous souhaite un franc succès dans la vente de vos œuvres.

Sincèrement vôtre.

Patrick Cooper-Duffy

> *Plus de gens meurent d'épuisement professionnel que ne le justifie l'importance de ce bas monde.*
>
> Rudyard Kipling

Faire bon usage d'un arbre de loisirs

Après avoir lu *L'art de ne pas travailler*, Duval C. Sherman, de Los Angeles, en Californie, m'a écrit en mai 1999. Comme vous pouvez le constater, pour planifier sa retraite, il a trouvé fort utiles les activités de l'arbre des loisirs (dont il est question des pages 141 à 150).

Cher Ernie,

J'ai récemment terminé la lecture de votre excellent livre L'art de ne pas travailler *et suis surpris que vous n'en ayez pas vendu plus d'un million d'exemplaires.*

J'ai pris ma retraite le 29 octobre 1997 à l'âge "canonique" de 46 ans. J'étais chauffeur d'autobus à Los Angeles – un travail très stressant. Mes compagnons me répétaient toujours la même rengaine : "Que vas-tu faire maintenant ?", etc. J'ai alors compris une chose très triste : hors de leur travail, ces pauvres diables n'existaient pas !

Maintenant, je ne suis plus stressé, dispose de beaucoup de temps pour réfléchir, suis plus heureux et ne m'en porte que mieux. Les activités décrites dans votre "arbre de loisirs" m'ont beaucoup aidé. J'ai découvert là des choses auxquelles je n'avais jamais pensé. Pour l'instant, j'ai choisi environ soixante-dix activités qui devraient me tenir occupé pendant quelque temps, et je m'en garde d'autres en réserve. En fait, Ernie, je suis en train de rédiger mon autobiographie.

J'ai commandé deux exemplaires de votre livre pour les faire parvenir à deux de mes cousines. L'une a été enseignante pendant trente et un ans et se demande encore si elle doit prendre sa retraite. J'espère que votre livre, ainsi que mes encouragements, la poussera enfin à accomplir les choses qui l'intéressent.

> *Lorsque le plaisir nuit aux affaires, laissez tomber les affaires.*
>
> Un sage anonyme

Mon autre cousine est obstétricienne. Elle a sa propre clinique et ne ralentit aucunement ses activités. J'espère qu'elle prendra le temps, selon votre expression, de "humer le parfum des roses" et de lire votre beau livre.

Si vous êtes en mesure de vous libérer de vos loisirs, soyez assez gentil de m'envoyer un mot. Merci d'avance.
Sincèrement vôtre.

Duval C. Sherman

D'une maman qui a décidé de travailler à temps partiel

En juillet 2000, Jennifer Andrew, de Cary, en Caroline du Nord, m'écrivait ce qui suit :

Cher Ernie,

Rendue à la moitié de votre livre L'art de ne pas travailler, je tenais à vous écrire avant d'avoir fini. C'est excellent ! Merci !

J'ai récemment commencé à travailler à temps partiel de manière à passer plus de temps avec mon enfant de deux ans. Cela me permet aussi de prendre davantage le temps de vivre. Cela n'a pas été facile à négocier, mais j'ai réussi à le faire à mon plus grand bénéfice. Jusqu'à maintenant, j'aime ça, mais je dois avouer que, parfois, je m'ennuie un peu. Lorsque j'ai lu votre livre, j'ai compris pourquoi. Il est exact qu'il importe de faire preuve d'une créativité accrue pour programmer ses propres activités, mais il est possible d'y arriver. Se contenter de passer le temps constitue un objectif plutôt flou. J'ai pris conscience du fait qu'il importe de se fixer des objectifs, de choisir des activités taillées sur mesure et de n'être pas seulement qu'une jeune maman. Mon premier objectif est d'améliorer ma forme physique au maximum en marchant, en nageant, en me rendant le plus souvent possible au terrain de jeu et en faisant en sorte de pratiquer plus d'une activité par jour.

Aujourd'hui, les pressions pour travailler de manière forcenée sont constantes, d'autant plus que l'économie américaine est en pleine expansion. Le chômage est au plus bas niveau, et un licenciement n'est plus aussi préoccupant qu'à l'époque où votre livre a vu le jour. Je trouvais difficile de prendre le temps de "humer les roses". Élever une famille, faire carrière, épargner pour ses vieux jours, etc. J'ai découvert mon impossibilité à faire tout cela à la fois. Voilà pourquoi j'ai quitté le "ratodrome". Hourra !

Selon moi, se faire prendre au jeu des "voisins gonflables" (changer de voiture, avoir une plus grande maison, etc.) est le signe d'une profonde insatisfaction personnelle et d'un incommensurable ennui. Je n'ai jamais découvert dans quoi j'étais bonne ni ce que j'étais en mesure d'apprécier pour ses qualités intrinsèques. Je n'ai jamais su non plus quelle carrière m'aurait été la plus profitable. J'ai l'intention de poursuivre mes études, mais ne me presse pas. À 26 ans, je sais que j'ai le temps et je veux savourer chaque goutte de ma vie.

Merci encore. Je ressentais confusément ces sentiments depuis un moment, mais je ne les avais jamais exprimés. Je me demandais toujours pourquoi j'étais déprimée pendant les weekends, et, lorsque j'étais seule, je faisais de l'anxiété. Malgré toutes vos activités de loisirs, j'espère que vous trouverez le temps de m'envoyer un mot.

Sincèrement.

Jennifer Andrew

D'un sage anonyme d'Afrique du Sud

L'une des lettres les plus bizarres que j'ai reçues venait d'Afrique du Sud. Elle était signée "De la part d'Anon". Il s'agissait en fait d'une enveloppe vide sur laquelle on avait écrit deux versets de l'Ancien Testament.

En vain tu avances ton lever,
tu retardes ton coucher,
mangeant le pain des douleurs,
Quand Lui comble son bien-aimé qui dort.
Psaumes, 127 : 2

Heureux tous ceux qui craignent Yahvé
et marchent dans ses voies
Du labeur de tes mains tu profiteras,
heur et bonheur pour toi.
Psaumes, 128 : 1 et 2

De la part d'Anon

Annexe

Décrocher de l'université
pour mieux se raccrocher à la vie

En décembre 2000, Matt Moss, de Delray Beach, en Floride, m'écrivait le mot suivant :

Ernie,

Je viens tout juste de terminer votre livre et je suis entièrement d'accord avec vous. C'est vraiment bien de voir tout ça écrit noir sur blanc. Nous avons tous besoin de ralentir et de nous y prendre à deux fois pour regarder ce qui importe vraiment.

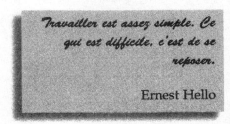

Travailler est assez simple. Ce qui est difficile, c'est de se reposer.

Ernest Hello

Je n'ai que 20 ans, mais j'ai l'impression d'entrer EXACTEMENT dans la catégorie de personnes que vous décrivez être. Après deux ans de cours d'ingénierie à l'université, où je résidais, j'ai décidé de mettre un terme à tout cela – une décision dure à prendre, parce que, pour une myriade de gens, je suis un honteux décrocheur. En fait, je pense n'avoir rien laissé TOMBER, mais plutôt d'avoir TROUVÉ ma voie. J'ai appris davantage de choses la dernière année que je ne l'aurais fait en classe. J'ai voyagé partout et connu toutes sortes d'aventures. J'ai travaillé dans un camp de vacances où j'ai pu m'émerveiller de l'innocence dont est pétrie l'âme des enfants. Je n'ai jamais été aussi heureux. Il m'est difficile d'accepter que la moitié de ces enfants soient condamnés à devenir de misérables adultes rivés de 9 h à 5 h à leur bureau. Je crois vraiment devoir vous remercier. J'appuie votre idée et vous souhaite toute la chance possible pour faire passer votre message aux autres. La vie est trop courte pour ne pas en profiter.

Prenez ça cool, et meilleurs souhaits pour vos projets.

Mat Moss

Souvenirs du bon vieux temps

Le 31 mai 2001, Emily Price, de Columbia, au Missouri, m'a écrit :

Cher Ernie,

Lorsque j'ai pris ma retraite, voilà quatre ans, ma sœur qui vit dans la région de Berkeley m'a fait cadeau de votre livre. J'ai entrepris maintenant une nouvelle carrière d'agent de voyages. J'aime beaucoup cela, car j'ai toujours adoré jouer au globe-trotter, et cela me donne l'occasion de visiter de nouveaux lieux formidables.

> *Avec de tels emplois, ce n'est pas votre démission que vous donnez : vous ne faites que prendre une fuite salutaire.*
>
> Dawn Steel

Mon chapitre favori dans votre livre est celui où vous parlez de l'arbre de loisirs. Cela m'a rappelé bien des choses que j'ai faites autrefois et m'a permis de revenir à d'anciennes activités que j'appréciais alors.

J'ai prêté votre livre à des parents et à des amis qui l'ont beaucoup aimé. Certains d'entre eux se sont d'ailleurs procuré leur propre exemplaire.

Sincèrement.

Emily Price

Ne pas travailler : une situation pouvant se révéler pénible

Rebecca E. Stanton, de Los Altos, en Californie, m'a écrit pour m'expliquer qu'il peut être pénible de ne pas travailler pour cause de blessures.

Cher Ernie,

J'ai lu votre livre L'art de ne pas travailler. Vous recevrez probablement des centaines de lettres de gens comme moi qui vous diront tout ce qu'ils ont appris grâce à vous. Merci mille fois.

Annexe

Je suis une directrice d'école qui s'est blessée au travail et est en congé d'invalidité. J'adore mon travail. Tout a été si soudain qu'en rentrant chez moi j'ai ressenti une vive douleur psychologique. C'était, bien sûr, avant de prendre connaissance de votre livre.

Je voudrais vous dire combien je l'ai apprécié. Vos idées sont pratiques et ont permis de mettre de l'ordre dans les miennes. Je suis émerveillée de constater combien un livre comme le vôtre peut changer ma vision des choses. Il me suffit d'avoir l'esprit ouvert et créatif.

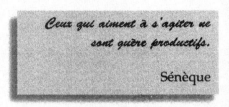

Ceux qui aiment à s'agiter ne sont guère productifs.

Sénèque

Mieux vaut pour moi rester à la maison. Merci de partager vos idées. Je vous en suis profondément reconnaissante.

Sincèrement.

R. Stanton

Faire quelque chose de neuf

L'art de ne pas travailler a poussé Grant Smith, de Toronto, en Ontario, à entreprendre quelque chose qu'il n'avait jamais eu l'occasion de faire auparavant.

Cher monsieur Zelinski,

Je vous écris pour vous dire combien j'apprécie votre livre L'art de ne pas travailler. *Il y a environ trois semaines, j'ai été mis à pied et, une fois le choc passé, je me suis mis à me demander ce que j'allais bien pouvoir faire.*

La semaine dernière, alors que je bouquinais dans une librairie, un maître de la même école de pensée que celle de Lao-Tseu (que vous citez d'ailleurs dans votre livre) m'a mené à vous découvrir. Même si je connais les principes de base de cette philosophie, au cours des dernières années j'ai quelque peu perdu de vue ce qu'il était important de placer au centre de nos existences. Parfois, si nous ne le faisons pas nous-mêmes, l'esprit qui nous habite occasionne des changements extérieurs.

Si nous ne luttons pas contre lui et, comme vous le suggérez, suivons le courant, nous nous retrouvons avec les clés d'un tout nouveau monde.

J'ai l'intention de travailler sur quelque chose. Peu importe quoi, mais cela se déroulera à ma façon. Merci encore pour ce beau livre. Il a un impact sur moi puisque j'ai décidé d'accomplir quelque chose de "neuf". C'est la première fois que j'écris à un auteur.

Bien cordialement.

Grant Smith

Une perdante magnifique

Melina Mak, de Thornhill, en Ontario, m'a écrit en mai 2001. Voici ce qu'elle dit :

Cher monsieur Zelinski,

J'ai beaucoup aimé L'art de ne pas travailler. *Mise à pied voilà deux mois, je me suis retrouvée sans emploi. Avant de lire votre livre, je me considérais comme une "loser", une perdante. Maintenant, je me suis transformée en gagnante.*

Je suis chrétienne et crois vraiment que Dieu a prévu mon renvoi parce que j'ai exagérément travaillé et perdu de vue l'essentiel.

Ma langue maternelle est le chinois. Je me demande si votre livre sera traduit dans cette langue afin que plus de gens puissent en prendre connaissance et bénéficier de votre message.

En espérant de vos nouvelles, je vous prie d'agréer, Monsieur, mes sincères salutations.

M. Mak

Les gens qui ne se consacrent exclusivement qu'à leur travail l'accomplissent rarement bien.

Lord Chesterfield

J'ai le plaisir d'apprendre à ma correspondante que *L'art de ne pas travailler* a été publié en idéogrammes chinois traditionnels en 1995 chez Yuan-Liou Publishing à

Annexe

Taïwan, et qu'il a subi une mise à jour en 2003. Il a été également publié en mandarin simplifié par la maison CITIC Publishing House de Beijing, au début de 2004.

Une vie avec davantage de loisirs : une situation super gagnante

Entreprendre une nouvelle carrière n'est pas de tout repos. Toutefois, il existe autant de risques à demeurer dans un emploi qui déplaît. William T. David, de Nashville, au Tennessee, m'a envoyé ce mot en 1999. Six mois auparavant, David avait quitté un emploi fort bien rémunéré pour choisir un mode de vie plus reposant. Comme il le fait remarquer, prendre des risques, même si cela débouche sur un échec, peut présenter des avantages.

Cher Ernie,

Je viens juste de finir la lecture de L'art de ne pas travailler *et* Soyez raisonnable, voyez grand ! *Quelle merveilleuse façon de commencer la nouvelle année !*

En juillet 1998, j'ai quitté un emploi industriel très bien payé mais très stressant et je n'ai jamais fait marche arrière. J'ai passé quatre mois formidables à relaxer et à travailler dans mon appartement. Le travail que je fais actuellement est moins rémunérateur, mais je suis plus heureux. Mon prochain projet consiste à vendre mon logement et à me rapprocher de ma famille, au Wisconsin.

Cela a pris du temps, mais, maintenant, je sais ce que je veux faire dans la vie. Étant une personne très créatrice, j'ai un tas de bonnes idées et l'intention de réaliser toutes les choses dont j'ai rêvé : écrire des chansons, de la poésie, un roman, obtenir des brevets d'invention, peindre, reprendre des leçons de danse et apprendre à jouer du piano.

> *Se reposer représente la moitié du travail.*
>
> Proverbe yougoslave

La bonne nouvelle est que, même si j'essuie un échec, dans le fond, je n'échouerai jamais vraiment tant que je ferai ce dont j'ai envie. Peu importe l'avenir, la situation sera toujours super gagnante.

Prenez soin de vous.

Bill David

Sur la voie spirituelle menant à plus de loisirs

James Paul Bauman, de Oliver, en Colombie-Britannique, m'a écrit en août 2000 pour me dire que, parfois, un mode de vie comportant plus de loisirs que la moyenne peut entraîner un sentiment de culpabilité. Il nous dit ici comment ne pas ressentir un tel malaise.

Cher Ernie,

J'ai récemment lu L'art de ne pas travailler *et vous sais gré du message qu'il contient. Quelque esprit bienfaisant me l'a fait connaître au moment où j'en avais le plus besoin, et cela m'a permis de connaître une indéniable équanimité. Merci de l'avoir écrit.*

J'ai longtemps entretenu un sentiment de culpabilité à cause de mon choix de vie. Après m'être séparé de ma conjointe, voilà quelques années, j'ai adopté un style de vie plus simple. Je voulais avoir du temps pour réaliser tous mes désirs. Écrire, par exemple. Ainsi, j'ai rédigé plusieurs livres sur la liberté économique.

Même si j'adore passionnément et crois fermement en une vie simple et tranquille, même si j'ai rejeté mon sentiment de culpabilité de vivre de façon radicalement différente de celle de mes contemporains et d'avoir autant de temps libre, je n'ai jamais pu surmonter un certain malaise : celui de me justifier en travaillant de longues heures pour nulle autre raison que d'excuser mon mode de vie. J'évite même de me rendre en ville durant les heures de travail afin de ne pas avoir l'air d'un fainéant à la charge de la société. C'est fou, je sais, mais il n'est pas toujours facile de lutter contre des années d'endoctrinement culturel.

Au cours de ma quête spirituelle, j'ai appris à m'accepter pleinement. Le besoin de liberté dans tous les aspects de mon existence m'a mené vers une manière d'être qui a souvent en-

gendré la désapprobation d'autrui, une crainte et une culpabilité résiduelles. J'ai réussi toutefois à les surmonter. Votre livre confirme de manière indiscutable que je suis sur la bonne voie. Merci !

Avec toute ma gratitude.

Jim

Un fervent converti à l'ère des loisirs

Mike Hood, de London, Ontario, nous explique comment il a recentré sa vie.

Cher Ernie,

Un simple petit mot pour vous dire combien j'ai aimé votre livre L'art de ne pas travailler. *Avant de le lire, mon principal objectif était de m'abrutir de travail (ça m'arrive encore à l'occasion). Maintenant, je suis heureux de vous apprendre que j'ai redécouvert les joies de la famille, des réunions entre amis et, sans contredit, celles de bénéficier de loisirs. Je fais réguliè-rement du vélo, fréquente souvent les parcs publics, vais à la plage, au cinéma, lis des romans.*

En résumé, merci mille fois. Votre livre m'a été et m'est toujours des plus utiles.

Sincèrement.

Mike Hood
Un fervent converti à l'ère des loisirs

Fonctionnaire de l'État du Texas ou comment prendre la vie du bon côté

Marlee Grimes, de Austin, au Texas, m'a écrit en 2001. De toute évidence, elle aime travailler, mais ne dédaigne pas aussi être au chômage.

Cher monsieur Zelinski,

J'aimerais vous remercier pour votre excellent livre. J'aime bien mon travail (qui consiste à décerner des permis d'exercer aux médecins dans le fabuleux État du Texas), mais, maintenant, je sais que j'ai d'autres choix que de changer simplement d'emploi. Après avoir passé mon diplôme à l'université, je n'ai travaillé que pendant quelques mois. J'ai aimé cela, mais me sentais en quelque sorte coupable. La prochaine fois que je serai en chômage, j'en profiterai davantage !

En travaillant pour le gouvernement texan, cela veut dire que j'ai davantage de congés que les travailleurs du secteur privé. Youpi !

De toute façon, félicitations pour votre livre plein de perspicacité.

Sincèrement.

Marlee Grimes

Une lettre vraiment synchrone

La lettre qui suit s'est révélée quelque peu synchrone avec les événements que je vais relater. En décembre 2000, en Californie, je recevais un appel téléphonique de Ronald Henares. Il me racontait que lui et son ami Mark Craig, tous deux dans la vingtaine avancée, travaillaient dans la Silicon Valley à un rythme d'enfer qui les poussait à la limite de l'épuisement professionnel. Ronald et Mark avaient acheté un exemplaire de *L'art de ne pas travailler* que Ronald considérait comme la "bible des loisirs".

De plus, Ronald me raconta que mes livres les avaient poussés à laisser tomber leur emploi, à déménager à Folson, en Californie, où ils avaient l'intention d'ouvrir un petit commerce de crème glacée. Ils avaient l'intention de vendre *L'art de ne pas travailler* dans leur boutique et me demandaient la permission de le faire. Je suggérais à Ronald de contacter Ten Speed Press afin qu'ils puissent acheter directement des exemplaires de l'éditeur. Au cours de notre conversation, je demandais à Ronald et à Mark de faire figurer leur recension de *L'art de ne pas travailler* sur le site www.amazon.com, ce qu'ils firent dans la semaine qui suivit. Ce n'est que grâce à ces commentaires que je parvins à obtenir leurs noms au complet.

Environ un an plus tard, je me demandais ce que devenaient Ronald et Mark, leur commerce et le projet d'y vendre mon livre. Comme je n'avais ni l'adresse ni le numéro de téléphone de Ronald, je demeurais dans l'incertitude. À ma plus grande surprise, environ une semaine plus tard, en janvier 2002, je reçus une lettre d'un certain Justin Onstot, de Mather, en Californie.

Cher Ernie,

Merci de demeurer fidèle à votre mission en publiant L'art de ne pas travailler. *Ce livre a littéralement changé ma vie.*

Tout cela a commencé l'été dernier lorsque je suis entré dans une boutique de crème glacée située à Folson, en Californie. Je travaillais alors pour une grande société de haute technologie, réputée pour presser ses employés comme des citrons – une réputation non surfaite, croyez-moi. Alors que je me vidais le cœur devant les propriétaires de la boutique, ils attrapèrent la balle au bond.

Tout en parlant, je prenais conscience que ces deux garçons avaient déjà été esclaves d'une grande société et qu'ils me comprenaient. Un jour, ils ont découvert votre livre qui les a convaincus de prendre congé de la merveilleuse Amérique des entreprises et de créer leur propre affaire.

Inspiré par leur histoire, j'ai acheté un exemplaire de votre livre, dans leur boutique. Je l'ai lu à la maison et en ai apprécié la sagesse. Certaines pilules étaient plus dures à avaler que d'autres, comme l'idée que l'argent ne fait pas le bonheur et n'assure pas la sécurité. Toutefois, tout cela donnait à réfléchir.

Il m'a fallu six mois pour me décider. En décembre dernier, j'ai démissionné. Mon employeur n'en revenait pas. De toute évidence, on me considérait comme une "étoile montante". Le 31 du mois, je prenais congé et n'ai plus jamais regardé en arrière.

> *Le meilleur conseil que l'on puisse donner aux jeunes est celui-ci : "Trouvez ce que vous préférez faire et arrangez-vous pour que quelqu'un vous rémunère pour cela."*
>
> Katharine Whitehorn

J'aime de nouveau la vie ! Je suis capable de siroter chaque jour mon café chez mon dealer de caféine local. Je m'assois, lis le journal et continue à travailler sur mon premier roman. En vérité, pour la première fois depuis l'université, je peux prendre le temps de respirer et je n'ai plus de maux de tête, de brûlures d'estomac ni d'insomnies. Mon objectif est dorénavant d'être fidèle à la mission que je me suis fixée.

Je dois vous remercier pour votre livre qui s'est révélé des plus utiles. Que Dieu vous bénisse ainsi que vos projets.

Cordialement.

Justin Onstot

Des loisirs ambitieux

Après avoir lu *L'art de ne pas travailler*, certaines personnes ont décidé de ralentir leurs activités et de prendre du bon temps. D'autres ont des motivations ambitieuses, comme Kimberley Menard, de Yinley Park, en Illinois, qui m'a envoyé ce mot en avril 2001.

Cher Ernie,

J'ai tout juste terminé L'art de ne pas travailler *et je me suis régalée avec ce livre. J'ai 42 ans, et voilà déjà seize ans que je travaille comme acheteuse professionnelle. Au fil des ans, j'ai suivi des cours d'éducation permanente pour décrocher des certificats et d'autres diplômes permettant de progresser dans ma carrière. J'ai toujours aimé suivre des cours à l'université. Avant de lire votre livre, c'était principalement pour des raisons d'avancement. Maintenant, j'y vois, en plus, une possibilité de croissance sur le plan personnel. Par ailleurs, votre livre m'a motivée à me fixer des objectifs de loisirs que je n'avais jamais envisagés.*

Objectif numéro un : au secondaire, je voulais devenir auteure, mais, je ne sais trop comment, je me suis retrouvée acheteuse. J'ai décidé d'écrire un livre et de m'y consacrer ne serait-ce que 15 minutes par jour (selon vos recommandations). J'ai toujours rêvé de faire cela, mais, comme vous le dites si bien, j'ai trouvé un tas d'excuses pour ne pas commencer.

Annexe

 Objectif numéro deux : au cours de toute ma vie, j'ai toujours trouvé de bonnes excuses pour ne pas faire d'exercice. Nous avons un retriever et j'ai décidé, pour ma santé et la sienne, de le faire marcher un kilomètre et demi tous les jours. Je suis une diabétique de type 1 et je dois gérer mon insuline en fonction de mon activité physique.

 Objectif numéro trois (que l'on pourrait rattacher au numéro 3) : je suis engagée dans un programme de recherche de l'Université de l'Illinois à Chicago sur la transplantation des îlots de Langerhans. Il s'agit d'un traitement possible du diabète. Huit personnes au Canada ont déjà été guéries à la suite d'un tel traitement à long terme. Mon rêve est d'aider à éliminer le diabète. Si cette transplantation d'îlots ne me guérit pas, j'espère au moins contribuer à la guérison des générations futures. Le livre que je compte écrire portera sur ce sujet et sur ma propre expérience. Je veux qu'il puisse être utile à tous les diabétiques.

 Merci encore d'avoir écrit ce livre qui me suivra ma vie durant.

 Sincèrement.

Kimberley Menard

Prendre le temps de vivre : une attitude désapprouvée par leur entourage

En avril 2000, Melanie Martin, de Medicine Hat, en Alberta, m'a raconté comment son entourage n'approuve guère le genre de vie qu'elle mène avec son mari.

Cher Ernie,

 Merci pour votre merveilleux livre, L'art de ne pas travailler. *J'ai été surprise de découvrir un ouvrage qui reflète précisément ma manière de penser et mon attitude envers les choses. Je ne savais pas qu'il existait des gens comme vous, car mon mari et moi pensions être des originaux. Mariés depuis six ans, nous sommes l'objet de critiques et de négativisme de la part de notre entourage. Je comprends pourquoi maintenant : sans doute parce que nous sommes heureux et qu'à cause de cela les gens nous en veulent.*

Nous nous sommes mariés à 21 ans en 1994, et notre vie s'est déroulée en dents de scie. Une mise à pied puis un déménagement de Victoria, en Colombie-Britannique, à Campbell River, dans la même province, pour un travail qui n'a duré que deux mois. Puis un déménagement majeur à Calgary, en Alberta, où nous avons été six mois sans emploi et sans logement. Ensuite, j'ai été très malade, mais les médecins n'ont pas réussi à diagnostiquer l'affection. Mon mari a décroché un emploi bien rémunéré à 45 000 $ par année, mais il a presque fait une dépression nerveuse, n'avait aucune vie à l'extérieur de son travail et était traité de manière abominable. Il a démissionné et nous sommes partis à Medicine Hat. Là, nous n'avons eu ni logis ni emploi pendant près d'un an. Je suis tombée gravement malade et, après de longs mois de souffrance, on a enfin diagnostiqué la maladie cœliaque. (Quel soulagement !)

Mon mari a finalement trouvé un emploi intéressant à 50 000 $ par année. Après toutes ces tribulations, nous étions toujours heureux d'être en bonne santé et de nous aimer. Nous avons reçu des tonnes de critiques de la part de notre famille et de nos amis en Colombie-Britannique. Pendant qu'ils se plaignaient du coût de la vie et autres considérations, ils oubliaient qu'ils vivaient dans cet endroit enchanteur qui s'appelle Victoria.

Haut les cœurs ! Nous voici en Alberta, en train de contempler la plaine, de regarder l'herbe pousser et d'adorer chaque minute de notre existence. Le secret est dans la paix intérieure. Je me sens bénie d'avoir appris tant de choses si jeune et si rapidement. Échec, échec, échec, échec. Succès ! – un vieil aphorisme "zelinskesque".

> *Le paresseux permet au bourreau de travail de faire quelque chose de valable et lui donne une raison de se sentir supérieur.*
>
> Julia Swiggum

Au fait, mes passe-temps favoris sont de relaxer dans de petits cafés avec mon mari, de lire, d'écrire des lettres et d'essayer de faire des livres. Votre bouquin m'a vraiment apporté un bien-être. Tout le monde me juge durement pour ne pas travailler suivant les "normes". Mais je suis heureuse tandis que les autres sont malheureux.

Sincèrement.

Melanie Martin

P.-S. Le passé étant ce qu'il est, au risque de vous ennuyer, je m'abstiendrai de vous décrire toutes les emmerdes que nous avons subies. Pensons de façon positive !

Si j'avais seulement le temps...

Graham Sanderson d'Édimbourg, en Écosse, m'a écrit en juillet 2002 une lettre formidable. La seule petite chose qui m'irrite est qu'il essaie de me donner davantage de travail !

Cher monsieur Z.,

J'ai d'abord aperçu votre livre dans sa version espagnole, El placer de no trabajar, mais je ne l'ai vraiment lu qu'en version anglaise, lorsque ma femme se l'est procuré aux États-Unis. Ce fut toute une révélation, merci !

J'avais planifié et réfléchi sur ma sortie de la vie d'entreprise depuis quelque temps déjà et l'ai concrétisée voilà deux mois, à l'âge de 53 ans. Votre livre a confirmé certains des principes qui m'étaient déjà chers et mis sous forme lisible mes idées confuses. Parmi les meilleurs, je cite les trois besoins que les loisirs doivent satisfaire : la structure, le but et l'intégration (page 95 et suivantes).

Comme pour toute excellente œuvre de création, je suis persuadé que vous mettrez votre livre à jour au fil des réimpressions et je vous souhaite un franc succès. J'aimerais vous suggérer un chapitre supplémentaire qui s'intitulerait : "Savourer à l'avance fait partie du plaisir" (en tout cas, quelque chose de ce style), car j'estime que l'augmentation des heures de loisirs nous offre la possibilité de mieux planifier nos actions — encore une activité à savourer !

Un dernier mot : avez-vous pensé à créer un site Web pour élargir la discussion des points traités dans votre livre ? C'est

L'art de ne pas travailler

quelque chose que j'aimerais faire... Si seulement j'avais le temps !

Sincèrement vôtre.

Graham Sanderson

Soit dit en passant, j'aime beaucoup la suggestion de Graham relative à un site Web où l'on discuterait des sujets soulevés dans *L'art de ne pas travailler*. Voilà certes une bonne idée, mais, fidèle à ma nature, je préfère déléguer la création d'un tel site à l'un de mes lecteurs ou l'une de mes lectrices. Peut-être aimerez-vous contacter Graham à ce propos. Son courriel est le suivant : YoungAtHeart200@bigfoot.com. Si vous décidez de créer un tel site, merci d'avance.

> *Les loisirs, ce sont ces cinq ou six heures pendant lesquelles vous dormez la nuit.*
>
> George Allen

La volonté d'un enseignant à la retraite : apprendre aux gens comment décrocher convenablement

Tim Westhead, un retraité de Whitby, en Ontario, m'a écrit en septembre 2002. Même s'il se préparait à la retraite, les choses se sont révélées quelque peu différentes de ce qu'il avait prévu.

Cher Ernie,

Laissez-moi d'abord vous dire combien j'ai apprécié et aimé L'art de ne pas travailler, *un livre que m'avait suggéré mon fils de 24 ans en août dernier.*

J'ai pris ma retraite à la fin de juin 2002 après avoir enseigné au secondaire pendant 35 ans à Toronto. J'ai beaucoup aimé mon travail, mes élèves, mon département et mon école, ainsi que les conférences que j'ai données pendant deux décennies. La principale raison pour laquelle j'ai décidé de laisser tomber mon travail était le trajet que je devais m'imposer chaque jour (plus d'une heure à l'aller comme au retour) entre mon domicile de banlieue et l'école. J'ai eu la chance de bénéficier du facteur 85 (mon âge plus mes années d'expérience) que le syndicat des enseignants ontariens a mis au point au printemps 1998.

De cette époque jusqu'en juin dernier, j'avais quatre ans pour évaluer ma retraite, la planifier et étudier les possibilités d'emploi à temps partiel. Comme beaucoup de gens qui ont travaillé plusieurs décennies (en planifiant ou en ne planifiant pas), rendu à la mi-été, j'ai commencé à ressentir comme un malaise du fait que j'étais retraité – et donc sans emploi –, des sentiments mitigés entre la culpabilité d'être oisif et l'exultation de ne pas avoir à travailler. La plupart des gens dans mon cas vivent ce genre d'émotions.

Rendu à ce stade-ci, j'ai décidé de tirer le meilleur parti de ma retraite et des activités de loisirs. Mon fils m'a alors suggéré de lire votre livre avec attention, et j'ai créé un atelier intitulé "Retraités, relevez la tête ! Moyens pratiques de vous préparer à la retraite". On n'y traite pas de planification financière ou de la manière de remplir les formulaires. On se concentre presque exclusivement sur les aspects émotionnels de la retraite et on apprend comment s'adapter et jouir d'un nouveau style de vie. Je pense qu'il s'agit là d'aspects significatifs que les autres ateliers et séminaires sur le sujet ne font qu'effleurer ou ignorent carrément. Dans un proche avenir, je vais approcher les associations d'enseignants et autres organismes du genre.

Merci encore, Ernie, pour le stimulant émotionnel que vous m'avez donné (sans compter d'autres avantages) et pour m'avoir appris à être heureux dans ma nouvelle condition après une vie de labeur.

Mes meilleurs souhaits.

Tim Westhead (retraité et fier de l'être)

Un couple : deux arbres de loisirs

Helen Hamos, de Palo, en Iowa, m'a écrit en octobre 2002 qu'après avoir lu mon livre *L'art de ne pas travailler*, et l'avoir oublié dans un coin, elle vient de le redécouvrir.

Cher Ernie,

Voilà deux ans, mon mari et moi avons reçu en guise de cadeaux de Noël deux livres sur la retraite. Son fils Brian s'inquiétait pour l'adaptation de son père à cette nouvelle existence.

Nous avons lu ces deux livres. Je ne sais ce que l'autre est devenu, mais L'art de ne pas travailler *était simplement excellent.*

Après deux ans, j'ai décidé de relire votre ouvrage et j'y ai redécouvert plein de choses et encore plus de bon sens qu'à la première lecture. J'ai même fait des exercices dont je ne m'étais pas préoccupé auparavant. L'arbre à loisirs m'a particulièrement été utile.

Votre livre m'a incitée à avoir une vie encore mieux remplie. Je laisse mon esprit vagabonder, et mille idées merveilleuses et stimulantes se font jour. Mon mari veut également relire ce livre. Il sera amusant de comparer nos arbres à loisirs respectifs.

Merci encore, et faites savoir à vos autres lecteurs qu'une seconde lecture de votre bouquin est encore meilleure que la première. Mieux : plus tard, je le relirai une troisième fois, car cet ouvrage est un véritable outil de motivation.

Sincèrement.

Elaine Hamos

Lettre d'un préretraité en Floride

Steve Reichard, de Dublin, en Ohio, m'a envoyé ce courriel en janvier 2003, alors qu'il passait l'hiver en Floride… ce que j'aimerais bien pouvoir faire pour échapper aux hivers glaciaux de ma ville.

Salut Ernie !

Tout d'abord, permettez-moi de vous dire que j'aime vos livres, en particulier L'art de ne pas travailler. *J'y ai appris beaucoup de choses. Je suis un ingénieur en logiciels âgé de 34 ans, marié, père d'un petit garçon. Deux ans après avoir décroché mon diplôme, j'ai démarré ma propre micro-entreprise de logiciels et suis à mon compte depuis ce temps-là.*

Voilà quelques années, je suis devenu financièrement indépendant et me suis demandé ce que j'allais faire de ma vie, qui peut, d'ailleurs, être plutôt stressante. Je mène une vie assez semblable à la vôtre : je conçois des logiciels sur un ordinateur portatif lorsque j'en ai envie et bénéficie de beaucoup de temps libre. À l'heure actuelle, je passe l'hiver en Floride et demeure chez mes beaux-parents. Mon bureau consiste en un portable sur une table pliante.

Je connais probablement les mêmes problèmes que vous : tout le monde travaille, et il est difficile de se trouver des compagnons de jeu.

> *Les hauts salariés ne sont pas gens de loisirs.*
>
> Clive Bell

J'aimerais aussi vous recommander un livre qui s'appelle Toxic Success, *par Paul Pearsall. L'auteur a la même opinion que vous : de nos jours, tout le monde s'échine et néglige amis, connaissances et loisirs. J'apprécierais si vous m'écriviez un mot. Meilleurs souhaits.*

Merci.

Steve Reichard

Le lecteur qui venait du chaud

J'ai reçu cette lettre en octobre 2002 de la part de Johnson A. Malinda de Turbo, au Kenya. Il me confia moins de choses sur lui que mes autres lecteurs, et il semble que sa principale raison de m'écrire était de me demander si j'avais le temps et les moyens de lui donner un coup de main.

Cher monsieur,

Salutations d'un enseignant kenyan en géographie ! J'ai 52 ans et dois obligatoirement prendre ma retraite à 55 ans, comme le stipule notre règlement. Je viens de terminer votre livre L'art de ne pas travailler. *Même si ce que vous y suggérez ne peut s'appliquer dans des pays du tiers-monde comme le Kenya, il m'a permis d'envisager la vie de manière positive.*

Je vous saurais gré de me faire parvenir une copie d'occasion du Lazy Person's Guide to Success [1] ainsi que des exemplaires déjà lus de revues canadiennes et américaines sur les loisirs, le cyclisme, la lecture, les voyages, l'orientation scolaire, le counselling, etc.

J'aimerais écrire à des célébrités comme Nancy Reagan, Oprah Winfrey, Michael Jackson, Céline Dion, etc. Est-il possible d'avoir leur adresse ? (Je n'ai pas accès à Internet, car je vis dans une zone rurale isolée. Nous n'avons ni ordinateur, ni télévision, ni électricité, ni téléphone). Est-il possible d'obtenir un annuaire des célébrités canadiennes et américaines ?

Je suis également intéressé par de vieux exemplaires de magazines comme Vogue, Forbes, Fortune, Catholic Digest, Readers Digest, National Geographic, *etc. Vous serait-il possible de m'en envoyer quelques-uns, s'il vous plaît, plus un agenda pour 2003 ?*

Bien à vous.

Johnson A. Malinda

J'ai fait ma part en envoyant à monsieur Malinda des exemplaires de *The Lazy Person's Guide to Success* et de *The Lazy Person's Guide to Happiness* [2]. Si vous désirez aider quelqu'un qui n'a pas la chance d'avoir accès à l'information dont nous jouissons, envoyez à monsieur Malinda des exemplaires des revues et magazines qu'il aimerait recevoir. Son adresse est : P.O. Box 965, Turbo, Post Code 30106, Kenya, Afrique orientale.

Où un lecteur découvre que l'auteur du présent ouvrage n'est pas un fainéant vivant aux crochets de la société

Peter Borchers, un habitant de ma bonne ville d'Edmonton, m'a écrit vers la fin des années quatre-vingt-dix. Même si je

---

1. Non traduit en français.
2. Non traduit en français.

rencontrais Peter à l'occasion dans les cafés que je fréquentais, je ne l'ai vraiment connu que plus tard. Après avoir finalement lu mon livre, *L'art de ne pas travailler*, il n'a pas manqué de me communiquer sa surprise.

Cher Ernie,

J'ai finalement lu votre livre L'art de ne pas travailler *d'un point de vue critique. Inscrit à l'Éducation des adultes, ce livre faisait partie d'une liste d'une dizaine d'ouvrages recommandés.*

À dire vrai, il émanait du titre des aspects plutôt négatifs, évoquant pour moi certains de ces fainéants qui profitent des parachutes sociaux pour se la couler douce.

J'ai donc pris le livre et me suis installé à la bibliothèque où j'ai parcouru le premier chapitre. Je ne l'ai pas emprunté, mais je me le suis procuré dans la première librairie venue et je l'ai dévoré à la maison... trois fois plutôt qu'une ! Avec la ferveur d'un prédicateur commentant la Bible, j'avais très hâte de me présenter devant mon professeur et les étudiants et de leur parler de votre bouquin. Mes condisciples me firent une ovation et le professeur m'a donné une excellente note. Je dois vous remercier, car le mérite vous en revient. Je n'étais que le modeste porte-parole de votre message.

> *Si vous vous retrouvez avec une tâche difficile, confiez-la à un paresseux : il trouvera un moyen plus facile de l'accomplir.*
>
> **Loi de Hlade**

Je dois avouer que même si je travaille toujours à plein temps, je vis largement selon vos préceptes. Je suis très heureux, possède une bonne estime de soi et différents hobbies qui occuperont mes temps libres lors de ma retraite. Avant de faire cela, j'ai l'intention de prendre une année sabbatique, question de m'habituer à ma nouvelle condition et de prouver que certaines personnes ne manquent pas d'appliquer les principes décrits dans votre livre.

Vous entendrez sans doute encore parler de moi.
Cordiales salutations.

Peter Borchers

La retraite :
c'est loin d'être une crémerie sans fromage !

En travaillant à temps partiel, Shirley Campbell, de North York, en Ontario, a pu prendre une semi-retraite. Espérant bientôt devenir retraitée à temps complet, elle m'a écrit pour me dire comment elle comptait s'y prendre.

Cher Ernie,

J'ai beaucoup aimé votre livre qui m'est parvenu à point nommé. Il appartient à une amie qui est un bourreau de travail. Je compte prendre ma retraite en mars prochain. Correction : je vais enfin pouvoir prendre plus de temps pour me réaliser.

J'aurai 65 ans en mars, et mon patron, qui ne veut pas me voir partir, a vraiment réussi à me coller une sorte de complexe de culpabilité qui m'a conduit à remettre ma décision en question… fort heureusement pour peu de temps.

Il y a tant de choses que j'aimerais accomplir. Travaillant actuellement à temps partiel, je ne viens au bureau que trois jours par semaine. Je pense toutefois que ce serait bien mieux de ne pas travailler du tout. Je n'ai aucunement l'intention de demeurer le reste de mes jours devant un ordinateur à dactylographier des rapports de pathologies.

Mon amie, la forcenée du boulot, m'a demandé : "Que vas-tu faire ? T'écraser toute la journée dans le canapé et regarder des films ?" "Non, lui ai-je répondu, je vais me lever de temps en temps pour grignoter…"

> *Le mot "carrière" est un mot qui engendre la discorde, car il sépare la vie normale de la vie professionnelle.*
>
> Grace Paley

Soyons sérieux. Je compte faire du ski à Banff en mars avec mon petit-fils. J'aime cuisiner, faire des gâteaux, recevoir, voyager et faire de la couture. Je ne pense donc pas avoir de problèmes avec mes temps libres. Non, je n'ai pas l'intention de retourner dans une crémerie sans fromage. Ça tombe mal, j'aime le fromage. De toute façon, merci à vous.

Sincèrement.

Shirley Campbell

Annexe

D'un ambassadeur du Canada au Liban

Daniel G. Marchand m'a écrit en mai 1997 de Dab el Dib, au Liban, où il représentait le Canada en qualité d'ambassadeur.

Cher monsieur Zelinski,

Lors d'une récente visite au Canada, je me suis procuré un exemplaire de L'art de ne pas travailler. *Votre livre est très divertissant, mais il constitue également une source d'inspiration. Il m'a fait prendre conscience que la plupart d'entre nous dépensent une énergie considérable à travailler pour les autres, mais que nous passons peu de temps à planifier nos loisirs ou à nous préparer à profiter de la vie au maximum.*

J'ai également donné un exemplaire de votre livre à ma belle-sœur qui s'interrogeait sur son avenir après avoir appris que l'hôpital où elle avait travaillé pendant presque 30 ans allait fermer et qu'on allait la muter dans un autre établissement pour le restant de sa vie active. Après avoir lu votre livre, elle a décidé de faire la belle vie et a accepté la prime de départ qu'on lui offrait.

> *Il est très difficile de penser noblement quand il faut constamment se préoccuper de gagner sa vie.*
>
> Jean-Jacques Rousseau

De retour à Beyrouth, j'ai touché un mot de votre livre à quelques collègues qui m'ont immédiatement demandé de leur en obtenir des exemplaires. Veuillez trouver ci-joint un chèque de 64,05 $ pour couvrir les frais de trois de ces volumes.

Bien sincèrement.

Daniel G. Marchand
Ambassadeur

Une invitation à dîner

Au fil des ans, plusieurs lecteurs m'ont invité à dîner, y compris Lorna, de Washington D.C., qui m'a envoyé ce mot en février 2003. Étant donné le ton personnel de cette lettre, on me permettra de taire le nom de famille de cette femme.

L'art de ne pas travailler

Cher Ernie,

Avec tout le respect que je vous dois, je voudrais vous dire que votre livre est trop long pour représenter quelque forme de loisir en ce dimanche matin.

Vous m'avez conquise au premier regard par le titre. J'ai posé le livre sur ma table de chevet, mais je n'ai pas eu le courage de l'ouvrir !

Aujourd'hui, il a attiré mon attention une fois de plus et je l'ai ouvert à la page où se trouvait votre photo. Il fallait que je m'assure que vous étiez quelqu'un de vivant, toujours sur notre belle planète. Voilà pourquoi je vous prierai de répondre immédiatement à cette lettre. Votre dîner est servi ici, à Washington D.C. Nous pourrions nous entretenir de tous les sujets intéressants que vous voudriez bien évoquer (voir les premières pages de L'art de ne pas travailler*).*

Si j'en juge par la table des matières, votre livre couvre l'ensemble de la question. J'en apprécie d'autant plus le contenu que je suis sans emploi et que, fort heureusement, j'ai trouvé en vous l'âme sœur.

Chaque sujet de la table des matières pourrait en soi faire l'objet d'un livre et j'estime que 99,999999 pour cent de la population laborieuse de ce monde devrait faire siens les principes qui se dégagent des titres de vos chapitres.

Unissons donc nos esprits pour nous consacrer aux loisirs.

> *L'oisiveté est un prolongement de la noblesse.*
>
> Robert Burton

Je souhaiterais donner votre livre à tous les yuppies ainsi qu'aux arrivistes d'entreprises qui parviennent à se faire les champions de l'esclavage moderne ! Bon, je ne dois pas m'énerver, car cela représente un trop grand effort...

Pouvons-nous convenir de nous rencontrer ici dans les meilleurs délais ? Trouvez ci-joint ma carte de visite.

Je suis en train d'emballer votre livre pour en faire cadeau à ma fille qui vient de célébrer son trentième anniversaire. Comme vous et moi, c'est une disciple des loisirs, bien qu'elle doive encore lutter contre la "programmation" que la société nous impose. J'espère que votre livre parviendra à en déboguer les paramètres !

Annexe

Je rends hommage à votre esprit et à votre sagesse.
Appelez-moi.

Lorna

Une Française qui réorganise sa vie

Plusieurs lecteurs français de *L'art de ne pas travailler* m'ont écrit. En janvier 2003, Isabelle Tessier, du Mans, m'a fourni ce témoignage… en anglais !

Cher monsieur Zelinski,

L'autre jour, alors que je bouquinais dans ma librairie habituelle, j'ai découvert par hasard votre livre L'art de ne pas travailler. *Je n'avais jamais entendu parler de vous avant, mais j'ai aimé le titre et la couverture et, après avoir parcouru quelques pages – notamment à propos de l'arbre à loisirs – je l'ai acheté.*

À vrai dire, je ne suis pas une fanatique des conseils livresques. Pourtant, j'ai trouvé les vôtres judicieux et pleins d'idées constructives.

Je suis d'accord avec vous en ce qui concerne le travail et les loisirs. J'ai deux boulots à temps partiel. Un que j'aime : journaliste pigiste pour une feuille de chou locale ; un que j'aime moins : adjointe aux ventes.

J'essaie de faire de mon mieux pour profiter de mes loisirs et j'aime bien la liste de hobbies que vous suggérez dans votre livre. J'en pratique déjà plusieurs (ou du moins ai-je l'intention de les pratiquer), mais j'en ai découvert d'autres auxquels je n'avais jamais pensé.

En novembre, j'ai déménagé et, fait étrange, j'ai découvert votre livre à ce moment-là. Juste avant de commencer à le lire, j'avais noté sur un calepin quelques idées de choses que je pourrais accomplir dans mes temps libres.

Depuis les trois derniers mois, mon mari et moi avons été très occupés avec notre nouvelle maison, le déménagement, les travaux de réparation et de peinture. Votre livre m'a aidé lorsqu'il m'a fallu mettre des choses dans des caisses pour déménager. Je venais tout juste de lire les pages où vous expliquiez comment ne garder que les choses essentielles. Elles me sont revenues en mémoire pendant que je choisissais les objets à garder et ceux à jeter.

Mon mari et moi avons les mêmes idées quant aux loisirs. Il travaille très fort (trop) et a décidé de ralentir son rythme. En fait, jusqu'à maintenant, il n'avait que peu de violons d'Ingres et passait la plupart de ses loisirs à regarder la télé, à lire des journaux et à prendre des cafés dans des bistrots. Maintenant qu'il a sa propre pièce dans la maison, il commence à profiter de ses moments de décrochage. Je lui ai parlé de votre livre, et il en a lu quelques pages. J'espère qu'il poursuivra et profitera des bonnes idées qu'il contient.

Nous vivons à une époque de surmenés et d'individus sans instruction: une époque où les gens sont si industrieux qu'ils en deviennent absolument stupides.

Oscar Wilde

Merci d'avoir pondu ce petit joyau.

Cordialement vôtre.

Isabelle Tessier